21世纪经济管理新形态教材·金融学系列

U0645640

证券投资学

贾荣言 ◎ 主　编

杨　梅 ◎ 副主编

清華大学出版社

北　京

内 容 简 介

本书是本科高等院校财经类、经济管理类和金融类专业的主干课程教材。本书的编写,参考了大量国内外证券投资方面的教材、文献,结合当前我国证券市场发展的最新成果与实践,并注重课程思政建设,将思政元素贯穿于教材体系设计中。本书从证券投资的基础知识入手,在介绍证券投资工具和证券市场的基础上,阐述了证券投资分析理论中的证券内在价值评估、证券投资基本分析和技术分析理论;深入诠释了当代经典的证券投资理论。本书每章均有拓展阅读板块,为读者提供了丰富的阅读资源。

本书既可作为经济管理类相关专业证券投资学课程的教材,也可作为证券从业人员、政府机关、企事业单位相关人员及广大投资者学习证券投资知识的参考书。

图书在版编目(CIP)数据

证券投资学 / 贾荣言主编. —北京: 清华大学出版社,2023.7
21世纪经济管理新形态教材·金融学系列
ISBN 978-7-302-62523-0

Ⅰ. ①证… Ⅱ. ①贾… Ⅲ. ①证券投资 – 高等学校 – 教材 Ⅳ. ①F830.91

中国国家版本馆 CIP 数据核字(2023)第 021734 号

责任编辑:左玉冰
封面设计:汉风唐韵
责任校对:王荣静
责任印制:杨 艳
出版发行:清华大学出版社
　　　　　网　　　址:http://www.tup.com.cn,http://www.wqbook.com
　　　　　地　　　址:北京清华大学学研大厦 A 座　　　　　邮　　编:100084
　　　　　社 总 机:010-83470000　　　　　邮　　购:010-62786544
　　　　　投稿与读者服务:010-62776969,c-service@tup.tsinghua.edu.cn
　　　　　质 量 反 馈:010-62772015,zhiliang@tup.tsinghua.edu.cn
　　　　　课 件 下 载:http://www.tup.com.cn,010-83470332
印 装 者:三河市君旺印务有限公司
经　　　销:全国新华书店
开　　　本:185mm×260mm　　　印　张:16.25　　　字　数:370 千字
版　　　次:2023 年 7 月第 1 版　　　印　次:2023 年 7 月第 1 次印刷
定　　　价:59.00 元

产品编号:096470-01

前 言

　　21 世纪是信息经济时代,如何准确及时地获取各种经济信息并据此进行证券投资科学决策,成为证券投资者所必须面对的问题。为适应市场经济对经济人才的需求,培养具有坚实的经济理论功底,并能熟练掌握证券投资分析技能的经济人才,我们编写了《证券投资学》教材。

　　本书是在参阅了大量国内外优秀证券投资学著作和教材的基础上,结合编者长期的教学实践经验编写而成的。

　　在本书编写过程中,编者进行了大量探索,注重对学生独立思维能力与创新能力的培养,且注重课程思政建设。本书内容新颖、覆盖面广、实践性强,在吸收西方投资学的理论精髓时,立足中国证券市场的实际情况,引用中国证券市场的素材和数据,将课程思政元素融于教材内容中,具有鲜明的时代感和现实感。

　　本书具体章节安排如下:第一章证券投资概述;第二章证券投资工具;第三章证券发行与交易;第四章证券投资分析概述;第五章证券投资宏观分析;第六章证券投资行业分析;第七章证券投资公司因素分析;第八章证券投资技术分析;第九章证券投资理念与策略;第十章证券投资实务与实训。

　　本书具体分工如下:贾荣言编写前言、第一章、第二章、第五章、第六章、全书课程思政拓展阅读材料,杨梅编写第三章、第七章、第八章、第九章、第十章,贾荣言、杨梅、马全义编写第四章,贾荣言、杨梅编写全书课后练习题。全书由贾荣言教授担任主编,负责全书的设计和定稿;杨梅老师担任副主编,负责全书的校对和修改。本书共 52 万字,其中,贾荣言老师撰写 26 万字,杨梅撰写 25 万字,马全义撰写 1 万字。

　　在本书编写过程中,编者参阅了大量的证券投资学著作、教材和相关资料,在此特向有关作者表示深深的谢意。本书在编写过程中,还得到了河北科技大学教务处、经济管理学院许多同人的大力支持,谨向他们表示衷心的感谢。

　　尽管我们花费了大量的时间和精力来完成此书的编著工作,但由于种种原因,书中难免存在一些瑕疵,欢迎各位同人批评指正。

编　者

2023 年 3 月

目 录

第一章

证券投资概述

本章学习要点

（1）掌握证券的概念及证券的基本分类；

（2）掌握有价证券的概念及分类；

（3）熟悉证券市场的概念及分类；

（4）了解证券市场的功能及证券市场的构成要素；

（5）了解世界及中国证券市场的产生与发展。

第一节　证券与投资概述

一、证券的概念、特征及分类

（一）证券的概念

证券是多种经济权益凭证的统称，是用来证明券票持有人享有某种特定权益的法律凭证。证券包含资本证券、货币证券和商品证券等。狭义上的证券主要指的是证券市场中的证券产品，包括产权市场产品（如股票）、债权市场产品（如债券）、衍生市场产品（如股票期货、期权、利率期货）等。

证券实质上是具有财产属性的民事权利，证券的特点在于把民事权利表现在证券上，使权利与证券相结合，权利体现为证券，即权利的证券化。它是权利人行使权利的方式和过程用证券形式表现出来的一种法律现象，是投资者投资财产符号化的一种社会现象，是社会信用发达的一种标志和结果。证券是具有产权性、收益性、流通性、风险性的权利凭证。

（二）证券的特征

1. 产权性

证券的产权性是指证券记载着权利人的财产内容，代表一定的财产所有权。证券持有者享有财产的使用权、收益权和处置权。

2. 收益性

证券的收益性是指持有证券本身可以获得一定数额的收益，这是投资者转让资本使用权的回报。证券代表的是对一定数额的某种特定资产的所有权，而资产是一种特殊的价值，它要在社会经济运行中不断运动、不断增值，最终形成高于初始投资的价值。由于这种资产的所有权属于证券投资者，投资者持有证券也就同时取得了这部分资产增值收益的权利，因此，证券本身具有收益性。证券的收益表现为利息收入、红利收入和资本利得。

3. 流通性

证券的流通性又称变现性，是指证券持有人可按自己的需要灵活地转让证券以换取现金。流通性是证券的生命力所在。流通性不但可以使证券持有人随时把证券转变为现金，而且还使持有人根据自己的偏好选择持有证券的种类。

4. 风险性

证券的风险性是指证券持有者面临预期投资收益不能实现，甚至本金也受到损失的可能。这是由未来经济状况的不确定性所致。在现有的社会生产条件下，未来经济的发展变化，有些是投资者可以预见的，有些则无法预测，因此投资者难以确定他所持有的证券将来能否取得收益和能取得多少收益，从而使得持有证券具有风险性。

（三）证券的分类

1. 按证券持有人的收益性不同，证券可分为无价证券和有价证券

无价证券是指不能给证券持有人带来收益的证券。无价证券可分为证据证券和凭证证券。证据证券是证明一种事实的书面证明文件，如信用证、证据等。凭证证券是认定持证人是某种私权的合法权利者和证明持证人所履行的义务有效的书面证明文件，如存款单、土地所有权证书、借据、收据等。

有价证券是指标有票面金额，证明持券人有权按期取得一定收入并可自由转让和买卖的所有权或债权凭证。这类证券本身没有价值，但由于它代表着一定量的财产权利，持有者可凭其直接取得一定量的商品、货币，或是取得利息、股息等收入，因而可以在证券市场上买卖和流通，客观上具有了交易价格。

有价证券和无价证券的最大区别是流通性。二者的区别还在于，有价证券不仅可以流通，还会在流通中产生权益的增减；无价证券是法律和政府规定不能够通过流通来增值的，在经济上缺乏实际的投资价值。

2. 按证券内容，证券可分为货币证券、商品证券和资本证券

（1）货币证券是指能使持券人或第三者取得货币索取权的有价证券，是一种商业信用工具，主要用于企业之间的商品交易、劳务报酬的支付和债权债务的清算等，包括期票、汇票、本票、支票等，银行信用卡实质上也属于货币证券。货币证券主要包括两大类：一类是商业证券，主要包括商业汇票和商业本票；另一类是银行证券，主要包括银行汇票、银行本票和银行支票。

（2）商品证券又称货物证券，是证明持券人对某种商品享有所有权或使用权的凭证，证明证券持有人可以凭证券提取该证券上所列明的货物，常见的有栈单、运货证书、提货单等。

（3）资本证券是指由金融投资或与金融投资有直接联系的活动而产生的证券。持券人对发行人有一定的收入请求权。资本证券包括股权证券和债权证券。股权证券是代表证券持有人对证券发行人净资产拥有一定比例所有权的权利证券，是一种所有权证书。债权证券是代表发行人债务和持有人债权的一种权利证券，一般载明金额、具体偿还期

限、利率或购买时的折扣，发行人在债务证券到期后必须偿还债务。

资本证券包括股票、债券及其衍生品，如基金证券、期货合约等。资本证券是虚拟资本，资本证券自身没有价值，其所形成的价格是资本化的收入，是独立于实际资本之外的一种资本存在形式。资本证券是有价证券的主要形式，狭义的有价证券即指资本证券。在日常生活中，通常把狭义的有价证券——资本证券直接称为有价证券乃至证券。本书即在此种意义上使用这一概念。

3. **按发行主体不同，证券可分为政府证券、金融证券和公司证券**

政府证券即公债券，是指政府财政部门或其他代理机构为筹集资金，以政府名义发行的证券，包括国债券和地方政府债券；金融证券是指银行、保险公司、信用社、投资公司等金融机构为筹集资金而发行的证券，包括股票、金融债券、大额可转让存单等；公司证券是指公司、企业等经济法人为筹集投资资金或与筹集投资资金直接相关的行为而发行的证券，主要包括公司股票、公司债券、优先认股权证和认股证书等。

4. **按是否上市发行，证券可分为上市证券和非上市证券**

上市证券又称挂牌证券，是指经证券主管机关批准，并在证券交易所注册登记，获得在交易所内公开买卖资格的证券；非上市证券也称非挂牌证券、场外证券，是指未申请上市或不符合在证券交易所挂牌交易条件的证券。

5. **按证券发行的地域和国家不同，证券可分为国内证券和国际证券**

国内证券是一国国内的金融机构、公司企业等经济组织或该国政府在国内资本市场上以本国货币为面值所发行的证券。国际证券则是由一国政府、金融机构、公司企业或国际经济机构在国际证券市场上以其他国家的货币为面值而发行的证券，包括国际债券和国际股票两大类。

6. **按证券募集方式不同，证券可分为公募证券和私募证券**

公募证券是指发行人通过中介机构向不特定的社会公众投资者公开发行的证券，其审批条件比较严格并采取公示制度。私募证券是指向少数特定的投资者发行的证券，其审查条件相对较松，投资者也较少，不采取公示制度。私募证券的投资者多为与发行者有特定关系的机构，也有发行公司、企业的内部职工。

7. **按证券性质不同，证券可分为基础证券和金融衍生证券**

股票、债券和投资基金都属于基础证券，它们是最活跃的投资工具，是证券市场的主要交易对象，也是证券理论和实务研究的重点。金融衍生证券是指由基础证券派生出来的证券交易品种，主要有金融期货与期权、可转换证券、存托凭证、认股权证等。

二、投资与证券投资

（一）投资

投资活动是人类社会最重要的经济活动之一，其伴随人类社会的整个过程。投资活动和商品经济的发展密切相关。在人类社会不同的历史发展时期，由于商品经济的发展程度不同，投资活动呈现出不同的发展形势和特点。

1. 投资的概念

投资是指货币转化为资本的行为与过程，也就是投资者为了获得预期的经济效益或社会效益，而投入一定量的货币资金或者实物，并转化成实物资产、金融资产或者无形资产的过程或者行为。

2. 投资的分类

投资按投入行为的直接程度，可分为直接投资和间接投资。直接投资是投资者将货币资金直接投入投资项目并拥有被投资对象的经营控制权的投资，间接投资是投资者用货币资金购入债权或股票等金融资产，以预期获得一定收益的投资。

3. 投资的三因素

投资需考虑的三因素如下。

（1）时间：完成投资行为的周期。

（2）报酬：投资所得或收益，也是投资的目标。

（3）风险：未来收益的不确定性，投资面临本金损失或者报酬未能达到预期目标的危险。

投资者的期望：风险最小、报酬最高。投资者可以根据自己的风险偏好作出自己的选择。一般来讲，安全性高的资产，一般收益不高；而收益率高的资产，往往风险较大。

（二）证券投资

1. 证券投资的概念

证券投资是指投资者购买股票、债券、基金等有价证券以及这些有价证券的衍生品，以获取红利、利息及资本利得的投资行为和投资过程。

2. 证券投资的特点

证券投资具有如下特点。

（1）证券投资具有极强的流动性。

（2）投资和投机是证券投资活动中不可缺少的两种行为。

（3）二级市场的证券投资不会增加社会资本总量，而是在持有者之间进行再分配。

（4）证券投资具有风险性。

（5）证券投资具有收益性。

3. 证券投资与证券投机

投资与投机在一般商品的买卖中比较容易区分，但在证券买卖中区分相对比较困难。一般来说，证券投资是指经过充分分析之后，能够合理地期望有正的收益率的证券交易活动；而投机一般是指利用市场价格波动，以谋取最大利润为目的的、短期的证券交易活动。

证券投机与证券投资相比，其主要区别是投机的目的在于获取短期价差，而投资的目的则在于获得本金保障、资本增值或经常性收益等。在证券投资领域，投机是证券市场的重要组成部分，是维持证券交易活跃性、增强市场流动性的重要保证，是证券市场必不可少的润滑剂。证券投资和证券投机的行为长期并存。

正常的投机对于平衡证券价格、增强证券的流动性、加速资金周转、维持市场正常运转具有积极意义；而过度投机行为容易形成各种投资风潮，危害证券市场。

1）证券投机的积极作用

（1）可以促进证券交易的活跃，有助于提高市场流动性。投机者在证券市场的短期买卖行为，为市场提供了充足的资金与证券，促进了证券交易的发展。

（2）有助于稳定市场价格。证券投机者短期的交易行为，使证券价格向一个平衡稳定方向变动，可以促使发现证券的实际价值，也可以促使证券的价格趋向其价值。

（3）有利于新证券的发行。投机者对风险的偏好有利于新证券的发行。新证券的发行具有一定的风险，因为其市场价格在发行时往往会偏离其实际价值。而市场价格的不稳定性使得投机者积极进行新发行证券的买卖，促进新证券的发行。

2）证券投机的负面影响

适度投机对证券市场具有积极作用，过度投机会导致为了攫取利润而不择手段，进行恶性竞争，出现违规违法行为，对证券市场产生负面影响。

（1）证券有效需求萎缩，不利于形成稳定的投资群体。过度投机会导致证券价格暴涨暴跌，损害投资者的切身利益，高投机性导致投资失败者退出股市。

（2）限制资本市场融资功能的正常发挥。市值增长，使投资者愿意投资，是企业获得长期融资的基础，而在一个高投机性的证券市场中，资产增值不再是投资的动力，而是证券价格的波动代替资产的增值，从而对投资资金的进入造成障碍，给企业的筹资行为带来困难。

（3）对证券市场乃至整个国民经济产生一定冲击。在过度投机的证券市场中，一些非法投机者利用法律机制不健全，拆借信贷资金，致使股票市场萧条，影响了国民经济的正常发展。

第二节　证券市场概述

一、证券市场的概念

证券市场是有价证券发行与流通以及与此相适应的组织与管理方式的总称。它实际上是把金融资产买卖双方联系到一起进行金融资产买卖的一种机制，也是证券发行和流通的活动场所。从证券市场的功能和机制来理解，证券市场实质上是资金供需双方通过竞争以决定证券价格的场所。

在这个市场上，资金供求双方直接接触，而不需要通过中介，竞价和交易行为受市场法规的约束，具有很高的市场效率和很强的竞争性。证券市场是资本市场的基础和主体，它不仅反映和调节货币资金的运动，而且对一国经济的运行也有重大影响。证券市场主要由发行人、投资者、金融工具、交易场所、中介机构以及监管机构和自律组织等要素构成。

二、证券市场分类

按照不同的标准，可以对证券市场进行不同的分类。

（一）按职能不同，证券市场可分为发行市场和流通市场

证券发行市场又称为一级市场或初级市场，是证券发行人为筹集资金，按照法律规定和发行程序，向投资者发售新证券所形成的市场。证券发行一般是通过证券经营机构进行的，有时也在发行者和投资者之间直接进行。证券流通市场又称为二级市场或次级市场，是已发行证券的交易场所。投资者之间不断地进行着证券的交易和转让，于是产生了证券流通市场。通过证券流通市场，各类证券得以顺利流通，并形成一个公开合理的价格，以实现货币资本和证券资本的相互转化。

证券发行市场和流通市场存在着密切联系。发行市场是流通市场存在的基础和前提，发行市场的规模决定了流通市场的规模，影响着流通市场的成交价格。而流通市场的交易规模和成交价格，又决定或影响着发行市场的规模、发行时机和发行价格等。因此，发行市场和流通市场是相互依存、互为补充的整体。

（二）按交易对象的不同，证券市场可分为股票市场、债券市场和基金市场

股票市场是以股票为发行和交易对象的市场，属于长期资本市场。股票市场按功能还可以划分为发行市场和流通市场。发行市场是通过发行股票筹资，实现资金向资本转化功能的场所；流通市场的功能表现为，既为股票持有者提供随时变现的机会，同时又为新的股票投资者提供投资机会。

债券市场是发行和买卖债券的场所。与股票市场一样，它也可以分为发行市场和流通市场。债券发行市场是债券发行人初次出售新债券、筹集资金的场所；债券流通市场则是已发行债券买卖转让的场所，它给投资者提供了债券变现的场所，从而实现了债券的流动性。

基金市场是基金证券发行和流通的市场。证券投资基金是证券市场上常见的一种投资工具，一种利益共享、风险共担的集合投资方式。

（三）按市场组织形式的不同，证券市场可分为场内交易市场和场外交易市场

场内交易市场是由证券交易所组织的集中交易市场，它有固定的交易场所和交易时间，以符合有关法规的上市证券为交易对象，交易者为具备一定资格的会员证券公司及特定的经纪人和证券商，一般投资者只能通过证券经纪商进行证券买卖。证券交易所制定各种规则，对证券商和投资者的交易活动进行监管，以保证证券交易活动正常、持续、高效地进行；同时交易所还为投资者提供各种服务，如上市公司资料、财务状况、交易报价、股利分配等。在多数国家，场内交易市场是最重要的证券交易市场。

场外交易市场，又称为柜台交易市场或店头交易市场，指在交易所外进行证券交易的市场。场外交易市场通常没有固定的交易场所，是一种分散的、无形的市场，通过先进的电子交易网络和技术连接起来，交易时间也比较灵活。其交易对象以未上市证券为主，也包括一部分上市证券。柜台交易一般是通过证券交易商进行的，采用协议价格成交。这种协商大多数在交易商之间进行，有时也在交易商和证券投资者之间进行。

三、证券市场的功能

（一）融通资金

融通资金是证券市场的首要功能。市场经济条件下社会再生产的顺利进行，要求市场主体能够迅速地筹集到所需的长期资金。对于企业来说，融资方式主要包括银行间接融资和发行证券直接融资。一般来说，银行提供的贷款期限相对较短，适合解决企业流动资金不足的问题，而长期贷款数量有限、条件苛刻，对企业十分不利。企业通过发行证券，把分散在社会上的闲置资金集中起来，形成巨额的可供长期使用的资本，用于支持社会化大生产和企业大规模经营。证券市场所能达到的筹资规模和速度，是企业依靠自身积累和银行贷款所无法比拟的。企业发行股票可以迅速地把社会闲散资金汇集成为长期资本，发行债券可以根据企业自身的需要确定融资条件和期限，使用时，一般也不受债权人的限制。

对于政府而言，通过发行政府债券，可以筹集长期资金，用于生产建设，有利于经济的稳定发展。发行政府债券也是各国弥补财政赤字的主要手段。证券融资更有利于资金的供需双方明确债权债务关系，并且给不同需求的市场主体提供了多种可选择的投融资工具，特别是给中小投资者提供了便利的投资渠道，所筹资金具有期限长、相对稳定、成本低的优点。证券市场作为证券流通的场所，融通资金已经成为其最主要的功能。

（二）资本定价

证券市场的功能还表现为资本决定价格。证券是资本的存在形式，证券的价格实际上是证券所代表的资本的价格。证券的价格是证券市场上证券供求双方共同作用的结果。证券市场的运行形成了证券需求者和证券供给者之间的竞争，这种竞争的结果是：能产生高投资回报的资本市场的需求就大，其相应的证券价格就高；反之，证券的价格就低。可见，证券市场有助于实现资本的合理定价。

（三）配置资源

证券市场的资本配置表现在资源配置、财富再分配和风险再分配。

1. 资源配置

证券市场通过将资源从低效率利用的部门转移到高效率利用的部门，从而使整个社会的经济资源最有效地配置在效率最高或效用最大的用途上，实现稀缺资源的合理配置和有效利用。一般地说，资金总是流向最有发展潜力，能够为投资者带来最大利益的部门和企业，这样，通过证券市场的作用，有限的资源就能够得到合理的利用。

2. 财富再分配

财富是各经济单位持有的全部资产的总价值。政府、企业及个人通过持有金融资产的方式来持有财富，在证券市场上，当证券的价格发生波动时，其财富的持有量也会发生变化，一部分人的财富量随证券价格的升高而增加，另一部分人则由于其持有的证券价格下跌而减少。这样，社会财富就通过证券市场价格的波动实现了财富的再分配。

3．风险再分配

利用各种金融工具，厌恶金融风险程度较高的人可以把风险转嫁给厌恶风险程度较低的人，从而实现风险的再分配。

（四）转换机制

企业要通过证券市场筹集资金，必须改制成为股份有限公司，按照股份有限公司的机制来运作，形成三级授权关系：股东组成股东大会，通过股东大会选举董事会，董事会决定经理人选，经理具体负责企业正常运转。股份有限公司这种组织形式，成功地适当分离了所有权和经营权。其次，由于上市公司的资本来自诸多股东，股票又具有流通性和风险性，这就使企业时时处于各方面的监督和影响之中：股东的投资收益与企业效益息息相关，因此必然会关心企业的生产经营和发展前景；企业股票价格的涨跌会直接影响企业形象，而且长期经营不善的企业会成为收购兼并的对象；证券监管部门和市场中介机构也会对企业实施一定的监督和制约，这些都促进了企业的健康发展。

（五）宏观调控

证券市场也是国家进行宏观经济调控的工具。从宏观角度来看，证券市场不仅可以有效地筹集资金，而且还有资金"蓄水池"的作用和功能。各国中央银行正是通过证券市场这种"蓄水池"的功能来实现其对货币流通量的宏观调节，实现货币政策目标。其主要手段是进行公开市场业务。一方面，政府部门通过在证券市场买卖证券可以控制货币的流通量，在经济过热的时候卖出证券紧缩银根，防止经济过热导致通货膨胀，在经济衰退的时候买入证券增加货币供给，刺激经济发展；另一方面，通过证券的买卖可以达到刺激市场交易活动的目的。公开市场业务是政府管制信用、调节金融的一个重要方法。

（六）反映功能

股市是国民经济的"晴雨表"和"气象台"，是公认的国民经济信号系统。这实际上就是证券市场反映功能的写照。证券市场的反映功能表现在以下几个方面。

（1）证券市场是微观经济运行状况的指示器。由于证券买卖大部分都在证券交易所进行，投资者可以随时通过这个有形的市场了解到各种上市证券的交易行情，并据以判断投资机会。经营情况好、成长性好的公司就会受到资金的关注，引起证券价格上升。经营状况不好、处于夕阳行业的公司资金会持续流出，证券价格下跌。

（2）证券市场交易直接和间接地反映国家货币供应量的变动。货币供应充足、流动性好，证券价格指数就会上升；反之，证券价格指数则会下跌。证券市场所反馈的宏观经济运行方面的信息，有利于政府部门及时制定和调整宏观经济政策。

（3）证券市场有大量专门人员长期从事商情研究和分析，并且他们每日与各类工商业直接接触，能了解企业的发展动态。

（4）证券市场有着广泛而及时地收集和传播信息的通信网络，整个世界的金融市场已联成一体，四通八达，从而使人们可以及时了解世界经济发展变化的情况。

四、证券市场的构成要素

证券市场的构成要素包括证券投资者、证券发行人、证券中介机构、证券自律性组织和证券投资监管机构。

（一）证券投资者

证券投资者是投资证券的各类机构法人和自然人，它们是证券市场的资金供给者。投资者是证券市场最重要的市场主体，包括机构投资者和个人投资者。

1. 机构投资者

机构投资者是指用自有资金或者从分散的公众手中筹集的资金，专门进行有价证券投资活动的法人机构。按照机构投资者主体性质的不同，可将机构投资者分为政府机构、金融机构和企业法人。企业法人是证券市场的交易主体。机构投资者资金实力雄厚、投资决策专业化、信息收集分析能力强，对于稳定证券市场起到积极的作用。随着全球金融一体化和我国资本市场对外开放进程的推进，我国机构投资者已经成为资本市场的主导力量，对市场形成长期价值投资管理，具有重要的引导作用。我国机构投资者主要包括以下投资主体。

（1）公募类。公募机构指的是公募基金，是面向社会不特定投资者公开发行受益凭证的基金，在我国主要采用契约型的组织形式，主要的类型有主动型基金、指数型基金和债券型基金、货币型基金及其他基金。

（2）私募类。私募基金，是指以非公开方式向特定投资者募集资金并以特定目标为投资对象的证券投资基金。

私募基金包含券商资管、基金公司专户产品、基金子公司专户产品、私募证券投资基金。

券商资管指的就是券商开展的帮人管钱的业务，包含投资股票、投资债券、组合投资、投资衍生品等。

基金公司专户产品是指基金管理公司向特定客户募集资金或者接受特定客户财产委托担任资产管理人，由商业银行担任资产托管人，为资产委托人的利益，运用委托财产进行证券投资的产品。

私募证券投资基金是通过非公开方式向少数机构投资者和富有的个人投资者募集资金而设立的基金，它的销售和赎回都是基金管理人通过私下与投资者协商进行的。私募证券投资基金的形式有：阳光私募、公司型基金和有限合伙制基金。

阳光私募是让客户把资金交给信托公司，信托公司跟私募基金管理人签署管理协议，由私募基金管理人负责投资管理，而资金托管在银行。私募基金在投资额度上通常要求 100 万元起，在投资品种和投资比例上要宽松很多，灵活性大为提高，私募基金相比公募基金，管理费用、认购费更高，通常基金管理人还分取收益部分的20%。

公司型基金是由几个人出资成立一个公司，注入一笔资金，然后交给一个专业的管理公司去管理的基金。公司型基金是比较流行的方式，特点是参与者必须成为股东，缺点是难以发展壮大，通常只是熟人之间发行操作。

有限合伙制基金是由一方出钱，另一方出专业能力，共同成立一家有限合伙企业，在合伙协议中约定分配比例，不完全按照出资比例分配的基金。这是私募基金中最传统的方式，也称为松散型基金。

（3）保险类。保险类机构指的是依保险法和公司法设立的保险公司。保险公司收取保费，将保费所得资本投资于债券、股票、贷款等资产，运用这些资产所得收入支付保单所确定的保险赔偿。

保险类机构包含出口信用保险公司、保险集团（控股）公司、财险公司、寿险公司、养老保险公司、健康险公司、资产管理公司、保险互助社、相互保险社。

（4）国家队类。国家队类机构是指由中央银行、国务院、财政部直接控股的投资公司。目前国家队类机构有：证金公司、汇金公司、梧桐树、中投公司、香港中央结算（代理人）有限公司。这些公司全球资产管理总规模上100万亿元，属于中国金融行业的中枢神经。

（5）自营类。证券自营业务就是券商以自己的名义和资金买卖证券，从而获取投资收益利润的证券业务，买卖的证券产品包括在证券交易所挂牌交易的 A 股、基金、认股权证、国债、企业债券等。

（6）境外资金。QFII 是合格的境外机构投资者的英文简称，QFII 机制是指外国专业投资机构到境内投资的资格认定制度。

QFII 是一国在货币没有实现完全可自由兑换、资本项目尚未开放的情况下，有限度地引进外资、开放资本市场的一项过渡性制度。在该制度下，QFII 将被允许把一定额度的外汇资金汇入并兑换为当地货币，通过严格监督管理的专门账户投资当地证券市场，包括股息及买卖价差等在内的各种资本所得经审核后可转换为外汇汇出，实际上就是对外资有限度地开放本国的证券市场。

2019 年 9 月 10 日，经国务院批准，国家外汇管理局取消 QFII 投资额度限制，意味着境外投资的进一步开放。

RQFII 是指人民币合格境外机构投资者。其中 R 代表人民币，RQFII 可将批准额度内的外汇结汇投资于境内的证券市场。对 RQFII 放开股市投资，是侧面加速人民币的国际化。2011 年 8 月 17 日，时任国务院副总理的李克强在港出席论坛时表示，将允许以人民币境外合格机构投资者方式投资境内证券市场，起步金额为 200 亿元。RQFII 包含港股组合 ETF（交易型开放式指数基金）、香港离岸业务、到境直接投资。

2. 个人投资者

个人投资者是指从事证券买卖的自然人。其目的是对闲置的货币资金加以运用，实现保值和增值。

个人投资者是我国证券市场规模最大的参与者。从中国证券登记结算有限责任公司 2022 年 2 月发布的《本月投资者情况统计表（2022 年 1 月）》可以看出，全国股票投资者数量达 1.99 亿，其中，自然人投资者占比 99.76%，机构投资者 47.31 万家，占比 0.24%。个人投资者的特点是：单个个体资金量小，专业知识相对匮乏，投资行为具有随意性、分散性和短期性，投资灵活性强。

（二）证券发行人

证券发行人是指为筹措资金而发行债券、股票等证券的发行主体。证券发行人包含政府和政府机构、企业（公司）。

1. 政府和政府机构

政府（中央政府和地方政府）和中央政府直属机构是证券发行的重要主体。政府发行的证券仅限于债券，所募集的资金用于协调财政资金短期周转、弥补财政赤字、兴建政府投资的大型基础性建设项目，也可以用于实施某种特殊的政策，在战争期间还可以用于弥补战争费用的开支。

中央政府发行的债券称为"国债"，国债利率被视为"无风险利率"，是金融市场最重要的价格指标。中央银行是代表一国政府发行法偿货币、制定和执行货币政策、实施金融监管的重要机构。中央银行作为证券发行主体，主要涉及两类证券：中央银行股票和中央银行出于调控货币供给量目的而发行的特殊债券，主要用于调节金融体系的流动性。

2. 企业（公司）

企业发行的证券形式主要有股票和债券。企业的组织形式可分为独资制、合伙制和公司制。现代公司主要采取股份有限公司和有限责任公司两种形式，其中，只有股份有限公司才能发行股票。在公司证券中，通常将银行及非银行金融机构发行的证券称为"金融证券"。金融机构作为证券市场的发行主体，既发行债券，也发行股票。欧美等西方国家能够发行证券的金融机构一般都是股份有限公司，所以将金融机构发行的证券归入公司证券。而我国和日本则把金融机构发行的债券定义为金融债券，从而突出了金融机构作为证券市场发行主体的地位。

公司发行股票所筹集的资本属于自有资本，而通过发行债券所筹集的资本属于借入资本，发行股票和长期公司（企业）债券是公司（企业）筹措长期资本的主要途径，发行短期债券则是补充流动资金的重要手段。

（三）证券中介机构

证券中介机构是指为证券的发行与交易提供服务的各类机构。

1. 证券公司

证券公司又称证券商，是指依照《中华人民共和国公司法》（以下简称《公司法》）、《中华人民共和国证券法》（以下简称《证券法》）的规定，并经国务院证券监督管理机构批准，经营证券业务的有限责任公司或股份有限公司。

证券公司可分为证券经纪商、证券承销商和证券自营商，证券公司的业务包括：证券经纪，证券承销与保荐，证券自营，证券资产管理，证券投资咨询，财务顾问及其他证券业务。《证券法》规定，经国务院证券监督管理机构批准，证券公司可以为客户买卖证券提供融资融券服务及其他业务。

1）证券经纪业务

证券经纪业务又称代理买卖证券业务，是指证券公司接受客户委托，代客户买卖有价证券的业务。证券公司收取一定比例的佣金。证券经纪业务分为柜台代理买卖证券业务和通过证券交易所代理买卖证券业务。目前，以通过证券交易所代理买卖证券业务为主。柜台代理买卖证券业务主要为在代办股份转让系统进行交易的证券代理买卖。

在证券经纪业务中，经纪委托关系的建立表现为开户和委托两个环节。

2）证券承销与保荐业务

证券承销是指证券公司代理证券发行人发行证券的行为。证券承销业务采用包销和代销两种方式。包销是证券公司将发行人的证券按照协议全部购入，或者在承销期结束时，将售后剩余证券全部自行购入的承销方式，前者为全额包销，后者为余额包销。证券代销是指证券公司代发行人发售证券，在承销期结束时，将未售出的证券全部退还给发行人的承销方式。

证券保荐人类似上市推荐人，主要职责就是将符合条件的企业推荐上市，保荐机构负责证券发行的主承销工作，负有对发行人进行尽职调查的义务，对公开发行募集文件的真实性、准确性、完整性进行核查，向中国证券监督管理委员会（以下简称"中国证监会"）出具保荐意见，并根据市场情况与发行人协商确定发行价格。《证券法》规定，我国证券发行人申请公开发行股票、可转换为股票的公司债券，依法采取承销方式的，或者公开发行法律、行政法规规定实行保荐制度的其他证券的，应当聘请证券公司担任保荐人。证券公司履行保荐职责，应按规定注册登记为保荐机构。

3）证券自营业务

证券自营业务是指证券公司以自己的名义，以自有资金或者依法筹集的资金，为本公司买卖依法公开发行的股票、债券、权证、证券投资基金及中国证监会认可的其他证券，以获取盈利的行为。证券自营活动有利于活跃证券市场，维护交易的连续性。但在自营活动中，要防范操纵市场和内幕交易等不正当行为。证券公司开展自营业务，或者设立子公司开展自营业务，都需要取得证券监管部门的业务许可。同时，要求证券公司治理结构健全，内部管理有效，能够有效控制业务风险；公司有合格的高级管理人员及适当数量的从业人员、安全平稳运行的信息系统；建立完备的业务管理制度、投资决策机制、操作流程和风险监控体系。

4）证券资产管理业务

证券资产管理业务是指证券公司作为资产管理人，根据有关法律、法规和与投资者签订的资产管理合同，按照资产管理合同约定的方式、条件、要求和限制，为投资者提供证券及其他金融产品的投资管理服务，以实现资产收益最大化的行为。资产管理业务主要分为定向资产管理业务、集合资产管理业务和专项资产管理业务。

定向资产管理业务是接受单一客户的委托进行资产管理。定向资产管理业务的本质是需要融资的公司通过券商或者信托或者有资质的其他机构，把融资需求包装成一种产品，通过产品的销售募集资金。其是银行向证券公司发出投资指令进行投资，由于证券公司属于被动管理，并不下达指令，只起到了通道的作用，因此称为通道业务。

集合资产管理业务是为多个客户进行资产管理。集合资产管理产品可分为限定性集合管理产品和非限定性集合管理产品，前者投资起点为5万元，后者投资起点为10万元，后者的投资范围更大、风险更高。

专项资产管理业务主要指的是资产证券化业务，也就是 ABS（资产支持证券）。我国资产证券化业务分为三大市场，分别是：中央银行和银保监会共同主管的信贷资产证券化（信贷 ABS）、资产支持票据（ABN）；中国证监会主管的企业资产证券化（企业 ABS）；银保监会主管的资产支持计划。

5）融资融券业务

融资融券业务是指向客户出借资金供其买入上市证券或者出借上市证券供其卖出，并收取担保物的经营活动。融资融券交易分为融资交易和融券交易两类，客户向证券公司借资金买证券叫融资交易，客户向证券公司借证券卖出证券为融券交易。

证券公司经营融资融券业务，应当具备以下条件：公司治理结构健全，内部控制有效；风险控制指标符合规定，财务状况、合规状况良好；有开展业务相应的专业人员、技术条件、资金和证券；完善的业务管理制度和实施方案等。

6）证券投资咨询业务

证券投资咨询业务是指从事证券投资咨询业务的机构及其咨询人员，为证券投资人或者客户提供证券投资分析、预测或者建议等直接或间接有偿咨询服务的活动。投资建议服务内容包括投资品种的选择、投资组合及理财规划建议等。发布证券研究报告是指证券公司、证券投资咨询机构对证券及证券相关产品的价值、市场走势或者相关影响因素进行分析，形成证券估值、投资评级等投资分析意见，制作证券研究报告，并向客户发布的行为。证券研究报告主要包括涉及证券及证券相关产品的价值分析报告、行业研究报告、投资策略报告等。

7）财务顾问业务

财务顾问业务是指与证券交易、证券投资活动有关的咨询、建议、策划业务，具体包括：为企业申请证券发行和上市提供改制改组、资产重组、前期辅导等方面的咨询服务；为上市公司重大投资、收购兼并、关联交易等业务提供咨询服务；为法人、自然人及其他组织收购上市公司及相关的资产重组、债务重组等提供咨询服务；为上市公司完善法人治理结构、设计经理层股票期权、职工持股计划、投资者关系管理等提供咨询服务；为上市公司再融资、资产重组、债务重组等资本营运提供融资策划、方案设计、推介路演等方面的咨询服务；为上市公司的债权人、债务人对上市公司进行债务重组、资产重组、相关的股权重组等提供咨询服务以及中国证监会认定的其他业务形式。

财务顾问是指具备专业财务知识，为客户提供投资理财咨询、策划服务的专业人员。财务顾问应当勤勉尽责，遵守行业规范和职业道德。财务顾问业务是指专业财务咨询公司根据客户的需求，站在客户的角度，利用公司的产品和服务及其他社会资源，为客户的日常经营管理、财务管理和对外资本运作等经济活动提供财务策划和方案设计。根据双方约定的财务顾问服务范围和服务方式，专业人员担任企业的财务顾问并为企业直接提供日常咨询服务和专项顾问服务。

上市公司并购重组财务顾问业务是指为上市公司的收购、重大资产重组、合并、分立、股份回购等对上市公司股权结构、资产和负债、收入和利润等具有重大影响的并购重组活动提供交易估值、方案设计、出具专业意见等专业服务。

8）证券公司中间介绍业务

IB（introducing broker）即介绍经纪商，是指机构或者个人接受期货经纪商的委托，介绍客户给期货经纪商并收取一定佣金的业务模式。证券公司中间介绍业务是指证券公司接受期货经纪商的委托，为期货经纪商介绍客户参与期货交易并提供其他相关服务的业务活动。

根据我国现行相关制度，证券公司不能直接代理客户进行期货买卖，但可以从事期货交易的中间介绍业务。

证券公司 IB 业务的范围包括：

（1）协助办理开户手续；

（2）提供期货行情信息、交易设施；

（3）中国证监会规定的其他服务。

2．证券服务机构

证券服务机构是指依法设立的从事证券服务业务的法人机构。证券服务机构包括证券投资咨询机构、财务顾问机构、资信评级机构、会计师事务所、律师事务所等。

1）证券投资咨询机构

证券投资咨询机构，也称证券投资顾问机构，是指向投资者或者客户提供证券投资分析、预测或者建议等咨询服务，以营利为目的的机构。根据服务对象的不同，证券投资咨询机构可分为：面向公众的投资咨询机构，面向特定对象的投资咨询机构，面向本公司投资管理部门、投资银行部门的投资咨询机构。

2020 年 3 月实施的《证券法》规定，从事证券投资咨询服务业务，应当经国务院证券监督管理机构核准；未经核准，不得为证券的交易及相关活动提供服务。

证券投资咨询机构及其执业人员从事证券投资咨询活动必须客观公正、诚实信用，不得以虚假信息、内幕信息或者市场传言为依据向客户或投资者提供分析、预测或建议；预测证券市场、证券品种的走势或者就投资证券的可行性进行建议时，需有充分的理由和依据，不得主观臆断；证券投资分析报告、投资分析文章等形式的咨询服务产品不得有不负责任的煽动性语言。

2）财务顾问机构

由于财务顾问业务具有较高的专业性且涉及公众利益，此前监管部门对财务顾问机构有较高的门槛要求。例如，要求证券公司注册资本不低于 5 000 万元，建立有效的内控机制和内部管理制度，配备充足的专业人员（财务顾问主办人不少于 5 人），公司控股股东和实际控制人信誉良好；要求证券投资咨询机构注册资本和净资产不低于 500 万元、具有两年执业经历且每年财务顾问业务收入不低于 100 万元，配备充足的专业人员（有证券从业资格的人员不少于 20 人，其中有 3 年以上业务经验的人员不少于 10 人），建立有效的内控机制和内部管理制度，公司控股股东和实际控制人信誉良好。

新证券法和《证券服务机构从事证券服务业务备案管理规定》将财务顾问机构由审批改为备案，但考虑市场实际情况，现阶段规定财务顾问业务暂由具备相关展业经验的证券公司、证券投资咨询机构开展。

3）资信评级机构

资信评级机构是评价有价证券的优劣等级和有价证券发行者的还本付息能力的机构。其通过对发行证券的企业所处的产业部门、企业本身的经济金融状况、证券的收益率和安全性及担保情况等进行合理的分析，就各个因素逐个打分，予以加权，然后评定出各个等级。证券投资者则根据它们的评级酌情进行投资。

资信评级的根本目的是揭示受评对象违约风险的大小，而不是其他类型的投资风险，如利率风险、通货膨胀风险等。资信评级评价的是经济主体按合同约定如期履行特定债务或其他经济义务的能力和意愿，而不是企业的价值或经营业绩。资信评级是独立的第三方资信评级机构利用其自身的技术优势和专业经验，就各经济主体和金融工具的信用风险大小发表的一种专家意见。因此，资信评级是衡量发债主体按时对各类所负债务如约还本付息的可能性或预期损失的综合评估，是对债务偿还风险的综合评价。

国际著名的资信评级机构有：穆迪公司、标准普尔公司、惠誉国际；日本的债券评级研究所和日本投资者服务公司。这些公司评定出的证券等级，比较客观地反映了证券发行者及证券本身的资信程度。截至 2020 年 10 月末，在我国债券市场具有全部评级资质的评级机构共计 7 家，分别为大公国际、新世纪评级、中诚信国际、联合资信、东方金诚、中证鹏元和标普信评，其中标普信评为外资信用评级机构。

4）会计师事务所

会计师事务所是指依法独立承担注册会计师业务的中介服务机构，是由有一定会计专业水平、经考核取得证书的会计师（如中国的注册会计师、美国的注册会计师、英国的特许会计师、日本的公认会计师等）组成的、受当事人委托承办有关审计、会计、咨询、税务等方面业务的组织。会计师事务所从事的证券业务包括净资产验证、会计报表审计和实收资本审验。

我国对从事证券相关业务的会计师事务所和注册会计师实行许可证管理制度。《证券法》对会计师事务所从事证券业务进行修订，《证券法》规定，会计师事务所从事证券服务业务，应当报国务院证券监督管理机构和国务院有关主管部门备案。

国际上有普华永道、德勤、毕马威、安永四大著名会计师事务所。

我国著名的会计师事务所，除了以上四大著名会计师事务所在国内分公司外，还有：立信会计师事务所，立信会计师事务所是由中国会计泰斗潘序伦先生于 1927 年在上海创建，是中国建立最早和最有影响力的会计师事务所之一；瑞华会计师事务所（特殊普通合伙），是我国第一批被授予 A＋H 股企业审计资格、第一批完成特殊普通合伙转制的民族品牌专业服务机构；天健会计师事务所，是由我国一批资深注册会计师创办的首批具有 A＋H 股企业审计资格的全国性大型会计审计专业服务机构，其次还有信永中和会计师事务所、天职国际会计师事务所、致同会计师事务所。

5）律师事务所

律师事务所是指中华人民共和国律师执行职务、进行业务活动的工作机构。律师事务所的证券法律业务，是指律师事务所接受当事人委托，为其证券发行、上市和交易等证券业务活动，提供的制作、出具法律意见书等文件的法律服务。

3. 证券登记结算机构

证券登记结算机构是指为证券的发行和交易活动办理证券登记、存管、结算业务的中介服务机构。证券登记结算机构为证券交易提供集中的登记、托管与结算服务，是不以营利为目的的法人。设立证券登记结算机构必须经国务院证券监督管理机构批准。设立证券登记结算机构的根本目的在于提高证券交易效率，消除证券市场风险。设立证券登记结算机构，可以为证券登记、托管和结算提供安全、有效和快捷的服务。

通过证券登记，确认证券合法持有人和处分权人的资格。证券登记结算公司根据证券发行人、上市公司或证券经营机构提供的股东名册及其持股资料，对股东名册与其持股情况作出统一性认定，借此确认特定股东及持券情况，将其记载于法定表册中。

证券托管，也称存管或保管，指托管委托人将其名下持有或受托保管的实物证券，交给托管人实行代保管的活动。根据我国现行法律，上市公司或拟上市公司必须遵守强制托管规则，将其发行的股票交给证券登记结算机构托管；对于非上市公司所发行证券，采取任意托管方式，即证券发行人经与证券登记结算机构协商后，将所发行证券交证券登记结算机构保管。强制性托管大致分为上市前托管和上市后托管，上市前托管是股份有限公司取得股票发行人资格的前提，上市后托管则是上市公司的法定义务。

证券清算是将买卖双方及证券公司之间的证券买卖数量和金额分别予以抵销，计算应收、应付证券和款项的特殊程序，以实现证券和款项的最少实际交割数量。通过证券托管和清算程序，可以简化证券交割手续，避免交叉交割和重复交割。

证券登记结算机构的职能包括以下几个方面。

1）证券账户和结算账户的设立

证券账户用于记录投资者买卖证券的情况，结算账户的作用在于在证券交易中为买卖双方清算交收服务。

2）证券的托管和过户

证券托管是证券持有人将其所持有的证券委托证券登记结算机构保管，这样便于交易结算，也比较安全；过户就是根据证券交易清算交收的结果，将证券持有人持有证券的事实记录下来；所用的形式是将一个所有者账户上的证券转移到另一个所有者账户，这种转移是一种股权、债权的转移，它由证券登记结算机构经办。

3）证券持有人名册登记

证券登记结算机构进行股权、债权的登记，它是根据证券交易中结算、交收、过户的结果进行的，证券登记确定了投资者的权利，并形成证券持有人名册。

4）证券交易所上市证券的清算和交收

证券的清算和交收是完成一方交付证券、另一方支付价款的过程，这样证券交易才能完成，下一步的交易才能开始并继续。

5）受发行人的委托派发证券权益

证券在发行并上市交易后，在投资者之间流动，发行人再难以掌握哪些人持有证券，在向股东派发权益或者向债权人支付利息时，需依据委托证券登记结算机构证券持有人名册派发，做到准确、便捷，有利于保护投资者利益。

6）办理与上述业务有关的查询

它有一个限定，就是与上述业务有关的事项，也可以说是相关业务的延伸，这是又一项法定的职能。

7）国务院证券监督管理机构批准的其他业务

除了上述六项业务外，还会有一些是证券登记结算机构可以提供的服务，但它需要经过国务院证券监督管理机构的批准。

（四）证券自律性组织

1. 证券交易所

证券交易所是证券买卖双方公开交易的场所，是一个高度组织化、集中进行证券交易的市场，是整个证券市场的核心。《证券法》规定，证券交易所是为证券集中交易提供场所和设施，组织和监督证券交易，实行自律管理的法人。

1）证券交易所的特征

其特征可以概括为以下几个方面。

（1）有固定的交易场所和严格的交易时间。

（2）参加交易者为具备一定资格的会员证券公司，交易采取经纪制，即一般投资者不能直接进入交易所买卖证券，只能委托会员证券公司作为经纪人间接进行交易。

（3）交易的对象限于合乎一定标准的上市证券。

（4）通过公开竞价的方式决定交易价格，该价格由市场产生，能比较完全地反映供求关系。

（5）集中了证券的供求双方，具有较高的成交速度和成交率。

（6）实行"公开、公平、公正原则"，并对证券交易加以严格管理。

2）证券交易所的类型

证券交易所分为公司制和会员制两种形式，这两种证券交易所可以是政府或公共团体出资经营（称为公营制证券交易所），也可以是私人出资经营（称为民营制证券交易所），还可以是政府与私人共同出资经营（称为公私合营的证券交易所）。

（1）公司制证券交易所。公司制证券交易所是以盈利为目的，提供交易场所和服务人员，以便利证券商的交易与交割的证券交易所。公司制证券交易所的收入来源是发行公司的上市费与证券成交的佣金，交易所的人员不能参与证券买卖，这在一定程度上可以保证交易的公平。

公司制证券交易所依据《公司法》和《证券法》的规定设立，证券交易所是独立的法律主体，是独立的经济实体，它只为证券商从事证券交易活动提供所需的物质条件和服务，证券交易所的职员不参与具体的证券交易活动。证券交易所有权向证券发行公司索取证券上市费，并向证券商收取证券成交的其他费用。

证券交易所设有股东大会、董事会、监事会和总经理等机构。股东大会是证券交易所的最高决策机构，主要确定证券交易所的长期发展规划，决定董事会人选以及其他有关重大事宜。董事会是证券交易所的常设机构，其主要职责是：审定重要业务和财务方针，拟定预决算及盈余分派计划，核定证券商名单，核定收取费用的数额，核议证券交易人员的资格并办理有关登记手续，审定向股东大会提出的议案和各项报告，高级职员的选聘和解聘，以及决定其他依照证券交易所章程应予决定的事项。监事及其所组成的监事会，是由股东大会选举产生的常设监督机构，其主要职责是监督董事会执行股东大会决议，具体包括审查年度决算报告、监督证券交易所业务、检查交易活动所涉及账目等。经理机构包括总经理，是由董事会聘请产生的、负责证券交易所日常业务活动的机构，直接对董事会负责。

目前，世界上实行公司制证券交易所的国家和地区主要有加拿大、澳大利亚、日本、马来西亚、新加坡、印度、阿根廷、智利、哥伦比亚、瑞士、美国的纽约等。我国的北京证券交易所属于公司制证券交易所。

（2）会员制证券交易所。会员制证券交易所是以会员协会形式成立的不以营利为目的的组织，主要由证券商组成。只有会员及享有特许权的经纪人才有资格在交易所中进行证券交易，会员对证券交易所的责任仅以其交纳的会费为限。

实行会员制的证券交易所设会员大会、理事会、总经理和监事会。会员大会是交易所的最高权力机关，主要职责是：制定和修改证券交易所章程；选举和罢免会员理事；审议和通过理事会、总经理的工作报告；审议和通过证券交易所的财务预算、决算报告；决定证券交易所的其他重大事项。理事会是证券交易所的决策机构，其主要职责是：执行会员大会的决议；制定、修改证券交易所的业务规则；审定总经理提出的工作计划；审定总经理提出的财务预算、决算方案；审定对会员的接纳；审定对会员的处分；根据需要决定专门委员会的设置和会员大会授予的其他职责。理事会设理事长1人，可以设副理事长1~2人。总经理应当是理事会成员。证券交易所的总经理、副总经理、首席专业技术管理人员每届任期3年。总经理由中国证监会任免。副总经理按照中国证监会相关规定任免或者聘任。监事会是证券交易所的监督机构，监事会人员不得少于5人，其中，职工监事不得少于2名，专职监事不得少于1名。监事会设监事长1人，由中国证监会提名，监事会通过。

目前，美国、欧洲大多数国家以及巴西、泰国、印度尼西亚、南非等国的证券交易所均实行会员制。我国内地的两家证券交易所——上海证券交易所和深圳证券交易所，均按会员制方式组成。

2. 证券业协会

中国证券业协会是证券行业性自律组织。其在国家对证券业实行集中统一监督管理的前提下，进行证券业自律管理；发挥政府与证券行业间的桥梁和纽带作用；为会员服务，维护会员的合法权益；维持证券业的正当竞争秩序，促进证券市场的公开、公平、公正，推动证券市场的健康稳定发展。

证券业协会的最高权力机构是由全体会员组成的会员大会，理事会为其执行机构，实行会长负责制。

中国证券业协会的主要职责是：

（1）教育和组织会员遵守证券法律、行政法规。

（2）依法维护会员的合法权益，向证券监督管理机构反映会员的建议和要求。

（3）收集整理证券信息，为会员提供服务。

（4）制定会员应遵守的规则，组织会员单位从业人员的业务培训，开展会员间的业务交流。

（5）对会员之间、会员与客户之间发生的证券业务纠纷进行调解。

（6）组织会员就证券业的发展、运作及有关内容进行研究。

（7）监督、检查会员行为，对违反法律、行政法规或者中国证券业协会章程的，按照规定给予纪律处分。

3. 证券投资者保护基金

证券投资者保护基金是指按照《证券投资者保护基金管理办法》筹集形成的、在防范和处置证券公司风险中用于保护证券投资者利益的资金。

证券投资者保护基金制度是证券投资者保护体系的重要组成部分，是建立证券公司风险处置长效机制的重要措施，也是落实《国务院关于推进资本市场改革开放和稳定发展的若干意见》的重要举措。基金来源是：

（1）上海证券交易所、深圳证券交易所在风险基金分别达到规定的上限后，交易经手费的20%纳入基金。

（2）所有在中国境内注册的证券公司，按其营业收入的 0.5%~5%缴纳基金，经营管理和运作水平较差、风险较高的证券公司，应当按较高比例缴纳基金；各证券公司的具体缴纳比例由中国证券投资者保护基金有限责任公司根据证券公司风险状况确定后，报中国证监会批准，并按年进行调整；证券公司缴纳的基金在其营业成本中列支。

（3）发行股票、可转债等证券时，申购冻结资金的利息收入。

（4）依法向有关责任方追偿所得和从证券公司破产清算中受偿收入。

（5）国内外机构、组织及个人的捐赠。

（6）其他合法收入。

证券投资者保护基金主要用于：

（1）证券公司被撤销、关闭和破产或被中国证监会实施行政接管、托管经营等强制性监管措施时，依照国家有关政策规定对债权人予以偿付。

（2）国务院批准的其他用途。为处置证券公司风险需要动用保护基金的，中国证监会根据证券公司的风险状况制订风险处置方案，中国证券投资者保护基金有限责任公司制订保护基金使用方案，报经国务院批准后，由中国证券投资者保护基金有限责任公司办理发放基金的具体事宜。

（五）证券投资监管机构

证券市场监管是证券管理机关运用法律的、经济的以及必要的行政手段，对证券的募集、发行、交易等行为以及证券投资中介机构的行为进行监督与管理。证券市场监管是一国宏观经济监管体系中不可缺少的组成部分，是保障广大投资者合法权益的需要；是维护市场良好秩序的需要；是发展和完善证券市场体系的需要；是证券市场参与者进行发行和交易决策的重要依据。证券市场监管对证券市场的健康发展具有重大意义。

我国证券市场经过30多年的发展，逐步形成了以国务院证券监督管理机构、国务院证券监督管理机构的派出机构、证券交易所、行业协会和证券投资者保护基金公司为一体的监管体系和自律管理体系。国务院证券监督管理机构是证券市场监管机构，依法对证券市场实行监督管理，由证监会及其派出机构组成。

1. 证监会

中国证监会成立于 1992 年 10 月，是国务院直属机构，是全国证券期货市场的主管部门，对全国证券期货市场实行集中统一监管，维护证券市场秩序，保障其合法运行。

中国证监会下设股票发行审核委员会和行政处罚委员会。股票发行审核委员会审核股票发行申请是否符合相关条件；审核保荐人、会计师事务所、律师事务所、资产评估机构等证券服务机构及相关人员为股票发行所出具的有关材料及意见书；审核中国证监会有关职能部门出具的初审报告；依法对股票发行申请提出审核意见。行政处罚委员会制定证券期货违法违规认定规则，审理稽查部门移交的案件，依照法定程序主持听证，拟订行政处罚意见。

中国证监会的职责是：

（1）依法制定有关证券市场监督管理的规章、规则，并依法进行审批、核准、注册，办理备案；

（2）依法对证券的发行、上市、交易、登记、存管、结算等行为，进行监督管理；

（3）依法对证券发行人、证券公司、证券服务机构、证券交易场所、证券登记结算机构的证券业务活动，进行监督管理；

（4）依法制定从事证券业务人员的行为准则，并监督实施；

（5）依法监督检查证券发行、上市、交易的信息披露；

（6）依法对证券业协会的自律管理活动进行指导和监督；

（7）依法监测并防范、处置证券市场风险；

（8）依法开展投资者教育；

（9）依法对证券违法行为进行查处；

（10）法律、行政法规规定的其他职责。

2. 中国证监会派出机构

中国证监会在上海、深圳等地设立 9 个稽查局，在各省、自治区、直辖市、计划单列市共设立 36 个证监局。其主要职责是：认真贯彻、执行国家有关法律、法规和方针、政策，依据中国证监会的授权对辖区内的上市公司，证券、期货经营机构，证券、期货投资咨询机构和从事证券业务的律师事务所、会计师事务所、资产评估机构等中介机构的证券、期货业务活动进行监督管理；依法查处辖区内前述监管范围的违法、违规案件，调解证券、期货业务纠纷和争议，以及中国证监会授予的其他职责。

第三节　证券市场的产生与发展

一、证券市场的产生

证券市场是社会化大生产的产物，是商品经济和市场经济发展到一定阶段的必然结果。商品经济发展到一定规模，必然追求规模化经营和生产。个人或者团体很难筹集到巨额资本，同时承担风险能力差。这在很大程度上制约了社会经济的发展，也阻碍了利润的进一步增长。股份制不仅为市场经济提供了新的融资方式，可以集合巨额资金，而且具有分散风险的作用。本着共享利润、共担风险的原则，谋求财富的增加，股份制的出现必然伴随着证券市场的发展和股份制公司的建立。

1. 股份制公司的产生

股份制的雏形早在中世纪就已经出现，主要存在于采矿冶金、纺织、海上贸易等行业中。13世纪末14世纪初，由于海上贸易和商业的发展，出现了多种多样的合股公司和合股店铺。世界上最早的股份公司出现在英国，是1551年组建的"新领地商人探险者公司"（1555年更名为莫斯科夫公司），然而这家公司存在时间较短，最后以失败告终。在目前的很多共识中，1602年成立的荷兰东印度公司常常被认为是股份制的起源，它是第一家筹集到大量股权资本且成功运营近200年的股份制公司的典范。东印度公司成立于欧洲大航海时代，为了扩展市场，扩大对外贸易，东印度公司热衷于远洋探险。远洋探险是一种高成本、高风险、高回报的活动，股份制则很好地解决了两方面的难题：筹集大量社会闲散资金；实现所有权和经营权的分离。

2. 证券交易所的产生

随着股份公司的产生和发展，股票的发行、股票的流通成为亟待解决的问题。17世纪的荷兰，堪称当时的华尔街，几乎所有的金融产品和贸易技术均发源于此。1611年，荷兰一些商人组成了一个专门进行该国东印度公司股票交易的组织，因其经营的股票单一，而且持续时间不长，还不能算作正式的证券市场。1680年，荷兰的阿姆斯特丹出现了世界上第一家正式的证券交易所，可看作证券市场产生的标志。随后，1724年，法国巴黎也出现了该国第一家证券交易所。

英国的股份公司和股票发展几乎和荷兰同步，股票交易最初在皇家交易所进行，皇家交易所是英国政府设立专门用于买卖政府债券的场所。1773年，英国的股票经纪商转移到伦敦柴思胡同的咖啡屋进行股票买卖，其中最著名的便是"乔纳森咖啡屋"，后来成为伦敦证券交易所的前身。

1790年，美国费城成立了美国第一家证券交易所——费城证券交易所，该交易所成立之初主要交易政府债券。对美国证券业来说，1792年5月17日是一个值得永远纪念的日子，24名经纪人在纽约华尔街一个咖啡馆门前的梧桐树下签订了"梧桐树协定"，并约定每日在梧桐树下聚会，从事证券交易。这便是纽约证券交易所的起源。1817年3月8日这个组织起草了一项章程，并把名字更改为"纽约证券交易委员会"，1863年改名为纽约证券交易所。如今，纽约证券交易所已成为世界金融市场的"心脏"，是世界上总市值最大的交易所。

信息和服务业的兴起催生了纳斯达克证券交易所。纳斯达克证券交易所始建于1971年，是一个完全采用电子交易、为新兴产业提供竞争舞台、自我监管、面向全球的股票市场。纳斯达克证券交易所是全美也是世界最大的股票电子交易市场，交易量已经超越纽约证券交易所。

二、证券市场的发展

从世界证券市场的发展历程来看，其大致经历了以下三个阶段。

（一）自由放任阶段

从 17 世纪初到 20 世纪 20 年代，证券发行量迅速增长，但由于缺乏管理而带给人类一场空前的危机。

这一阶段，资本市场获得了初步发展。为适应资本主义经济发展的需要，证券市场以其独特的形式，有效地促进了资本集聚。首先，股份公司数量剧增。以英国为例，1911—1920 年有 64 000 家股份公司，1921—1930 年增加到 86 000 家。其次，有价证券发行额暴涨。1891—1900 年，世界有价证券的发行金额为 1 004 亿法郎。20 世纪初，资本主义由自由竞争阶段过渡到垄断阶段，证券市场适应了资本主义经济发展的需要，有效地促进了资本的积累，从而获得了迅速发展。20 世纪的前 30 年，发行量则分别达到了 1 978 亿法郎，3 000 亿法郎和 6 000 亿法郎。同时，证券结构也出现了变化，股票和公司债券分别取代了公债和国库券，占据了主要地位。但是，由于缺乏对证券发行和交易的管理，证券市场处于一个自由放任的状态。证券业呈现出无序竞争的局面，证券交易所纷纷成立，各种证券鱼龙混杂，证券价格远离其实际价值，证券欺诈和证券投机现象十分严重。

1929 年资本主义经济大危机时期，证券市场发生了 1929 年 10 月 29 日的"黑色星期二"，股灾之后，资本主义经济陷入大萧条，资本市场也处于停滞阶段，不仅证券市场的价格波动剧烈，而且证券经营机构的数量和业务锐减。到 1932 年 7 月 8 日，道·琼斯工业股票价格平均数只有 41 点，仅为 1929 年最高水平的 11%。危机过后，证券市场一蹶不振。

（二）法制建设阶段

从 20 世纪 30 年代到 60 年代末，市场危机促使各国政府开始全面制定法律，证券发行和交易活动开始进入法制化管理阶段。在经济大危机过后，各国政府意识到了加强对证券市场监管的重要性。有关证券业的法律法规纷纷出台，对证券发行和交易活动进行了全面的规范和限制。这些证券法律和法规的制定，为证券市场的健康发展奠定了坚实的基础，证券市场逐步走上规范发展的道路。

美国在这一阶段对证券市场实行了统一立法，颁布了一系列联邦证券法，包括《证券法》（1933 年）、《证券交易法》（1934 年）、《公共事业控股公司法》（1935 年）、《信托契约法》（1939 年）、《投资公司法》（1940 年）和《投资顾问法》（1940 年）等。英国也颁布了《反欺诈（投资）法》（1958 年）、《公司法》（1948 年和 1967 年）等法律法规。

（三）迅速发展阶段

20 世纪 70 年代开始，随着发达国家经济规模化和集约化程度的提高，发展中国家经济的蓬勃兴起，以及计算机通信和网络技术的进步，资本市场出现了高度繁荣的局面，资本市场进入加速发展阶段。

1999 年年底，全球股票市场市值达到了 35 万亿美元，股票市场交易也日趋活跃，1999 年股票交易金额达到了 37.51 万亿美元。不仅证券市场的规模扩大，而且证券交易日趋活跃。其重要标志是反映证券市场容量的重要指标证券化率〔证券市值/GDP（国内生产总值）〕的提高。1995 年末，发达国家的平均证券化率为 70.44%，其中，美国为 96.59%，英国为 128.59%，日本为 73.88%。而到了 2003 年，美、英、日三国证券化率分别提高至 298.66%、296.54% 和 209.76%。

进入 21 世纪，由于全球化、计算机和网络的发展，证券市场的发展呈现出新的特点。截至 2022 年，股票总市值已超过 100 万亿美元。互联网技术的发展，使得证券市场交易方式更加自动化、交易形式呈无形化，也使得信息传递更加快捷和透明。全球化使得证券市场的国际化程度不断提高。

三、中国证券市场的产生和发展

（一）中国证券市场的产生

我国证券市场可追溯到 19 世纪末。1873 年，清政府督办了轮船招商局，发行了中国最早的股票。1894 年，清政府发行了我国首例国内债券——息借商款。1918 年，我国第一家证券交易所在北京成立。上海证券商品交易所和天津证券交易所分别于 1920 年和 1921 年开业，汉口、广州、南京、苏州、宁波等地也纷纷效仿。新中国成立前，中国的金融市场极为混乱，证券交易所是社会游资投机活动集中的场所。新中国成立后，政府接管和关闭了这些证券交易所。1949 年 6 月，政府在接收原天津有价证券交易所的基础上，恢复设立了天津证券交易所。1950 年 2 月，政府又在北京恢复设立了北京证券交易所。天津证券交易所和北京证券交易所在引导社会游资、稳定市场和恢复国民经济方面发挥了重要作用。但由于当时实行了苏联式的集中计划体制，证券市场失去了存在的基础。1952 年，北京证券交易所和天津证券交易所相继关闭。中国证券市场在长达 20 多年的时间里基本消失了。

（二）中国证券市场的发展

我国的现代债券市场从 1981 年 7 月国家恢复发行债券算起，而股票市场则是以 1983 年 7 月深圳宝安企业（集团）股份公司成立并发行股票为起点，但当时没有集中的交易场所，市场规模小、发展不规范。

1990 年 11 月和 1990 年 12 月，上海证券交易所和深圳证券交易所相继成立，形成了集中的股票交易市场。在短短的 30 多年中，中国证券市场从无到有、从小到大，发展速度很快，走过了发达国家证券市场几百年才走完的历程。

中国证券市场的发展可以分为以下几个阶段。

1. 1978—1993 年，改革初期的证券市场

1978 年，伴随着我国改革开放，金融改革开放也拉开大幕，中央银行制度框架基本确立，主要国有商业银行基本成型，资本市场上股票开始发行，保险业开始恢复，适应新时期改革开放要求的金融体系初显雏形。1990 年，上海证券交易所和深圳证券交易所的成立，标志着新中国证券市场的建立。

1984 年 1 月 1 日起，中国人民银行不再办理针对企业和个人的信贷业务，成为专门从事金融管理、制定和实施货币政策的政府机构。

1984 年 1 月，新设中国工商银行，中国人民银行过去承担的工商信贷和储蓄业务由中国工商银行专业经营。至此，中央银行制度的基本框架初步确立。

1984 年 11 月 14 日，经中国人民银行上海分行批准，上海飞乐音响股份有限公司公开向社会发行了不偿还的股票。这是中国改革开放后第一张真正意义上的股票，标志着改革开放后的中国揭开了资本市场的神秘面纱。

1990 年 11 月，内地第一家证券交易所上海证券交易所成立。自此，中国证券市场的发展开始了一个崭新的篇章。

1990 年 12 月，深圳证券交易所成立。

1992 年 10 月，国务院证券委员会（以下简称"国务院证券委"）和中国证监会宣告成立。国务院证券委和中国证监会的成立，迈出了我国金融业"分业经营、分业监管"的第一步，标志着中国证券市场统一监管体制开始形成。

2. 1994—2001 年的证券市场

1994 年，是证券市场迅速扩容时期。1994 年，上市公司由 1992 年的 54 家扩容至 287 家。1993—1995 年，为了推进国债市场的发展，开设了国债期货市场。

1995 年，"3·27 国债事件"直接导致中国关闭了国债期货市场。1995 年是金融体系法制化的一年，标志着金融监管进入一个新的历史时期，开始向法制化、规范化迈进。

1999 年 5 月，上海期货交易所正式成立。

1999 年 7 月，《证券法》正式实施，对资本市场发展起到巨大作用。

3. 2001—2007 年，加入世界贸易组织后的证券市场

2001 年 12 月，中国正式加入世界贸易组织，金融业改革步伐加快。

2002 年 12 月，中国证监会和中国人民银行联合发布的《合格境外机构投资者境内证券投资管理暂行办法》正式实施，QFII 制度在中国拉开了序幕。这是将中国资本市场纳入全球化资本市场体系所迈出的第一步。

2003 年 3 月 10 日《第十届全国人民代表大会第一次会议关于国务院机构改革方案的决定》，批准国务院成立中国银行业监督管理委员会（以下简称"银监会"）。至此，中国金融监管"一行三会"的格局形成。2018 年，将银监会、保监会的职责整合，组建了中国银行保险监督管理委员会。

2003 年 12 月，中央汇金投资有限责任公司成立，从而明晰了国有银行产权，完善公司治理结构，督促银行落实各项改革措施，建立起新的国有银行运行机制。

2004 年 2 月，《证券发行上市保荐制度暂行办法》实施，发行上市主承销商推荐制正式过渡到保荐制度。同时，建立了保荐机构和保荐代表人问责机制。

2004 年 5 月，深圳证券交易所获准设立中小企业板块，重点安排主板市场拟上市公司中具有较好成长性和较高科技含量的中小企业发行股票和上市。

2005 年 4 月，经国务院批准，中国证监会启动股权分置改革试点工作，此后 A 股进入全流通时代。

2005 年 7 月 21 日起，我国开始实行以市场供求为基础、参考一篮子货币进行调节、有管理的浮动汇率制度。人民币汇率不再盯住单一美元，形成更富弹性的人民币汇率机制。

2005 年 9 月 29 日，中国证券投资者保护基金有限责任公司挂牌开业，备受关注的证券投资者保护基金正式设立。

2006 年 1 月，修订后的《公司法》《证券法》正式实行，同月，中关村高科技园区非上市股份制企业开始进入代办股份转让系统挂牌交易。

2006 年 9 月，中国金融期货交易所成立。

2007 年 8 月 14 日，中国证监会颁布《公司债券发行试点办法》。一个月后，我国第一只公司债券由中国长江电力股份有限公司发行。

4. 2009 年至今，证券市场多层次发展阶段

2009 年至今是中国证券市场多层次建立和完善阶段。

2009 年 10 月，创业板推出。

2010 年 3 月推出融资融券，同年 4 月推出股指期货。2010 年 4 月 16 日，沪深 300 股指期货合约上市交易。

2012 年 8 月 3 日，经国务院批准，非上市股份公司股份转让（新三板）试点扩大。

2012 年 8 月，转融资业务推出。2013 年 2 月，转融券业务推出。

2014 年开通沪港通，2016 年开通深港通。

2019 年 6 月 13 日，科创板正式开板，并在该板块内进行注册制试点。

2020 年 3 月 1 日，修订后的《证券法》开始施行。

2021 年 9 月 3 日，北京证券交易所注册成立，深化新三板改革，为服务创新型中小企业打造主阵地。

2023 年 2 月 1 日，全面实行股票发行注册制改革正式启动。

目前我国已经形成了满足不同投资者和融资者多样化需求的多层次资本市场。这样的多层次资本市场，有利于对不同风险特征的筹资者和不同风险偏好的投资者进行分层分类管理，以满足不同性质的投资者与融资者的金融需求，并最大限度地提高市场效率与风险控制能力。

其具体表现为：

（1）主板市场。主板市场包括上海证券交易所和深圳证券交易所。两个交易所在组织体系、上市标准、交易方式和监管结构方面几乎都完全一致，主要为成熟的国有大中型企业提供上市服务。

（2）二板市场。二板市场是指深圳证券交易所的中小板（2004 年 6 月推出）和创业板（2009 年 10 月推出）。二板市场基本上延续了主板市场的规则，除能接受流通盘在 5 000 万股以下的中小企业上市这点不同以外，其他上市条件和运行规则几乎与主板一样，所以上市的"门槛"还是很高的。

（3）三板市场（场外交易市场）。三板市场包括代办股份转让系统和地方产权交易市场。

总的来说，中国的场外交易市场主要由各个政府部门主办，市场定位不明确，分布不合理，缺乏统一规则且结构层次单一，还有待进一步发展。

四、中国证券市场的发展特征

证券市场已经成为资本市场的核心组成部分，也是现代市场经济体系中配置资源的有效方式。中国证券市场经过几十年的发展，呈现出如下特征。

（一）股份制和信用制度快速发展

股份公司的出现和信用制度的深化是证券市场发展的根本动力。市场经济越发达，对资源配置的要求越高，股份公司和直接信用在资源配置中的优势越来越明显。国有企业的股份制改造和民营企业成立的股份制公司成为主要的企业组织形式，直接信用代替了间接信用，成为主要的信用形式，这使证券市场成为主要的融资场所，上市公司数量逐渐增加，证券市场不断发展。截至 2020 年 6 月 1 日，我国上市公司达 3 869 家，总市值超过 60 万亿元。

（二）投资者数量大幅增加

证券市场为投资者开辟了投资渠道，而投资者数量的增加和参与程度的提高，又为证券市场提供了资金支持，使更多的股份公司进入证券市场融资，从而扩大了市场规模，推动了证券市场的发展。截至 2022 年 1 月末，中国证券市场投资者达到 19 873.28 万，其中已开立 A 股账户的自然人为 19 767.89 万。自然人投资经验有了大幅度的提高。购买集合理财计划、公募基金的投资者占比增长快，个人投资者盈利能力提高。机构投资者盈利能力显著高于个人投资者，与个人投资者相比，机构投资者更注重中长期收益。

（三）证券监管体系逐步完善

证券市场的正常运转离不开完善的证券监管体系，它包括证券市场的立法和证券市场监管机构体系的建立两个方面。纵观成熟证券市场的发展历程，除了市场的严格自律以外，还必须有一套完善的证券法律体系和监管机构体系，才能够有效地维护投资者利益，防止市场欺诈和过度投机，制止和惩罚违法行为，以保障证券市场的健康发展。

（四）证券市场中介日益成熟

证券市场中介包括证券公司、投资银行、会计师事务所、律师事务所、资产评估机构和证券评级机构等。它们在证券市场中起着不同的作用，如联系市场的买卖双方，创新市场投资工具，保证市场信息的真实，提供投资依据等，促进了市场规范、高效、有序地发展。

（五）现代信息技术成为证券行业发展的动力引擎

证券市场具有信息高度密集的特点，现代科技大大提高了信息的传递效率和准确性，特别是计算机和通信技术的应用，给证券市场带来了革命性的变革。自 1990 年沪、深两个交易所开业以来，中国证券市场 30 多年的发展历程，也是行业运用信息技术不断实现创新发展的 30 年。从发行到交易，从委托到结算，从场内到场外，现代信息技术的应用都创造了良好的运作环境。随着金融科技的蓬勃发展，信息技术与证券业务深度融合，开始催生出新的业务模式、服务模式，为行业的发展提供了源源不断的创新活力。在证券市场的发展过程中，现代信息技术功不可没。

课程思政拓展阅读

中国资本市场三十年：从零到 70 万亿市值的伟大成就

1990 年末，中国拥有了现代意义上的证券交易所，第一批上市公司随之诞生。

三十年峥嵘岁月稠。经过三十年发展，2020 年国庆节前，沪、深两市已有超过 4 000 家上市公司，开立证券账户的投资者超过 1.6 亿户，总市值超过 70 万亿元。资本市场的发展历程也成了中国经济快速发展的珍贵缩影。

作为资本市场与实体经济的桥梁，三十年间证券行业在助力资本市场发展中起到了关键作用，为中国证券史贡献了诸多可写入教科书的经典案例，同时也奠定了自身在中国金融系统中举足轻重的地位。

第一个十年：从无到有的拓荒期

1990 年 12 月 1 日，深圳证券交易所开始营业。1990 年 12 月 19 日，上海证券交易所开业，飞乐音响等"老八股"上市交易。沪深交易所先后成立，标志着全国性资本市场正式形成，是改革开放历史进程中具有划时代意义的事件。

交易所开市最初两年可以说只是资本市场"试验田"阶段，可供交易的股票数量稀少，成交也不活跃。1992 年，为解决股票数量过少问题，深圳开始酝酿发行新股。新股上市方案从 1992 年 3 月开始酝酿，也通过报纸征求意见，最后在 7 个备选方案中，"面向全国发行，让普通百姓也受益"这个老方案得到袭用。1992 年 5 月 15 日，中华人民共和国国家经济体制改革委员会颁布《股份有限公司规范意见》。

1992 年 5 月 21 日，沪市全面放开股价，大盘跳空高开于 1 260.32 点，较前一天涨幅高达 104.27%，上证指数首度跨越千点。

1993 年 4 月 22 日，《股票发行与交易管理暂行条例》正式颁布。众多公司筹划登陆 A 股市场，但对年轻的中国证券行业而言，多数上市工作并无成例可以依循。

此时券商行业的先行者们在借鉴海外成熟经验的基础上充分发挥创造力、想象力，以创新引领发展，不但顺利帮助多家实体企业成功实现上市，还为中国投资银行发展积累了宝贵经验。

1993—1994 年，管理层发现，在新股发行时存在个别大户与机构暗箱操纵的不公平现象，因此决定在上网发行时试点竞价发行制度，1994 年，哈岁宝和琼金盘上网竞价发行方式取得成功，上网竞价被投资者接受，后在上海交易所发行的青海三普等也采取此种方式，但因琼金盘的盈利效应导致此次上网竞价变成上网竞飙，最终新股高价上市又迅速破发，管理层不愿看到此种结果，上网竞价发行方式被暂停。

上网竞价无法成型，管理层转而选择上网定价方式继续试点。1994 年，仪征化纤改制上市首次实行定价发行，保荐机构——上海申银证券有限公司（现为申万宏源）几经努力，最终保证仪征化纤发行顺利完成。1994 年 3 月、1995 年 1 月和 1995 年 4 月，仪征化纤分别发行 10 亿 H 股、2 亿 A 股和 4 亿新 H 股，成为当时市场耀眼的明星。

但 1994 年，A 股市场经历了前两年的牛市后进入熊市阶段，市场极度低迷，新股发行相当困难。为了保证新股的顺利发行，广发证券投资银行部在 1994 年 6 月担任星湖股份主承销商时创造性地提出并制定了"全额预缴、比例配售、余额即退"的发行方式，取得发行成功。当年 12 月，广发证券在担任中山火炬主承销商时又独辟蹊径地设计出"限量申购，免费预约，抽签分配，中签交款"的发行方式，经过广发证券上下的共同努力，排除了各种不利因素，最终取得了发行成功。

与此同时，年幼的中国证券行业也在初步探索向海外市场进军。1997 年，中金公司完成中国电信（香港）（现中国移动）的 H 股发行工作，开创大型央企改制并于海外上市的先河，为当年亚洲最大的首次公开发行，也是截至 1997 年底最大的中资企业首次公开发行，海外投行逐渐认识到，新生的中国证券行业具有不可忽视的力量。

1996 年 12 月，中国证监会公布《关于股票发行与认购方式的暂行规定》，将"全额预缴、比例配售、余额即退"与"上网定价""储蓄存款挂钩"并列为三大发行方式，并在相当长的时期内被众多公司采用。

由此可见，中国资本市场成立的第一个十年是探索中发展的十年。这一阶段的资本市场虽不成熟，却为进入 21 世纪后的跨越式发展奠定了良好基础。

第二个十年：股权分置改革让证券市场重生

2000 年至 2010 年，A 股市场第二个十年有许多重磅事件。其中最为重要的是股权分置改革，它被媒体称为"自成立以来影响最为深远的改革举措，其意义甚至不亚于创立中国证券市场"。

2004 年 1 月 31 日，国务院发布《国务院关于推进资本市场改革开放和稳定发展的若干意见》，明确提出"积极稳妥解决股权分置问题"。2005 年 4 月 29 日，经国务院批准，中国证监会发布《关于上市公司股权分置改革试点有关问题的通知》，启动了股权分置改革的试点工作。同年 9 月 4 日，中国证监会发布《上市公司股权分置改革管理办法》，我国的股权分置改革进入全面铺开阶段。

股权分置改革催生了 A 股市场成立以来的最大一次牛市行情。2005 年 6 月 6 日，沪指一度跌破千点大关，最低跌至 998 点。但随着股权分置改革深入进行，投资者重燃对资本市场的信心，至 2007 年 10 月，沪指创下 6 124 点历史高点，A 股市场走出了创立以来持续时间最长、涨幅最大的大牛市。

长达三年的股权分置改革离不开证券行业的参与，所谓"众口难调"。股改中，券商不但要为上市公司制订切合实际的股改方案，还需要联系到尽量多的投资者，承担着市场改革中的保障稳定执行工作。在此过程中，证券行业针对不同公司情况量体裁衣，开了 A 股历史众多先河。

股权分置改革试点第一股为三一重工。2003 年 7 月，三一重工向中国证监会申请上市时，就提出了股权全流通的大胆设想，引起了当时中国证监会官员的高度重视。

2005 年 4 月起，三一重工高管与保荐机构华欧国际证券（今甬兴证券）一同讨论股权分置改革方案。由于相关法律尚未完善，华欧国际证券反复修改了几十版初稿，当年 5 月 10 日出台试点方案：流通股股东每持 10 股流通股获得 3 股股票和 8 元现金，却收到市场一片骂声。5 月 24 日，公司推出修改方案，股改对价由"10 股送 3 股派 8 元现金"修改为"10 股送 3.5 股派 8 元现金"，并主动提高减持门槛，作出增加两项重要减持条件的承诺，最终获得投资者认可并顺利通过。

有了三一重工珠玉在前，其余上市公司股改也在稳步推进中。证券行业在服务股改过程中，也借鉴了许多海外成熟市场经验，创造性地使用了许多金融工具，为股改顺利实施作出了贡献。

2005 年 8 月 24 日，长江电力股权分置改革首次采用"认股权证"的方式并取得圆满成功。

作为一家备受市场关注的国有大盘蓝筹股，长江电力股东众多，以当时的传统模式实行股权分置改革的难度较大。作为长江电力股改保荐机构的广发证券上下团结一致、相互配合，业务人员在时间紧、任务重的情况下，顶住了各方的巨大压力，设计出了一套包含各种有利于上市公司长远发展的"组合拳"，实现了多方共赢；通过业务人员在方案实施前的大量有效沟通，最终方案被长江电力全体股东 99.18% 的支持率通过，占长江电力流通股股份总数 80.686% 的流通股股东参加表决，其中 96.762 1% 的流通股股东投下了赞同票，投票结果创下了高参与率、高通过率的喜人局面。

长江电力顺利股改后，权证逐渐被当时的 A 股市场上市公司、投资者所熟知并接受。2005 年 11 月，在武钢股份股权分置改革中，保荐机构广发证券率先提出蝶式权证理念，首次采用送股加上"认购权证+认沽权证"的方式，方案以全体股东 97.75% 的赞成率、流通股股东 84.65% 的赞成率顺利获得相关股东会议通过，最终顺利实施，取得发行成功。这次创新也使得证券市场的交易品种更加丰富、金融工具更加健全。

2008 年之后，股权分置改革基本完成。在服务股改中，证券行业也借此良机开启了资产证券化征程。在股改之前，A 股仅有宏源证券和中信证券两家上市券商。股改过程中，多家券商实现借壳上市，如海通证券借壳都市股份、国海证券借壳桂林集琦、国元证券借壳北京化二等。上市券商队伍扩大为行业更好地服务资本市场打下了良好的基础。

但由于前期涨幅巨大，加之受海外次贷危机影响，上证指数大幅下挫，从 2007 年 10 月的最高 6 124 点，到 2008 年 10 月创下的 1 664 点低点，跌幅高达 73%。但随着监管层打出前所未有的"组合拳"，A 股市场终于重拾信心，开始一波大级别反弹行情。2009 年 8 月，上证指数又重新攻至 3 400 点上方。

2009 年 10 月 30 日，创业板正式推出。站在 2020 年回望，它是推动中国进入高科技、新经济时代的重要助力。创业板一方面为高科技企业提供融资渠道；另一方面也通过市场机制，有效评价创业资产价值，促进知识与资本的结合。尽管成立不过短短 11 年，但创业板为促进中国科技进步、技术革新作出了巨大贡献。

2011—2020 年：多层次市场初具规模 跨越式发展的十年

2011—2020 年，第三个十年，是资本市场日趋成熟的十年，建立多层次资本市场是这十年的重要主题。而 2019 年科创板的设立、2020 年创业板注册制的推出，则是中国资本市场深化改革、与国际接轨的重要成果。

2012 年 11 月 8 日，中国共产党第十八次全国代表大会（以下简称"中共十八大"）在北京召开。中共十八大明确提出，要"加快发展多层次资本市场"；同时提出了建设未来若干年中国经济社会的主要目标。而这些目标，与资本市场的发展也密不可分，中国资本市场发展从此走向了快车道。

2014 年 11 月 17 日，沪港通正式开通。2016 年 12 月 5 日，深港通正式开通。中国证监会副主席方星海指出，互通机制的启动，是资本市场改革开放的重要举措。互联互通机制可复制、可推广，是我国资本市场改革开放的成功案例，为国际资本市场创新发展提供了中国智慧和中国方案。它的顺利开通和平稳运行，大幅提升了 A 股市场对境外投资者的吸引力。

在沪港通、深港通平稳运营后，2017 年 6 月 20 日，MSCI（摩根士丹利资本国际公司）决定自 2018 年 6 月开始将 A 股部分纳入 MSCI 新兴市场指数和 MSCI ACWI 全球指数。新华社评论称：不妨将此次 A 股纳入 MSCI 视为中国资本市场改革与演进。中国资本市场体量和发展红利无法令人忽视，A 股纳入 MSCI 将利于中国进一步推动金融改革，也会让全球更好地分享中国红利。

2019 年 6 月 13 日，科创板正式开板。2019 年 7 月 22 日，科创板首批 25 家公司挂牌上市。

中国资本市场全面推行改革立竿见影，众多高科技、新经济公司寻求通过登陆 A 股市场获得更广阔的发展平台，其中不乏独角兽级别的公司，一些曾远赴华尔街的公司也选择了回归。为疫情作出突出贡献的药明康德就曾是著名中概股，2018 年 5 月回归 A 股市场。

这一阶段，金融科技也越来越多地渗入资本市场本身建设中，间接推动了服务资本市场的证券行业经营模式大转型。

十年来，证券行业以信息科技为切入点，大力借助人工智能、大数据，实现了金融资源配置的高效化、集约化。据中国证券业协会统计，2019 年全行业信息技术投入金额 205.01 亿元，同比增长 10%，占到 2018 年营业收入的 8.07%，较去年同期提高了 2.03 个百分点。中国证券业协会指出，2017—2020 年证券行业在信息技术领域累计投入达 550 亿元，行业持续加大信息技术领域的投入，为行业数字化转型和高质量发展奠定坚实基础。

金融科技带来的便利吸引了越来越多的人成为资本市场投资者。根据中国结算公布的数据，A 股至 2020 年 7 月底总投资者已经超过 1.7 亿。相比三十年前的老股民，新一代的投资者无论是交易上，还是获取信息上都方便太多，而且还大幅降低了交易成本。

2014 年 2 月，国金证券推出佣金宝，以万分之二点五佣金率为切入点，正式全面拉开行业经纪业务从单一通道模式向财富管理服务转型的序幕。

2016 年 6 月，广发证券推出机器人投顾"贝塔牛"，率先以大数据、人工智能等先进技术对金融传统业务进行拓展和创新。通过算法模型，"贝塔牛"为大众客户提供 7×24 小时的智能投顾服务，让用户低成本、较快捷地实现合理的财富管理目标。由于用户门槛低、策略多样化、操作简单清晰，"贝塔牛"自上线以来用户增长迅速，累计客户超过 80 万。

而在十年多层次资本市场发展中，证券行业一改最初二十年同质化竞争的局面，除财富管理外，其他业务领域的差异化赛跑趋势也日益明显。

投行业务方面，科创板提速、创业板注册制改革为券商投行业务发展起到了强心针作用。2020 年上半年中信证券、中信建投、海通证券、华泰证券、国泰君安、光大证券 6 家券商投资银行业务手续费净收入总计达到 94.98 亿元，在 39 家上市券商中收入占比 49.94%。可以预期，随着并购重组和再融资政策进一步松绑，注册制推进以及新三板市场改革落地等政策助力，券商投行业务依然处于大发展阶段。

资管业务方面，华泰资管、东证资管、中信证券 2020 年上半年净收入超过 10 亿元，海通资管、广发资管紧随其后，净收入超过 7 亿元。

资本市场不仅是聚敛财富的场所，中国资本市场三十年蓬勃发展的本质，是人民对美好生活的向往。2020 年，中国资本市场和中国证券行业均站在了新的历史起点。

内地第三家证券交易所——北京证券交易所于 2021 年 9 月 3 日注册成立，11 月 15日开市，81 家公司成为首批上市公司，112 家证券公司成为正式会员，开市后合计可参与交易的投资者逾 400 万户。北京证券交易所是经国务院批准设立的我国第一家公司制证券交易所，与沪深交易所、区域性股权市场坚持错位发展与互联互通，发挥好转板上市功能。

4 000 家公司的初心：履行社会责任　服务实体经济

在回顾了资本市场发展史后，我们再来盘点资本市场 30 余年取得的伟大成就。

公司数量：中国 A 股上市公司突破 1 000 家、2 000 家大关几乎都用了 10 年时间，而当迈向 3 000 家时，这一时间已经缩短到 6 年。截至 2020 年 9 月 30 日，上市公司数量已经从当年的上海证券交易所"老 8 股"增长为 4 000 余家，年均增长率达 25%。

市值发展：伴随上市公司数量一同增长的还有沪深两市上市公司总市值。2007 年初，上市公司总市值突破 10 万亿元，同年又迅速攻破 20 万亿元、30 万亿元大关。截至 2020 年 9 月，中国上市公司总市值已超 70 万亿元。

覆盖行业："老 8 股"时代，上市公司集中在少数行业，而现今按照中国证监会行业分类，近 4 000 家上市公司云集在 19 大类行业当中。其中不少上市公司已经成长为各自细分行业的领军者。

区域分布：上海证券交易所成立之初，"老 8 股"中有 7 家公司都来自上海，1 家出自浙江。而在 30 年后，A 股 4 000 家上市公司的"出生地"遍及全国。除港澳台外，22个省、5 个自治区、4 个直辖市都有上市公司的身影。

社会责任：值得一提的是，中国上市公司群体在发展壮大自身的同时，承担社会责任的意识也在不断增强。越来越多的上市公司通过精准扶贫、保护环境等方式传播价值理念，履行社会责任，并进行了诸多创新。

深圳证券交易所发布数据显示，2019 年深市上市公司以多种方式主动服务精准扶贫。据不完全统计，深市有 558 家公司披露了 2019 年精准扶贫工作信息，共投入资金146.7 亿元，帮助建档立卡贫困人口脱贫超过 52 万人。

部分深圳证券交易所上市公司扶贫项目也获得了监管好评。其中，2019 年 5 月，国海证券获广西壮族自治区党委、政府"定点帮扶贫困县（区）村脱贫摘帽单位"通报表彰；派驻六丰村第一书记钟庆华荣获"全区优秀脱贫攻坚（乡村振兴）工作队员"。另外，长江证券在全国 25 个贫困县推进 300 余个金融扶贫项目，融资规模超过 63 亿元，位居行业前列，探索出"金融赋能产业"这一独具特色的"长证金融扶贫"模式。

2019 年 7 月 12 日，农业农村部、联合国粮农组织与广发证券共同启动"联合国可持续发展目标示范村"扶贫公益项目。该项目由广发证券社会公益基金会资助 100 万美元，与农业农村部、联合国粮农组织合作，计划于 2019 年至 2021 年在湖南省龙山县、湖北省来凤县、四川省美姑县、海南省白沙县四地各选取 4 个贫困村进行试点，从农业产业发展着手，通过"互联网+农业+金融"的模式，对 16 个试点村进行全方位帮扶，帮扶措施包括开展农民田间学校培训、整合电商平台销售农产品等。项目预计将有逾千名农民成为直接受益者。

中国证监会办公厅扶贫办副主任杨志海指出，"扶贫开发是全党全社会的共同责任，中国证监会广泛动员，凝聚行业力量，打好脱贫攻坚战。本次'示范村'项目不仅是广发证券探索的创新扶贫方案，也为证券行业服务脱贫攻坚和乡村振兴战略发挥了领头羊的作用"。

沪市上市公司中同样涌现出一批积极履行社会责任的典型公司。上海证券交易所在披露的《沪市主板公司 2019 年年报整体分析报告》中指出，2019 年，沪市约 690 家公司披露了精准扶贫信息，涉及产业、就业、教育脱贫等多种形式，如华能水电全年投入扶贫援助资金 5.16 亿元，沧源、耿马、双江 3 个贫困县提前一年脱贫，澜沧县贫困发生率由 46.68%下降至 1.61%，西藏当佐村、富源县白岩村脱贫出列；福耀玻璃及其董事长累计捐赠约 120 亿元，涉及救灾、扶贫、助困、教育、文化等各方面。

资料来源：王砚丹，吴永久. 中国资本市场三十年：从零到 70 万亿市值的伟大成就[N/OL]. 每日经济新闻，2020-10-15. http://www.nbd.com.cn/articles/2020-10-15/1523589.html.

即测即练

自学自测   扫描此码

思考题

1. 简述有价证券投资的分类。
2. 简述证券市场的功能。
3. 简述公司制证券交易所和会员制证券交易所的区别。

第二章

证券投资工具

本章学习要点

（1）熟悉股票概念、股票分类及不同的股票价格，掌握普通股与优先股的差异；

（2）熟悉债券概念、特征和基本分类，掌握债券投资收益核算；

（3）熟悉证券投资基金的概念、特征和分类，掌握各类基金的区别；

（4）了解证券衍生品的概念、类型及特点。

证券市场基础工具主要包括股票、债券、证券投资基金和金融衍生工具四类。股票和债券是最基本的投资工具，证券投资基金是一种大众化的投资工具，通过投资基金可以实现利益共享、风险共担；随着金融的快速发展，金融衍生工具成为证券市场中最引人注目的一项工具，金融衍生工具具有灵活方便、设计精巧、高效率等特征。本章主要介绍股票、债券、证券投资基金和金融衍生工具的基础知识。

第一节　股　票

一、股份公司

股份公司是按照相关章程和法律程序集合一定的资本合营的一种企业组织形式，股东享受共享收益、共担风险，并按照所持有股份的多少行使权力和分配利润的权力。

股份公司的基本特征是：资本总额平分为金额相等的股份；公司可以向社会公开发行股票筹资，股票可以依法转让；法律对公司股东人数只有最低限度，无最高额规定；股东以其所认购股份对公司承担有限责任，公司以其全部资产对公司债务承担责任；每一股有一表决权，股东以其所认购持有的股份，享受权利、承担义务；公司应当将经注册会计师审查验证过的会计报告公开。

二、股票的概念

（一）股票的定义

股票是股份有限公司发行的用以证明投资者的股东身份和权益，并据以获得股息和红利的凭证。

股票一经发行，购买股票的投资者即成为公司的股东。股东凭借股票可以获得公司的股息和红利，参加股东大会并行使自己的权利，同时也承担相应的责任与风险。股票实质上代表了股东对股份公司的所有权，股票一经认购，持有者不能以任何理由要求退还股本，只能通过证券市场将股票转让和出售。股票是代表股份资本所有权的证书，本身并没有任何价值，不是真实的资本，而是一种独立于实际资本之外的虚拟资本。

《公司法》规定，股票采用纸面形式或国务院证券监督管理机构规定的其他形式。股票应当载明下列主要事项：公司名称、公司成立日期、股票种类、票面金额及代表的股份数、股票的编号。股票由法定代表人签名，公司盖章。发起人的股票应当标明"发起人股票"字样。

（二）股票的特征

1. 收益性

收益性是股票最基本的特征，是指股票持有者凭其所持有的股票，有权按公司章程从公司获得股息和红利，获取投资收益。投资者也可以利用股票市场价格的波动获取差价收益。

2. 风险性

风险性是指股票市场价格和收益率的不确定性，投资者在买入股票时，对其未来收益会有一个预期，但真正实现的收益可能会高于或低于预期，这就是股票的风险。一方面是股票自身收益率不确定性，当公司经营状况良好、业绩突出，投资者才能获得股息和红利；另一方面，股票市场价格又受多方面因素的影响，市场投机者的炒作、行情的变动、政策法规的出台、企业经营状况都会对股票市场价格产生影响。这些因素都决定了投资者获得收益具有不确定性，甚至有可能招致损失。这些都是投资者所必须承担的风险。

3. 流动性

流动性是指股票可以通过依法转让而变现的特性，即在本金保持相对稳定、变现的交易成本极小的条件下，股票很容易变现的特性。股票的流通性是商品交换的特殊形式，持有股票类似于持有货币，随时可以在股票市场上兑现。股票的流通性促进了社会资金的有效利用和资金的合理配置。

4. 永久性

永久性是指股票所载有权利的有效性是始终不变的，因为它是一种无期限的法律凭证。股票的有效性与股份公司的存续期间相联系，两者是并存的关系。这种关系实质上反映了股东与股份公司之间比较稳定的经济关系。股票代表着股东的永久性投资，当然，股票持有者可以出售股票而转让其股东身份。而对于股份公司来说，由于股东不能要求公司退股，所以通过发行股票筹集到的资金，在公司存续期间是一笔稳定的自有资本。

5. 参与性

参与性是指股票持有人有权参与公司重大决策的特性。股票持有人作为股份公司的股东，有权出席股东大会，行使对公司经营决策的参与权。股东权力的大小，取决于占有股票的多少。持有股票的股东一般有参加公司股东大会的权利，具有投票权，在某种意义上亦可看作参与经营权；股东亦有参与公司的盈利分配的权力，可称之为利益分配权。股东可凭其持有的股份向股份公司领取股息。股东具有索偿权、责任权。在公司解散或破产时，股东需向公司承担有限责任，股东要按其所持有的股份比例对债权人承担清偿债务的有限责任。在债权人的债务清偿后，优先股和普通股的股东对剩余资产亦可按其所持有股份的比例向公司请求清偿（即索偿）。

6. 波动性

价格波动性是指股票交易价格受多方面因素的影响而存在涨跌波动的特性。股票市场价格的高低，不仅与该股份有限公司的经营状况与盈利水平紧密相关，而且也和股票收益与市场利率的对比关系相联系，同时，还受到国内外经济、政治、社会以及投资者心理等诸多因素的影响。所以股票的市场价格变动与其他商品价格有所不同，大起大落是它的基本特征。

（三）股票的分类

在股票市场上，由于股票包含的权益不同，股票的形式也就多种多样，各自所代表的股东地位和股东权利也不尽相同。

1. 按股票赋予股东的权利可分为普通股和优先股

1）普通股

普通股是股份有限公司发行的最普通、最重要也是发行量最大的股票，其持有者享有股东的基本权利和义务。普通股的股利完全随公司营利的多少而变化。在公司营利较多时，普通股股东可获得较高的股利收益，但在公司盈利和剩余财产的分配顺序上，其列在债权人和优先股股东之后，故其承担的风险也较高，普通股是风险最大的股票。

普通股股东享有下列权利。

（1）经营参与权。普通股股东持有普通股表示其是股份有限公司的资产所有者，因此普通股股东有参与公司经营的权利。股东有权出席股东大会，听取公司董事会的业务和财务方面的报告，在股东大会上行使表决权和选举权，选取公司的董事会、监事会，对公司经营管理发表意见。原则上，一股有一个表决权，所有公司股东都有权参加股东大会，并进行投票。但是在实际操作中，由于普通股持有者人数众多，而且经常变动，因此，真正有权参加股东大会并行使权利的只是少数大股东。

（2）公司盈余分配权。股东进行投资的最终目的是获得经济上的收益。因此，股东有权要求从股份公司的经营利润中分取股息。红利是在正常股息分配之外额外支付给股东的利润额，当公司利润特别丰厚时，普通股股东便有权在董事会决定后，从公司利润中分取红利，这是普通股股东经济权益的直接体现。

（3）认股优先权。股份有限公司为了扩大经营规模或者是其他方面的原因，会增发新股筹集资金。为了保证原有股东在公司中的原有权益，原股东可以优先认购。优先认购的比例仅限于其原持有股份占总股份的比例。这样原股东可以保持其在总股本中所占的比例不变，原股东也可以放弃这样的权利。股份有限公司增发新股一般采取两种方式：一是有偿增发，即原股东可以根据票面价格平价或者折价购买普通股；二是无偿增发，即普通股股东优先无偿获得增发的普通股。

（4）剩余资产分配权。当股份有限公司因经营不善或者其他原因需要破产或者解散清算时，公司需要先用剩余资产支付工人工资、各项税费、债务以及优先股财产，剩余财产归普通股股东进行分配。一般而言，普通股股东按其所占股份比例获得相应财产。如果公司财产不能完全支付以上各项，普通股股东不负连带责任，仅以公司全部资产作为全部清算资产的最高限额。

除了上面几种权利外，普通股股东还可以享有由法律和公司章程所规定的其他权利，如了解公司经营状况的权利、转让股票的权利等。

2）优先股

优先股是指的是股份有限公司发行的在分配公司收益和剩余资产比普通股具有优先权的股票。优先股是一种特别的股票，是为特定目的而发行的股票，其特定目的体现在设立和发行优先股可以为公司筹集资金，同时也可以将优先股转换成普通股，以减轻公司股息负担。对于普通股股东而言，优先股一般不具有表决权，因此可以避免经营决策权的分散。优先股具有以下特征。

（1）约定股息收益率。优先股通常预先约定股息收益率。由于事先约定优先股的股息收益率，不受公司运营效益的影响，且优先股股东先于普通股股东领取股息，因此优先股收益相对稳定，风险相对于普通股更小，但当公司经营状况良好、利润较高的时候，优先股也不能分享利润增长的利益。

（2）优先分派股息和清偿剩余资产。在分派股息和清偿剩余资产的顺序上，优先股优先于普通股。当公司经营效益不佳、公司利润不能够支付全部股东股息和红利时，优先股有优先于普通股获得股息收入的权利。当公司因解散、破产需要清算时，优先股股东有优先于普通股股东分取公司剩余资产的权利。

（3）表决权受到一定限制。优先股股东不具有参加公司经营决策的权利，即优先股股东不具有表决权，无权参加股东大会、过问公司经营状况，这可以保证普通股股东在公司的权利不被分散。

（4）股票可由公司赎回。大多数优先股都附有赎回条款，在一定条件下公司可以赎回优先股，但优先股股东不能要求退股。股份有限公司在赎回优先股时，一般会在发行价的基础上加价，以保证优先股股东的权利。

2. 按股票是否记名可分为记名股票和无记名股票

1）记名股票

记名股票是指在股票票面和股份公司的股东名册上记载股东姓名的股票。记名股票有如下特点。

（1）股东权利归属于记名股东。

（2）可以一次或分次缴纳出资。

（3）转让相对复杂或受限制。

（4）便于挂失，相对安全。

记名股票只有记名的股东可以行使股权，其他人不得行使股东权力。因此，记名股票的买卖必须办理过户手续，这在很大程度上保护了股东的权利。证券交易所流通的大都是记名股票。

2）无记名股票

无记名股票是指在股票票面和股份公司股东名册上均不记载股东姓名的股票。无记名股票也称不记名股票，与记名股票的差别不是在股东权利等方面，而是在股票的记载方式上，无记名股票有如下特点。

（1）股东权利归属股票的持有人。

（2）认购股票时要求一次缴纳出资。

（3）转让相对简便。

（4）安全性较差。

由于股票不记名，因此可以自由流通，不需要过户。相对而言，无记名股票更具有市场流动性。但当持有者遗失股票时，也就等于遗失股东地位和获利的权利。

3. 按有无标明票面金额可分为面额股票和无面额股票

1）面额股票

面额股票是指有票面金额的股票，这一金额也称为"票面金额""票面价值"或"股票面值"。面额股票具有如下特点：可以明确表示每一股所代表的股权比例；为股票发行价格的确定提供依据。

2）无面额股票

无面额股票是指股票票面上不记载金额的股票。无面额股票也被称为"比例股票"或"份额股票"，是只注明它在公司总股本中所占比例的股票。无面额股票有如下特点。

（1）发行或转让价格较灵活。

（2）便于股票分割。

股票发行后，由于受各种因素的影响，股票的面额与股票的市场价格关系不太密切，股东权利与义务的计算主要是依据其所占有股份的比例，面额变得越来越没有意义。因此，出现了无面额股票。无面额股票虽然没有票面金额，但通常在票面上都记有股份数量，以表明股东持有股份的多少。

4. 按投资主体不同可分为国有股、法人股、社会公众股和外资股

由于我国特殊的经济体制，我国股票按照投资主体不同，可分为国有股、法人股、社会公众股和外资股。

1）国有股

国有股是指代表国家投资的部门或机构以国有资产向公司投资所形成的股份，包括以公司现有国有资产折算成的股份。由于我国大部分股份制企业都是由国有大中型企业改制而来的，因此，国有股在公司股权中占有较大的比重。国有股包括两部分：纯国有股（又分中央的和地方的两种）、国有法人股（指具有法人资格的国有企业、事业单位及其他单位以其依法占用的法人资产向独立于自己的股份公司出资形成或依法定程序取得的股份）。

2）法人股

法人股是指企业法人或具有法人资格的事业单位和社会团体，以其依法可经营的资产向公司非上市流通股权部分投资所形成的股份。按照法人认购的对象，可将法人股进一步分为境内发起法人股、外资法人股和募集法人股三个部分。

3）社会公众股

社会公众股是指社会公众依法以其拥有的财产投入公司时形成的可上市流通的股份。在社会募集方式下，股份公司发行的股份，除了由发起人认购一部分外，其余部分应该向社会公众公开发行。

4）外资股

外资股是指股份公司向外国和我国香港、澳门、台湾地区投资者发行的股票。这是我国股份公司吸收外资的一种方式。

外资股按上市地域可分为境内上市外资股和境外上市外资股。

境内上市外资股是指股份有限公司向境外投资者募集并在我国境内上市的股份，投资者限于：外国的自然人、法人和其他组织；我国香港、澳门、台湾地区的自然人、法人和其他组织；定居在国外的中国公民等。这类股票被称为"B 股"。B 股采取记名股票形式，以人民币标明股票面值，以外币认购、买卖，在境内证券交易所上市交易。自2001 年 2 月，我国对境内居民个人开放 B 股市场后，境内投资者逐渐成为 B 股市场的重要投资主体，B 股的外资股性质发生了变化。境内居民个人可以用现汇存款、外币现钞存款以及从境外汇入的外资资金从事 B 股交易，但不允许使用外币现钞。

境外上市外资股是指股份有限公司向境外投资者募集并在境外上市的股份。它也采取记名股票形式，以人民币标明面值，以外币认购；在境外上市时，可以采取境外存股凭证形式或者股票的其他派生形式。在境外上市的外资股除了应符合我国的有关法规外，还须符合上市所在地国家或者地区证券交易所制定的上市条件。依法持有境外上市外资股、其姓名或者名称登记在公司股东名册上的境外投资人，为公司的境外上市外资股股东。

我国境外上市外资股主要由 H 股、N 股、S 股等构成。

H 股是指注册地在我国内地、上市地在我国香港的外资股。N 股是在纽约上市的外资股，S 股是在新加坡上市的外资股。

三、与股票相关的资本管理概念

（一）股利政策

股利政策是指股份公司对公司经营获得的盈余公积和应付利润采取现金分红或派息、发放红股等方式回馈股东的制度与政策。股利包含派现、送股、资本公积金转增股本。分红派息是股票投资者经常性收入的主要来源。从会计角度说，股份公司的税后利润归全体股东所有，不论是否分红派息，股东利益都不受影响。分红派息是上市公司盈利能力的体现，但是，对于若干处于高速增长阶段的上市公司，不分红或者少分红反而更有利于投资者利益最大化。

1. 派现

派现也称现金股利，是指股份公司以现金分红方式将盈余公积和当期应付利润的部分或全部发放给股东，股东为此应支付所得税。

2．送股

送股是指股份公司对原有股东采取无偿派发股票的行为。

3．资本公积金转增股本

资本公积转增股本是在股东权益内部，把公积金转到"实收资本"或"股本"账户，并按照投资者所持有的股份份额比例的大小分到各个投资者的账户，以此增加每个投资者的投入资本。

4．四个重要日期

（1）股利宣布日，即公司董事会将分红派息的消息公布于众的时间。

（2）股权登记日，即统计和确认参加本期股利分配的股东的日期，在此日期持有公司股票的股东才能享受股利发放。

（3）除权除息日，通常为股权登记日之后的1个工作日，本日之后（含本日）买入的股票不再享有本期股利。

（4）派发日，即股利正式发放给股东的日期。根据证券存管和资金划转的效率不同，股利通常会在几个工作日之内到达股东账户。

5．除权和除息

上市公司宣布分红派息方案后至除权除息日前，该上市证券为含息或含权证券，除权和除息是分红派息后，证券不再含有最近已宣布的股息、送股、配股及转增权益。

除权除息（DR）在股权登记日的收盘后进行，也就是说登记日之后的一天为除权除息日。当股票名称前出现XD（exclude dividend，除去利息）字样时，表示当日是这只股票的除息日；当股票名称前出现XR（exclude right，除去权利）字样时，表示当日是这只股票的除权日；当股票名称前出现DR字样时，表示当日是这只股票的除权除息日。

除权除息日之前（不包括除权除息日）的收盘价格为含权价格，除权除息日之后（包括除权除息日）的开盘价格为除权价格。除权除息后，股票的价格会变低，股票的数量会增加，并不会改变股东持股的总价值，因此，除权除息前，股东持有股票的总市值等于除权除息后股东总市值，据此可推导出除权除息后的股票价格，具体计算公式如下。

1）除息价

$$除息价 = 股息登记日收盘价 - 每股所分红利$$

2）除权价

$$除权价 = 股权登记日的收盘价 / （1 + 每股送红股数）$$

3）配股后的除权价

$$配股后的除权价 = （股权登记日的收盘价 + 配股价 \times 每股配股数）/（1 + 每股配股数）$$

4）除权除息价

$$除权除息价 = （股权登记日的收盘价 - 每股所分红利现金额 + 配股价 \times 每股配股数）\div$$
$$（1 + 每股送红股数 + 每股配股数）$$

例如，某股票股权登记日的收盘价为20元，每10股派发现金红利2.00元，送1股，配2股，配股价为4.5元／股，即每股分红0.2元，送0.1股，配0.2股，则除权除息价为：（20 - 0.2 + 4.5×0.2）÷（1 + 0.1 + 0.2）= 15.92元。

（二）股份变动

1. 股票分割与合并

股票分割又称拆股、拆细，是将 1 股股票均等地拆成若干股。股票合并又称并股，是将若干股股票合并为 1 股。从理论说，不论是分割还是合并，将增加或减少股份总数和股东持有股票的数量，但并不改变公司的实收资本和每位股东所持股东权益占公司全部股东权益的比重。

2. 增发股票、配股、转增股本与股份回购

（1）增发股票。增发股票是指上市公司为了再融资而再次发行股票的行为。上市公司可以向公众公开增发，也可以向少数特定机构或个人增发。增发之后，公司注册资本相应增加。

（2）配股。配股是面向原有股东，按持股数量的一定比例增发新股，原股东可以放弃配股权。

（3）转增股本。转增股本是将原本属于股东权益的资本公积转为实收资本，股东权益总量和每位股东占公司的股份比例均未发生变化，唯一的变动是发行在外的总股数增加了。

（4）股份回购。上市公司利用自有资金，从公开市场上买回发行在外的股票，称为股份回购。

四、股票的价格和价值

（一）股票的市场价格

股票价格是指股票在证券市场上买卖的价格，股票的市场价格是指股票在二级市场上交易的价格。股票的市场价格由股票的价值决定，但同时受许多其他因素的影响。引起股票价格变动的直接原因是供求关系的变化，或者说是买卖方力量强弱的转换。价格是供求对比的产物，同时也是恢复供求平衡的关键变量。在任何价位，如果买方的意愿购买量超过此时卖方的意愿出售量，股价将会上涨；反之，股价就会下跌。从根本说，股票供求以及股票价格主要取决于预期。买方之所以愿意按某个价位买进股票，主要是因为他们认为持有该股票带来的收益超过了目前所花资金的机会成本（比如，预期股价将会上涨、预期公司将派发较高红利），换言之，认为该股票的价格被低估了。同理，卖方之所以愿意出售股票，主要原因是他们认为该价格被高估了，将来可能下跌。

（二）股票的理论价格

从理论说，股票价格应由其价值决定，股票的价值体现在它能为持有者带来股息红利，股票交易实际上是对未来收益的转让买卖。现值理论认为，人们之所以愿意购买股票和其他证券，是因为它能够为它的持有人带来预期收益。因此，股票的理论价格取决于未来收益的大小。可以认为，股票的未来股息收入、资本利得收入是股票的未来收益，亦可称为"期值"，将股票的期值按必要收益率和有效期限折算成今天的价值，即为股

票的现值，也就是股票的理论价格。

股票的理论价格决定于两个因素：一个是预期的股息收益，它与股价成正比；另一个是银行的利息率，它与股价成反比。预期的股息收益高，股价就高；反之，预期的股息收益低，股价就低。而银行的利息率高，则股价低；反之则股价高。通常银行存款利率总是低于股息收益率，因为投资股票的风险总是大于银行存款，股息收益率包含了投资风险的收益。

（三）股票的票面价值

股票的票面价值又称面值，即在股票票面上标明的金额。股票的票面价值在初次发行时有一定的参考意义。如果以面值作为发行价，称为"平价发行"；如果发行价格高于面值，称为"溢价发行"。随着时间的推移，公司的净资产会发生变化，股票面值与每股净资产逐渐背离，与股票的投资价值之间也没有必然的联系。

（四）股票的账面价值

股票的账面价值又称股票净值或每股净资产，每股账面价值是以公司净资产减去优先股账面价值后，除以发行在外的普通股票的股数求得的。

（五）股票的清算价值

股票的清算价值是公司清算时每一股份所代表的实际价值。公司清算时，如果公司实际出售价款与财务报表的账目价值一致，则清算价值等于账面价值。实际在公司清算时，资产往往低于价格出售，公司的清算价值往往低于账面价值。

五、影响股票价格的基本因素

（一）宏观经济与政策因素

宏观经济发展水平和状况是影响股票价格的重要因素。宏观经济影响股票价格的特点是波及范围广、干扰程度深、作用机制复杂和股价波动幅度较大。

（1）经济增长。一个国家或地区的社会经济是否能持续稳定地保持一定的发展速度，是股票价格能否稳定上升的重要因素。当一国或地区的经济运行势态良好，一般来说，大多数企业的经营状况也较好，它们的股票价格会上升；反之，股票价格则会下降。

（2）经济周期循环。社会经济运行经常表现为扩张与收缩的周期性交替，每个周期一般都要经过高涨、衰退、萧条、复苏四个阶段，即景气循环。经济周期循环对股票市场的影响非常显著，景气变动从根本上决定了股票价格的长期变动趋势。尤其是周期型股票，受经济周期影响更大。

（3）货币政策。货币政策是政府重要的宏观经济政策，中央银行通常采用存款准备金制度、再贴现政策、公开市场业务等货币政策手段调控货币供应量，货币供应量直接影响股市的价格，货币供应量充足，股票价格上涨；反之，股票价格则会下降。

（4）财政政策。财政政策是指国家根据一定时期政治、经济、社会发展的任务而规定的财政工作的指导原则，通过财政支出与税收政策来调节总需求。增加政府支出，可以刺激总需求，从而增加国民收入；反之则压抑总需求，减少国民收入。扩张性财政政策可以通过增加国债、降低税率、增加政府购买和转移支付实现；紧缩性财政政策又称适度从紧的财政政策，是指通过财政分配活动来减少和抑制总需求，主要措施有：减少国债、提高税率、减少政府购买和转移支付；中性财政政策（又称稳健的财政政策）是指财政的分配活动对社会总需求的影响保持中性。

（5）利率水平。利率水平的高低直接影响企业的融资成本，利率提高，利息负担加重，公司净利润和股息相应减少，股票价格下降；利率下降，利息负担减轻，公司净营利和股息增加，股票价格上升。利率水平也会影响市场资金的流向。利率提高，其他投资工具收益增加，资金会流向储蓄、债权等固定收益的投资工具，股票价格下降；反之，股票价格上涨。

（6）通货膨胀。通货膨胀是因货币供应过多造成货币贬值、物价上涨的经济现象。通货膨胀对股票价格的影响较为复杂。在通货膨胀初期，公司会因产品价格的提升和存货的增值而增加利润，从而增加可以分派的股息，并使股票价格上涨。通货膨胀给其他收益固定的证券带来了不可回避的通货膨胀风险，投资者为了保值，增加购买收益不固定的股票，对股票的需求增加，股价也会上涨。当通货膨胀严重、物价居高不下时，企业因原材料、工资、费用、利息等各项支出增加，使得利润减少，引起股价下降。严重的通货膨胀会使社会经济秩序紊乱，使企业无法正常地开展经营活动，同时政府也会采取治理通货膨胀的紧缩政策和相应的措施，此时对股票价格的负面影响更大。

（7）汇率。汇率的调整对整个社会经济影响很大，有利有弊。汇率下降，本币升值，不利于出口而有利于进口，同时会引起境外资本流入，境内资本市场流动性增加；汇率上升，本币贬值，不利于进口而有利于出口，同时会导致境内资本流出，境内资本市场流动性下降。汇率变化对股价的影响要看对整个经济的影响而定。汇率的变化对那些在商品进出口和资本项目两方面严重依赖国际市场的国家（或地区）和企业的股票价格影响较大。

（8）国际收支状况。若一国国际收支连续出现逆差，政府为平衡国际收支会采取提高国内利率和提高汇率的措施，以鼓励出口、减少进口，股价就会下跌；反之，股价会上涨。

（二）行业因素

1. 行业分类

股票市场中，某一行业的股票在一定时期表现出齐涨共跌的特征，这说明，在这些股票中，存在着某种行业性或产业性的共同影响因素，对这些因素的分析称为行业分析。

2. 行业分析因素

行业分析因素包括定性因素和定量因素，常见的有：

（1）行业或产业竞争结构；

（2）行业可持续性；

（3）抗外部冲击的能力；

（4）监管及税收待遇——政府关系；

（5）劳资关系；

（6）财务与融资问题；

（7）行业估值水平。

3. 行业生命周期

根据产业周期理论，任何产业或行业通常都要经历幼稚期、成长期、成熟期、稳定期四个阶段。即使行业不同，处于相同生命周期阶段的行业，其所属股票价格通常也会呈现相似的特征。

（三）公司经营状况

公司的经营现状和未来发展预期是股票价格的基石。公司经营状况的好坏直接影响股票价格。公司经营状况可以从以下各项来分析。

（1）公司治理水平与管理层质量。

（2）公司竞争力。

（3）财务状况。公司财务分析重点在于研究公司的营利性、安全性和流动性。

（四）其他因素

1. 政治因素

政治因素泛指那些对股票价格具有一定影响力的国际政治活动、重大经济政策和发展计划以及政府的法令、政治措施等。政治因素主要包含：国际形势的变化；战争的影响；国内重大政治事件；国家的重大经济政策，如产业政策、税收政策、货币政策等。

2. 心理因素

股票市场由广大的投资者组成，股票价格的波动会受到群体行为的影响。从心理学角度看，影响股票价格波动的心理因素可以归纳为以下几点。

（1）自我保护心理。出于自我保护心理，投资者会为自己在投资中所犯的错误寻找借口，在自我保护心理的作用下，投资者会选择性地倾听想听的信息，忽视可能证明自己错误的真实信息。

（2）从众心理。从众心理是指个人受到外界人群行为的影响，而在自己的知觉、判断、认识上表现出符合公众舆论或多数人的行为方式。从众心理容易导致投资者在投资时成为毫无头绪的盲从者，也会对有行动决断的理性个体产生影响。自信理智的决断往往经不住群体舆论的考验，这也解释了一些坚定的看多者仍然会在庄家洗盘时被骗出局。

（3）思维惯性。受到思维惯性的影响，人们会根据已经发生的事实推断情况会继续保持下去。例如，在牛市末端，投资者沉浸在在资金升值的快乐中，对市场行情极度乐观，从而忽视了风险。

（4）后悔理论。后悔理论是指投资者在投资过程中常出现后悔的心理状态。在大牛市背景下，没有及时介入自己看好的股票会后悔，过早卖出获利的股票也会后悔；在熊市背景下，没能及时止损出局会后悔，获点小利没能兑现，然后又被套牢也会后悔；在平衡市场中，自己持有的股票不涨不跌，别人推荐的股票上涨，自己会因为没有听从别人的劝告及时换股而后悔。

3. 人为操纵因素

人为操纵往往会引起股票价格短期的剧烈波动。因大多数投资者不明真相，操纵者乘机浑水摸鱼、非法牟利。人为操纵会影响股票市场的健康发展，违背公开、公平、公正的原则，一旦查明，操纵者会受到行政处罚或法律制裁。

六、股票估值方法

股票估值是资产未来预期产生的现金流的贴现值之和。对股票估值的方法有多种，从投资者预期回报、企业盈利能力或企业资产价值等不同角度出发，影响股票估值的主要因素有每股收益、行业市盈率、流通股本、每股净资产、每股净资产增长率等指标。股票估值分为绝对估值和相对估值。

（一）绝对估值

绝对估值是通过对上市企业历史及当前基本面的解析，以及对未来反映企业经营状况的财务数据的预测，从而获得上市企业股票的内在价值。绝对估值的方式：一是现金流贴现定价模型，二是 B-S 期权定价模型（主要应用于期权定价、权证定价等）。现金流贴现定价模型使用最多的是 DDM（dividend discount model，股利贴现模型）和 DCF（discounted cash flow method，现金流折现估值法），而 DCF 模型中，最广泛应用的就是 FCFE（free cash flow to equity，股权自由现金流）模型。

1. DDM

DDM 的计算方法是用每年股利按照一定折现率进行折现的现值之和。

$$v = \sum_{t=1}^{\infty} \frac{D_t}{(1+K)^t}$$

式中，v 为每股股票的内在价值；D_t 是第 t 年每股股票股利的期望值；k 是股票的期望收益率或贴现率。该公式表明，股票的内在价值是其逐年期望股利的现值之和。

2. DCF 模型

DCF 是对企业未来的现金流量及其风险进行预期，然后选择合理的折现率，将未来的现金流量折合成现值的方法。DCF 的主要优点在于，其对于一家上市公司或一只股票的内在价值测算，非常严谨和科学。在实际应用中，DCF 模型适合业务简单、增长平稳、成长前景明朗、资本支出较少、现金流稳定的上市公司。

$$P = \sum_{t=1}^{n} \frac{\mathrm{CF}_t}{(1+r)^t}$$

式中，P 为企业的评估值；n 为资产（企业）的寿命；CF_t 为资产（企业）在 t 时刻产生的现金流；r 为反映预期现金流的折现率。

DCF 模型最重要的两个因素是现金流和折现率。因此在使用该模型时，要对现金流作出合理的预测。在评估中，首先要全面考虑影响企业未来获利能力的各种因素，客观、公正地对企业未来现金流作出合理预测；其次是选择合适的折现率。折现率的选择主要是根据评估人员对企业未来风险的判断。由于企业经营的不确定性是客观存在的，因此对企业未来收益风险的判断至关重要，当企业未来收益的风险较高时，折现率也应较高；当未来收益的风险较低时，折现率也应较低。

3. FCFE 模型

股权自由现金流是指在除去经营费用、税收、本息偿还以及为保障预计现金流增长要求所需的全部资本性支出后的现金流的折现值。

（二）相对估值

相对估值是使用市盈率、市净率、市售率、市现率等价格指标与其他多只股票（对比系）进行对比，相对估值包括 PE（市盈率）、PB（市净率）、PEG（市盈率相对盈利增长比率）等估值法。通常的做法是对比：一是和该公司历史数据进行对比；二是和国内同行业企业的数据进行对比，确定它的位置；三是和国际上的同行业重点企业数据进行对比。

1. PE 估值法

PE=股价/每股收益，PE 是简洁有效的估值方法，P 是股票价格，E 是每股收益，PE 估值的核心在于 E 的确定。市盈率本质上衡量的是一家公司赚钱能力的高低。如果一只股票的市盈率是 10 倍，表示在净利润全部用于分红的前提下，投资者投资这家公司，收回全部本金所需要的时间是 10 年。

在运用 PE 值的时候，E 的确定显得尤为重要，由此也衍生具有不同含义的 PE 值。根据 E 值所处的周期不同，PE 有静态市盈率、滚动市盈率和动态市盈率。

静态市盈率是用股价除以上一年的每股收益，PE 的计算参考的是历史收益，参考价值不大。

滚动市盈率是用股价除以最近四个业绩报告期累计的每股收益。这种计算方法得出的数据更客观、及时。

动态市盈率是用股价除以本年度预测的每股收益。需要借助已发布的季报或机构的分析报告，得出每股收益的预测值。

PE 估值法适用于经营非常稳定的成熟型企业，如目前的国有银行、家电巨头、医药巨头、基建巨头等成熟型企业。

2. PB 估值法

PB=股价/每股净资产。PB 越小，安全边际越高，如果 PB 小于 1 倍，甚至低于 0.8 倍，那是非常划算的。PB 没有考虑企业的盈利，也没有考虑业绩增速，从企业的净资产出发，适用于企业未来的盈利能力不稳定的企业，如周期股、盈利能力较差或业绩不稳定的企业。

3. PEG 估值法

PEG=市盈率/盈利增长速度。PEG 是在 PE 估值的基础上发展起来的，弥补了 PE 对企业动态成长性估计不足的缺点。比如一只股票当前的市盈率为 20 倍，其未来 5 年的预期每股收益复合增长率为 20%，那么这只股票的 PEG 就是 1。当 PEG 等于 1 时，表明市场赋予这只股票的估值可以充分反映其未来业绩的成长性。

七、股票价格指数

（一）股票价格指数的概念

股票的市场价格受多种因素影响，不仅单个股票的价格变动频繁，而且股票价格总体水平也瞬息万变，为了描述和反映股票价格水平及变动趋势，股票价格指数应运而生。股票价格指数是衡量股票市场总体价格水平及其变动趋势的尺度，也是反映一个国家或地区政治、经济发展状态的灵敏信号。

股票价格指数，简称股价指数，是指由金融服务机构编制的，通过对股票市场上一些有代表性的公司发行的股票交易价格进行平均计算和动态对比后得出的数值，是对股市动态的综合反映。它能从总体来衡量股市价格水平和涨跌情况，因此，被公认为股票市场行情的"晴雨表"。

（二）股票价格指数的编制方法

股票价格指数编制分为四步。

第一步，选择样本股。选择一定数量有代表性的上市公司股票作为编制股价指数的样本股。样本股可以是全部上市股票，也可以是其中有代表性的一部分。样本股的选择主要考虑两条标准：一是样本股的市价总值要占在交易所上市的全部股票市价总值的大部分；二是样本股票价格变动趋势必须能反映股票市场价格变动的总趋势。

第二步，选定某基期，并以一定方法计算基期平均股价或市值。通常选择某一有代表性或股价相对稳定的日期为基期，并按选定的某一种方法计算这一天的样本股平均价格或总市值。

第三步，计算计算期平均股价或市值，并做必要的修正。收集样本股在计算期的价格，并按选定的方法计算平均价格或市值。有代表性的价格是样本股收盘平均价。

第四步，指数化。如果计算股票价格指数，就需要将计算期的平均股价或市值转化为指数值，即将基期平均股价或市值定为某一常数（通常为 10、100 或 1 000），并据此计算计算期股价的指数值。

（三）国际市场主要股票价格指数

1. 道·琼斯股票价格指数

道·琼斯股票价格指数是世界上最早、最享盛誉和最有影响的股票价格平均数，由美国道·琼斯公司编制，并在《华尔街日报》上公布。道·琼斯指数实际上是一组股价平均数，包含：

（1）以 30 家著名的工业公司股票为编制对象的道·琼斯工业股价平均指数；

（2）以 20 家著名的交通运输业公司股票为编制对象的道·琼斯运输业股价平均指数；

（3）以 15 家著名的公用事业公司股票为编制对象的道·琼斯公用事业股价平均指数；

（4）以上述三种股价平均指数所涉及的 65 家公司股票为编制对象的道·琼斯股价

综合平均指数。

2. 标准·普尔 500 指数

标准·普尔 500 指数是由标准·普尔公司 1957 年开始编制的。最初的成分股由 425 种工业股票、15 种铁路股票和 60 种公用事业股票组成。从 1976 年 7 月 1 日开始，其成分股改由 400 种工业股票、20 种运输业股票、40 种公用事业股票和 40 种金融业股票组成。它以 1941 年至 1943 年为基期，基期指数定为 10，采用加权平均法进行计算，以股票上市量为权数，按基期进行加权计算。

与道·琼斯工业股价平均指数相比，标准·普尔 500 指数具有采样面广、代表性强、精确度高、连续性好等特点，是股票指数期货合约的标的。

3. 金融时报证券交易所指数

金融时报证券交易所指数（FTSE100 指数，也译为"富时指数"）是英国最具权威性的股价指数，原由《金融时报》编制和公布，现由《金融时报》和伦敦证券交易所共同拥有的富时集团编制。这一指数包括三种。

一是金融时报工业股票指数，又称"30 种股票指数"。该指数包括 30 种最优良的工业股票价格，由于这 30 家公司股票的市值在整个股市中所占的比重大，具有一定的代表性，因此该指数是反映伦敦证券市场股票行情变化的重要尺度。它以 1935 年 7 月 1 日为基期，基期指数为 100。

二是 100 种股票交易指数，又称"FT-100 指数"。该指数自 1984 年 1 月 3 日起编制并公布。这一指数挑选了 100 家有代表性的大公司股票，通过伦敦股票市场自动报价电脑系统，可随时得出股票市价并每分钟计算一次，因此能迅速敏捷地反映股市行情的每一变动，自公布以来受到人们广泛重视。为了便于期货交易和期权交易，该指数基值定为 1 000。

三是综合精算股票指数。该指数从伦敦股市上精选 700 多种股票作为样本股加以计算，它自 1962 年 4 月 10 日起编制和公布，并以这一天为基期，令基期指数为 100。这一指数的特点是统计面宽、范围广，能较全面地反映整个股市状况。

4. 日经股价指数

日经股价指数是日本经济新闻社编制和公布的反映日本股票市场价格变动的股价指数。该指数从 1950 年 9 月开始编制，最初根据在东京证券交易所第一市场上市的 225 家公司的股票算出修正平均股价，称为"东证修正平均股价"。1975 年 5 月 1 日，日本经济新闻社向道·琼斯公司买进商标，采用道·琼斯修正指数法计算，指数也改称"日经道式平均股价指标"。1985 年 5 月合同期满，经协商，其又将名称改为"日经股价指数"。

现在的日经股价指数分为两种。

一是日经 225 种股价指数。这一指数以在东京证券交易所第一市场上市的 225 种股票为样本股，包括 150 家制造业、15 家金融业、14 家运输业和 46 家其他行业。样本股原则上固定不变，以 1950 年算出的平均股价 176.21 元为基数。该指数从 1950 年起连续编制，具有较好的可比性，成为反映和分析日本股票市场价格长期变动趋势最常用、最可靠的指标。

二是日经 500 种股价指数。该指数从 1982 年 1 月 4 日起开始编制，样本股扩大到 500 种，约占东京证券交易所第一市场上市股票的一半，因而代表性更强。该指数的特点是采样不固定，每年根据各公司前三个结算年度的经营状况、股票成交量、成交金额、市价总额等情况对样本股票进行更换。正因为如此，该指数不仅能全面地反映日本股市的行情变化，还能如实反映日本产业结构变化和市场变化情况。

（四）我国境内主要的股票价格指数

1. 上海证券交易所价格指数

由上海证券交易所编制并发布的上证指数系列是一个包括上证 180 指数、上证 50 指数、上证综合指数、A 股指数、B 股指数、分类指数、债券指数、基金指数等的指数系列，其中最早编制的为上证综合指数。

1）上证综合指数

上证综合指数样本股是在上海证券交易所上市的全部股票，包括 A 股和 B 股，反映了上海证券交易所上市股票价格的变动情况，自 1991 年 7 月 15 日起正式发布。基准日期为 1990 年 12 月 19 日，基准日指数定为 100 点。上证指数是 A 股最具代表性的指数，投资者经常讨论的"大盘"，通常指的就是上证指数。

2020 年 7 月，上证综合指数的编制迎来第一次大修，修订后的上证综合指数剔除了风险警示股票，延长了新股计入指数时间，并纳入科创板上市证券。修订后的上证综合指数于 2020 年 7 月 22 日起正式实施。这一修订充分借鉴了国际指数编制修订经验，立足境内市场发展实际，有利于上证综合指数更加客观真实地反映沪市上市公司的整体表现。

2）上证成分指数

（1）上证成分股指数简称"上证 180 指数"，是上海证券交易所对上证 30 指数进行调整和更名产生的指数，2002 年 7 月 1 日起正式发布。其是以上证 A 股中具有市场代表性的 180 只样本股票为计算对象，并以流通股数为权数而编制的加权综合股价指数。

（2）上证 50 指数。上证 50 指数是 2004 年 1 月 2 日发布的，根据流通市值、成交金额对股票进行综合排名，从上证 180 指数样本中挑选上海证券市场规模大、流通性好的最具代表性的 50 只股票组成样本股，以综合反映上海证券市场最具市场影响力的一批龙头企业的整体情况。

2. 深圳证券交易所价格指数

1）综合指数类

深证系列综合指数包括深证综合指数、深证 A 股指数、深证 B 股指数、行业分类指数、中小板综合指数、创业板综合指数、深证新指数、深市基金指数等全样本类指数。

2）成分指数

（1）深证成分股指数。深证成分股指数由深圳证券交易所编制，通过对所有在深圳证券交易所上市的公司进行考察，按一定标准选出 40 家有代表性的上市公司作为成分股，以成分股的可流通股数为权数，采用加权平均法编制而成。深证成分股指数包括深证成分指数、成分 A 股指数、成分 B 股指数、工业分类指数、商业分类指数、金融分类指数、地产分类指数、公用事业指数、综合企业指数共 9 项。其成分股指数以 1994 年 7 月 20 日为基日，基日指数为 1 000 点。

（2）深证 100 指数。深圳证券交易所委托深圳证券信息有限公司于 2003 年年初发布深证 100 指数。深证 100 指数成分股的选取主要考察 A 股上市公司流通市值和成交金额两项指标，从在深圳证券交易所上市的股票中选取 100 只 A 股作为成分股，以成分股的可流通 A 股数为权数，采用派氏综合法编制。深证 100 指数每半年调整一次成分股。

3．中证指数

中证指数有限公司成立于 2005 年 8 月 25 日，是由上海证券交易所和深圳证券交易所共同出资发起设立的一家专业从事证券指数及指数衍生产品开发服务的公司。

1）沪深 300 指数

沪深 300 指数是上海证券交易所、深圳证券交易所于 2005 年 4 月 8 日联合发布的，反映 A 股市场整体走势的指数，并能够作为投资业绩的评价标准，为指数化投资及指数衍生产品创新提供基础条件。沪深 300 指数是反映沪深两个市场整体走势的"晴雨表"。指数样本选自沪深两个证券市场，覆盖了大部分流通市值。其成分股为市场中市场代表性好、流动性高、交易活跃的主流投资股票，能够反映市场主流投资的收益情况。沪深 300 指数是股票指数期货的交易标底。

2）中证规模指数

为反映市场上不同规模特征股票的整体表现，中证指数有限公司以沪深 300 指数为基础，构建了包括大盘、中盘、小盘、大中盘、中小盘和大中小盘指数在内的规模指数体系，为市场提供丰富的分析工具和业绩基准，为指数产品和其他指数的研究开发奠定基础。中证规模指数包括中证 100 指数、中证 200 指数、中证 500 指数、中证 700 指数、中证 800 指数和中证流通指数。

以中证 500 指数为例，中证 500 指数由全部 A 股中剔除沪深 300 指数成分股及总市值排名前 300 名的股票后，总市值排名靠前的 500 只股票组成，综合反映中国 A 股市场中一批中小市值公司的股票价格表现。

第二节　债　　券

一、债券的概念及特征

（一）债券的概念

债券是社会各类经济主体为筹集资金而向债券投资者出具的，承诺按一定利率支付利息和到期偿还本金的债权债务凭证。债券是依照法定程序发行的，具有法律效力。债券购买者与发行者之间是一种债权债务关系，债券发行人是债务人，投资者（或债券持有人）是债权人。由于债权的利息通常是事先确定的，所以债券又被称为固定利息证券。

债券有以下基本性质：债券属于有价证券；债券是一种虚拟资本；债券是债权的表现。

（二）债权的基本要素

债券的基本要素是指发行的债券上必须载明的基本内容，是明确债权人和债务人权利与义务的主要约定，具体包括以下几个。

1. 债券的票面价值

债券的票面价值是发行人对债券持有人在债券到期后应偿还的本金数额，也是企业向债券持有人按期支付利息的计算依据。债券的票面要载明票面价值的币种和票面金额。债券的面值与债券实际的发行价格并不一定是一致的，发行价格大于面值称为溢价发行，小于面值称为折价发行，等价发行称为平价发行。

2. 债券的偿还期限

债券的偿还期限是债券上载明的偿还债券本金的期限，即债券发行日至到期日之间的时间间隔。债券偿还期限的确定，主要受发行者未来一定期限内可调配的资金规模、未来市场利率的发展趋势、证券交易市场的发达程度、投资者的投资方向及心理状态、行为偏好等因素的影响。债券的偿还期限，一般分为短期、中期和长期。偿还期限在 1 年以内的为短期，1 年以上、10 年以下的为中期，10 年以上的为长期。

3. 债券的付息期

债券的付息期是指债权发行后的利息支付的时间。债权付息可以到期一次支付，或 1 年、半年或者 3 个月支付一次。在考虑货币时间价值和通货膨胀因素的情况下，付息期对债券投资者的实际收益有很大影响。到期一次付息的债券，其利息通常是按单利计算的；而年内分期付息的债券，其利息是按复利计算的。

4. 债券的票面利率

债券的票面利率是指债券利息与债券面值的比率，是发行人承诺以后一定时期支付给债券持有人报酬的计算标准。债券利率有多种形式，如单利、复利和贴现利率等。票面利率的高低直接影响证券发行人的筹资成本和投资者的投资收益，债券票面利率的确定主要受到银行利率、发行者的资信状况、偿还期限和利息计算方法以及当时资金市场上资金供求情况等因素的影响，票面利率不同于实际利率。

5. 发行人名称

发行人名称指明债券的债务主体，既明确了债券发行人应履行对债权人偿还本息的义务，也为债权人到期追索本金和利息提供了依据。

此外，债券的基本要素还包括债券的发行时间、债券类别、批准单位与批准文号等。

（三）债券的特征

债券作为一种投资工具，具有偿还性、流动性、安全性、收益性等特征。

1. 偿还性

偿还性是指债券有规定的偿还期限，债务人必须按期向债权人支付利息和偿还本金。

2. 流动性

流动性是指债券的变现能力，是指在偿还期限届满前能在市场上转让变为货币，以满足投资者对货币的需求；或到银行等金融机构进行抵押，以取得相应数额的抵押贷款。债券一般都可以在流通市场上自由转让。

3. 安全性

安全性是指债券通常有固定的利率，且期满时偿还本金。债券持有人的收益相对稳定，不随发行者经营收益的变动而变动，风险较小。在企业破产时，债券持有者对企业剩余资产的索取权优先于股票。

4. 收益性

债券的收益主要表现在三个方面：一是利息收入，即投资债券可以给投资者带来利息收入；二是资本损益，即投资者可以利用债券价格的变动，买卖债券赚取差额；三是再投资收益，即投资债券所获得现金流再投资的利息收入。

二、债券的分类

（一）按发行主体不同可分为政府债券、金融债券和公司债券

1. 政府债券

政府债券是政府为筹集资金而发行的债券。包括中央政府债券和地方政府债券。由中央政府发行的债券称为国债，主要用途是满足由政府投资的公共设施或重点建设项目的资金需要和弥补国家财政赤字。

英美等西方国家将期限在一年以下的中央政府债券称为国库券（treasury bills），超过一年的称为国债（government bonds）。国库券属于货币市场工具，是一种贴现证券；国债属于资本市场工具，是一种息票证券。国库券是 1877 年由英国经济学家和作家沃尔特·巴佐特发明，并首次在英国发行。我国发行国库券的历史不长，只有 70 多年。我国国库券的发行可追溯到 1950 年的"人民胜利折实公债"，我国在 1954 年至 1958 年又发行了"国家经济建设公债"，但是后来由于各种原因暂停发行。直到 1981 年，国家恢复国债的发行。1981 年到 1996 年，国家每年均发行实物券的国库券。1997 年开始全面采用凭证式国债和证券市场网上无纸化发行，国库券退出了历史舞台。

由于国债是由中央政府发行的，由国家财政信誉做担保，因此信誉度非常高，有"金边债券"之称，国债的种类有凭证式国债、无记名（实物）国债、记账式国债三种。

1）凭证式国债

凭证式国债是指国家采取不印刷实物券，而用填制国库券收款凭证的方式发行的国债。它以国债收款凭单的形式作为债权证明，不可上市流通转让，从购买之日起计息。在持有期内，持券人如遇特殊情况需要提取现金，可以到购买网点提前兑取。提前兑取时，除偿还本金外，利息按实际持有天数及相应的利率档次计算。

2）无记名国债

无记名国债是实物国债，是一种票面上不记载债权人姓名或单位名称，以实物券面形式（券面上印有发行年度、券面金额等内容）记录债权而发行的国债，又称实物券。1996 年以前我国发行的国库券，就属于实物国债。

3）记账式国债

记账式国债又名无纸化国债，准确定义是：由财政部通过无纸化方式发行的、以电脑记账方式记录债权，并可以上市交易的债券。

地方政府债券是地方政府或地方公共机构发行的债券，是以当地政府的税收能力作为还本付息的担保。地方发债有两种模式：第一种为地方政府直接发债；第二种是中央发行国债，再转贷给地方，也就是中央发国债之后给地方用。

我国地方政府债券最早出现在新中国成立初期，20 世纪 80 年代末至 90 年代初，许多地方政府为了筹集资金修路建桥，都曾经发行过地方债券。1993 年，地方国债被国务院明确"叫停"。一直到 2009 年，由于受全球金融危机的影响，政府开始恢复地方债券以应对经济危机，国务院同意地方发行 2 000 亿元债券，由财政部代理发行，列入省级预算管理。2009 年 3 月 30 日至 4 月 1 日，首期地方政府债券新疆维吾尔自治区政府债券发行，并于 2009 年 4 月 3 日上市。地方政府债券解决了地方政府财政吃紧的问题，使地方政府可以更加灵活地筹集资金，解决发展中存在的问题。

2. 金融债券

金融债券的发行主体是银行或非银行金融机构。金融机构一般有雄厚的资金实力，信用度较高，因此，金融债券往往有良好的信誉。

金融债券是金融机构的主动负债，金融债券是金融机构长期资金的来源，可满足金融机构特定用途的需要。与存款相比，金融债券具有主动性、稳定性、长期性、流动性等特点。

中国金融证券发行始于 1985 年，到目前为止，发行过三种类型的金融债券。

（1）1985 年，为了解决国有商业银行信贷资金不足问题，中国工商银行、中国建设银行和其他非银行金融机构被批准向社会公开发行金融债券，用于发行特种贷款，支持一些产品为社会所急需、经济效益好的建设项目的扫尾工作，以促进其迅速竣工投产。

（2）1994 年，国家开发银行、中国进出口银行和中国农业发展银行 3 家政策性银行相继成立，3 家政策性银行为满足银行资本金和信贷资金的需求，经国务院批准，在银行间债券市场面向金融机构发行特种金融债券。

（3）1997、1998 年两年，为了解决证券回购出现的问题，中国人民银行批准了 14 家金融机构先后发行 16 次金融债券，发行总规模 56 亿元。这些金融机构包括华夏证券有限公司、国泰证券有限公司、南方证券有限公司、广东发展银行、海南发展银行、北京京华信托投资公司、中兴信托投资公司、海南汇通国际信托投资公司、海南赛格国际信托投资公司、中银信托投资公司、海南国际租赁公司、新疆国际租赁公司、广东国际信托投资公司深圳分公司、北京四通财务公司。

3. 公司债券

公司债券是公司依照法定程序发行、约定在一定期限还本付息的有价证券。公司债券的发行主体是股份公司，但有些国家也允许非股份公司的企业发行债券。由于我国某些尚未实施公司制的企业经批准也可以发行债券，因此，在我国债券市场上，有企业债券和公司债券不同形式存在。

企业债券是中国特殊法律规定的债券形式，是指企业依照法定程序发行、约定在一定期限内还本付息的有价证券。我国企业债券最早于 20 世纪 80 年代由国家发改委管理发行。

《公司法》第一百五十三条规定："公司发行公司债券应当符合《中华人民共和国证券法》规定的发行条件。"我国公司债券最早于 2007 年由中国证监会管理发行。

4. 国际债券

国际债券是一国政府、金融机构、工商企业或国际组织为筹措和融通资金，在国外金融市场上发行的，以外国货币为币值的债券。国际债券的重要特征，是发行者和投资者属于不同的国家，筹集的资金来源于国外金融市场。

国际债券的发行和交易，既可用来平衡发行国的国际收支，也可用来为发行国政府或企业引入资金从事开发和生产。

依发行债券所用货币与发行地点的不同，国际债券又可分为外国债券和欧洲债券。

（1）外国债券是一国政府、金融机构、工商企业或国际组织在另一国发行的以当地国家或地区货币计值的债券。

（2）欧洲债券是一国政府、金融机构、工商企业或国际组织在国外债券市场上以第三国货币为面值发行的债券。例如，法国一家机构在英国债券市场上发行的以美元为面值的债券即是欧洲债券，欧洲债券的发行人、发行地以及面值货币分别属于三个不同的国家。

（二）按付息方式不同可分为附息债券、贴现债券、息票累积债券

1. 附息债券

附息债券又称息票债券，是指在债券券面上附有息票的债券，或是按照债券票面载明的利率及支付方式支付利息的债券。按照计息方式的不同，附息债券还可细分为固定利率债券和浮动利率债券两大类。固定利率债券是在债券存续期内，票面利率不变的债券。浮动利率债券是在票面利率的基础上，参照预先确定的某一基准利率予以定期调整的债券。

2. 贴现债券

贴现债券又称零息债券，是指在票面上不规定利率，发行时按一定折扣率，以低于票面金额的价格发行，发行价与票面金额之差额相当于预先支付的利息，到期时按面额偿还本息的债券。贴现债券与附息债券的区别在于，前者是在发行时将利息预先扣除，而后者是在债券发行后才按期支付利息。

3. 息票累积债券

息票累积债券与附息债券相似，虽然也规定了票面利率，但债券持有人必须在债券到期时一次性获得本息，存续期间没有利息支付。

（三）按募集方式不同可分为公募债券和私募债券

（1）公募债券是指发行人向不特定的社会公众投资者公开发行的债券。公募债券的发行量大，持有人数众多，可以在公开的证券市场上市交易，流动性好。

（2）私募债券是指向特定的投资者发行的债券。私募债券的发行对象一般是特定的

机构投资者。

（四）按担保性质不同可分为担保债券和无担保债券

1. 担保债券

担保债券是指以抵押、质押或保证等形式作为担保而发行的债券。按担保品不同，担保债又分为抵押债券、质押债券和保证债券。

（1）抵押债券是以不动产作为担保而发行的债券。当债券发行单位不能履行还本付息义务时，债券持有人有权变卖抵押物来抵偿。

（2）质押债券是以动产或权利做担保，通常以股票、债券或其他证券为担保。发行人主要是控股公司，用作质押的证券可以是它持有的子公司的股票或债券、其他公司的股票或债券，也可以是公司自身的股票或债券。当债券发行人到期不能清偿时，即由受托人处理质押的证券并代为偿债。

（3）保证债券是指由第三者担保偿还本息的债券，担保人一般是各级政府、金融机构、其他企业等具有雄厚经济实力和信誉良好的机构。被担保人一般为社会知名度较低或经济实力较弱的机构。对发行者来讲，发行保证债券，可以提高其信誉、扩大债券的销量、减轻筹资的利息负担；对投资者来讲，购买保证债券，可以降低投资风险，但收益较少。

2. 无担保债券

无担保债券又称信用债券，是指不提供任何形式的担保，仅凭筹资人的信用而发行的债券。国债、地方政府债券和金融债券都属于信用债券。此外，一些信誉较高的企业也可发行信用债券，但为保证投资者的利益，发行信用债券的企业常要受到很多限制，如企业不得随意增加债务，在信用债券未清偿之前，股东分红也需有限制等。

（五）特殊类型的企业债券

1. 可转换公司债券

可转换公司债券的全称为可转换为股票的公司债券，是指发行人依照法定程序发行，在一定期限内依照约定的条件可以转换为股票的公司债券。

可转换公司债券是一种公司债券，与公司债券有共同之处：在可转换公司债券转换为股票之前，其特征和运作方式与公司债券相同，如果可转换公司债券在到期之前没有转换为股票，或者没有全部转换为股票，则这些可转换公司债券如一般意义上的公司债券一样，必须还本付息。并且在还本付息以后，这些可转换公司债券的寿命就宣告结束。

可转换公司债券与公司债券的区别在于：普通公司债券需在一定期限内按照约定的条件还本付息，还本付息全部完成以后，公司债券的寿命即完全结束。而可转换公司债券一旦转换为股票，其具有的公司债券特征全部丧失，代之出现的是股票的特征。

从理论来讲，可转换公司债券的理论基础既有公司债券理论，也有股票理论：在转换公司债券发行时，以公司债券理论为主，也要考虑股票理论；在可转换公司债券转换为股票时，在定价方面既适用公司债券定价理论，也需参考股票定价理论；在转换为股票以后，主要是股票理论。

2. 资产支持债券

资产支持债券，也称资产支持证券或资产证券化。资产支持证券是由受托机构发行的、代表特定目的信托的信托受益权份额。受托机构以信托财产为限向投资机构承担支付资产支持证券收益的义务。其支付基本来源于支持证券的资产池产生的现金流。其项下的资产通常是金融资产，如贷款或信用应收款等。

资产支持证券是在西方国家融资证券化、直接化的金融大环境下应运而生的，最早出现在 20 世纪 70 年代的美国，是以某种资产组合为基础发行的债券。1985 年 3 月，美国的斯佩里金融租赁公司为了融通资金、改善经营，以 1.92 亿美元的租赁票据为担保，发行了世界上第一笔资产支持证券；随后，马林·米兰德银行于 1985 年 5 月发行了世界上第一笔以汽车贷款担保的资产支持债券。

我国资产支持债券最早发行是在 2005 年 12 月 8 日，国家开发银行和中国建设银行在银行间市场发行了首批资产支持证券，总量为 71.94 亿元。

到目前为止，能够进行资产证券化的资产有以下几类：住房抵押贷款、应收账款、消费贷款（包括汽车贷款、学生贷款、房屋建造贷款等）、设备租赁贷款、信用卡。

资产支持证券的发行过程通常如下：①由基础资产的发起人，包括商业银行、储蓄贷款公司、抵押贷款公司、信用卡服务商、汽车金融公司、消费金融公司等，将贷款或应收款等资产出售给其附属或第三方特殊目的载体（special purpose vehicle，SPV），实现有关资产信用与发起人信用的破产隔离。②由 SPV 经将资产打包、评估分层、信用增级、信用评级等步骤后向投资者公募或私募发行，产品类型包括简单的过手证券和复杂的结构证券，如住房抵押贷款支持证券（mortgage-backed securities，MBS）。

三、债券与股票的联系与区别

（一）债券与股票的联系

1. 都属于有价证券

债券和股票都是有价证券，它们本身并无价值，都是虚拟资本，是经济运行中实际运用的真实资本的凭证。投资者持有股票和债券都有权获得一定量的收入，并能进行相应权利的发生、行使和转让等活动。

2. 都是融资和投资工具

债券和股票都是证券发行主体为筹集资金而发行的证券，发行者通过发行股票和债券筹集到所需要的资金，同时投资者通过自己的投资行为获取收益。因此，债券和股票都是融资与投资的工具。

3. 收益率互相影响

股票收益率在很大程度上可以体现公司经营能力和盈利情况，直接反映了公司经营的风险等级，而风险的高低又直接决定了其发行债券价格的高低。相反，债券利息高低直接向市场传递了公司风险级别信息，这在很大程度上会影响该公司股票的市场价值。从宏观的角度看，整个股票市场的价格行情反映了整个经济的发展状况，这也会对发行债券定价产生很大的影响。

（二）股票与债券的区别

1. 权利不同

债券是债权凭证，债券持有人与发行债券的公司之间是债权债务关系。股票是所有权凭证，股票是股份公司的所有者。

2. 目的不同

发行债券出于公司追加资金的需要，它属于公司的负债，不是资本金，通过债券筹集的资金列入公司负债项目。发行股票则出于股份公司创办企业和增加资本的需要，筹措的资金列入公司资本项目。

3. 期限不同

债券是一种有期限的投资，发行人可以根据需要发行不同期限的债券。股票是一种无期限证券，投资者一旦购买股票就不能从公司抽回资金，只能在流通市场上通过转让变现。

4. 收益和风险不同

债券有规定的利率，可获得固定的利息，债券到期需要偿还本金，债券的收益相对比较稳定，风险比较小。股票的股息红利不固定，一般视公司经营情况而定，在公司经营状况不佳的时候甚至可能没有红利和股息，市场价格也会下跌，给投资者带来巨大损失。在公司进行清算的时候，债权人有优先于股东获得财产补偿的权利，而股东只能在缴纳了各项费用、还清了所有债务后，才能分配剩余财产。

5. 发行主体不同

债券发行主体可以是政府、金融机构或公司（企业），而股票发行主体只能是股份有限公司。

四、债券定价

债券的价格也称为债券的内在价值，等于未来现金流的现值之和。债券的定价主要取决于两个因素：预期未来的现金流和贴现利率。预期未来的现金流是指周期性支付的利息和到期偿还的本金。贴现利率是投资者要求的收益率，它反映了货币的时间价值和债券的风险，贴现利率也是机会成本，即投资者在相同期限和相同信用等级的可比债券中能够获得的当前市场利率。在实践中，不同时期的现金流会有不同的贴现率。为简化问题，假设只有一种利率，它适用于任何到期日现金流的折现。

（一）影响债券定价的内部因素

1. 期限

债券的期限越长，其市场变动的可能性就越大，其价格的易变性也就越大。

2. 票面利率

债券的票面利率越低，债券价格的易变性也就越大。

3. 提前赎回条款

提前赎回条款是债券发行人所拥有的一种选择权，它允许债券发行人在债券发行一段时间后，按约定的赎回价在债券到期前部分或全部偿还债务。这种规定对债券发行人是有利的，因此，有赎回条款的债券具有较高的票面利率和较高的到期收益率，其内在价值较低。

4. 税收待遇

免税债券的到期收益率比类似的应纳税债券的到期收益率低。

5. 市场性

市场性是指债券可以迅速出售而不会发生实际价格损失的能力。市场性较好的债券与市场性较差的债券相比，具有较低的到期收益率和较高的内在价值。

6. 违约风险

违约风险是指债券发行人不能按期履行合约规定的义务，无力支付利息和本金的潜在可能性。违约风险越大的债券，其到期收益率就越高，其债券的内在价值也就越低。

（二）影响债券定价的外部因素

1. 银行利率

银行利率是债券定价过程中必须考虑的一个重要因素。一般来说，政府债券由于没有风险，收益率要低于银行利率，而一般公司债券的收益率要高于银行利率。

2. 市场利率

利率风险是各种债券都面临的风险。在市场总体利率水平上升时，债券的收益率水平也应该上升，从而使债券的内在价值降低；相反，在市场总体利率水平下降时，债券的收益率水平也应下降，从而使债券的内在价值增加。并且，市场利率风险与债券的期限相关。债券的期限越长，其价格的利率敏感性也就越强。

3. 其他因素

影响债券定价的外部因素还有通货膨胀水平以及外汇汇率风险等。通货膨胀的存在会使投资者从债券投资中实现的收益不足以抵补由于通货膨胀而造成的购买力损失。当投资者投资于某种外币债券时，汇率的变化会使投资者的未来本币收入受到贬值损失。这些损失的可能性将在债券的定价中得到体现，使债券的到期收益率增加、债券的内在价值降低。

（三）债券的定价原理

（1）若一种债券的市场价格等于其面值，则到期收益率等于其票面利率；若债券的市场价格低于其面值（当债券贴水出售时），则债券的到期收益率高于票面利率；反之亦然。债券价格、到期收益率与票面利率之间的关系如下：

票面利率 < 到期收益率，则债券价格 < 票面价值；

票面利率 = 到期收益率，则债券价格 = 票面价值；

票面利率 > 到期收益率，则债券价格 > 票面价值。

（2）若债券的市场价格上升，则其收益率必然下降；相反，若债券的市场价格下降，则其收益率必然提高。

（3）若债券的收益率在整个期限内没有发生变化，则价格折扣或升水会随到期日的接近而减小，其价格日益接近面值，即如果两种债券的票面利率、面值和收益率都相同，则期限较短的债券的价格折扣或升水较小。

（4）若债券的收益率在整个期限内没有变化，则其价格折扣或升水会随着债券期限的缩短而以一个不断增长的比率减小。

（5）债券收益率的下降会引起债券价格提高，债券价格提高的金额在量上会超过债券收益率以相同幅度提高时所引起的价格下跌的金额。

（6）若债券的票面利率较高，则因收益率变动而引起的债券价格变动百分比会较小（除一年期债券和永久债券）。

五、债券投资收益

（一）到期收益率

到期收益率，又称最终收益率，一般的债券到期都按面值偿还本金，所以，随着到期日的临近，债券的市场价格会越来越接近面值。到期收益率同样包括利息收入和资本损益。其计算方法有以下几种。

1. 贴现债券到期收益率的计算公式

贴现债券一般用于短期债券的发行，如美国政府国库券等，因为它有种种优点，现在也开始用于中期债券，但很少用于长期债券。

贴现债券的收益是贴现额，贴现额是债券面额与发行价格的差额。贴现债券发行时只公布面额和贴现率，并不公布发行价格，所以，要计算贴现债券到期收益率必须先计算其发行价格。由于贴现率通常以年率表示，为计算方便起见，习惯上贴现年率以360天计，在计算发行价格时还要将年贴现率换算成债券实际期限的贴现率。贴现债券发行价格计算公式为

$$P_0 = V\left(1 - \frac{dn}{360}\right)$$

式中，P_0 为发行价格；V 为债券面值；d 为年贴现率（以360天计）；n 为债券期限。

计算出发行价格后，方可计算其到期收益率。贴现债券的期限一般不足1年，而债券收益率又都以年率表示，所以要将按不足1年的收益计算出的收益率换算成年收益率。重要的是，为了便于与其他债券比较，年收益率要按365天计算，而分母一般不再计算平均投入资本。贴现债券到期收益率的计算公式为

$$Y_m = \frac{V - P_0}{P_0} \times \frac{365}{n} \times 100\%$$

式中，Y_m 为到期收益率；V 为债券面额；P_0 为发行价格；n 为债券期限。

例 2-1 某贴现债券，面值 1 000 元，期限 180 天，以 9.5% 的贴现率公开发行。

发行价格：$P_0 = 1\,000 \times (1 - 9.5\% \times 180/360) = 952.5$

到期收益率：$Y_m = [(1\,000 - 952.5)/952.5] \times (365/180) \times 100\% = 10.11\%$

到期收益率高于贴现率是因为贴现额预先扣除，使投资者实际成本小于债券面额。

2. 附息票债券到期收益率的计算公式

一般的息票债券都是一年或半年支付一次利息，到期按面值还本。

1）现值法

现值法可以精确计算债券到期收益率，但计算方法非常烦琐，实际很少使用。它说明了债券收益率计算的原理，即根据债券的未来收益和当前的市场价格来推算到期收益率。现值法公式如下：

$$P_0 = C/(1 + r) + C/(1 + r)^2 + C/(1 + r)^3 + \cdots + C/(1 + r)^n + F/(1 + r)^n$$

式中，P_0 为债券的市场现价；C 为债券年收入；r 为到期收益率，%；n 为到期年限；F 为到期应付债券面额。

2）近似法

由于现值法的实用性差，在实际操作中多采用近似法计算。近似法计算简单，计算结果是近似值，但与现值法计算的结果相差不大。其公式为

$$Y_m = [C + (V - P_0)/n]/P_0 \times 100\%$$

式中，Y_m 为到期收益率；C 为债券年利息；V 为债券面额；P_0 为债券买入价；n 为到期年限。

例 2-2 某债券面额为 1 000 元，10 年期，票面利率为 10%，现以 900 元的发行价向全社会公开发行，投资者认购后一直持有至期满收回本金，则到期收益率为

$$Y_m = [1\,000 \times 10\% + (1\,000 - 900)/10]/900 \times 100\% = 12.22\%$$

3. 一次还本付息债券到期收益率实用的计算公式

一次还本付息债券到期收益率的计算公式为

$$Y_m = \frac{[V(1 + in_1) - P_0]/n_2}{P_0} \times 100\%$$

式中，Y_m 为到期收益率；V 为债券面额；P_0 为债券买入价；n_1 为债券的有效年限（自发行至期满的年限）；n_2 为债券的持有年限；i 为债券票面利率。

（二）持有期收益率

持有期收益率是指买入债券后持有一段时间，又在债券到期前将其出售而得到的收益率。它包括持有债券期间的利息收入和资本损益，即买入价和卖出价的差额。其计算方法有多种，公式如下。

1. 贴现债券持有期收益率的计算公式

贴现债券也可以不等到期满而中途出售，证券行情表每天公布各种未到期贴现债券二级市场的折扣率。投资者必须先计算债券卖出价，再计算持有期收益率。其计算公式为

$$P_1 = V(1 - d_n)$$

式中，P_1 为卖出价格；V 为债券面值；d 为二级市场折扣率；n 为债券剩余天数。

$$Y_k = (P_1 - P_0)/P_0 \times (365/n) \times 100\%$$

式中，Y_k 为持有期收益率；P_1 为债券卖出价；P_2 为债券买入价；n 为债券剩余期限。

2. 附息票债券持有期收益率实用的计算公式

$$Y_k = [C + (P_1 - P_0)/n]/P_0 \times 100\%$$

式中，Y_k 为持有期收益率；C 为债券年利息；P_0 为债券买入价；P_1 为债券卖出价；n 为持有年限。

例 2-3 某债券面额为 1 000 元，10 年期，票面利率为 10%，现以 900 元的发行价向全社会公开发行，若投资者认购后持至第 3 年末，以 950 元市价出售，则

$$Y_k = [1\,000 \times 10\% + (950 - 900)/3]/900 \times 100\% = 12.96\%$$

3. 一次还本付息债券持有期收益率实用的计算公式

某些债券实行最终一次还本付息，即每年利息累积至债券期满一次支付，则上例公式中的 P_1 就应包括债券持有期间应得的全部收益，即既包括债券利息收入，又包括债券卖出时的资本损益，分子内容仍表示债券持有期间的年平均收入。我国目前发行的债券多为这种债券，其实际使用的计算公式为

$$Y_k = [(P_1 - P_0)/n]/P_0 \times 100\%$$

式中，Y_k 为持有期收益率；P_0 为债券买入价；P_1 为债券卖出价；n 为持有年限。

第三节　证券投资基金

一、证券投资基金概述

投资基金作为一种大众化的信托投资，起源于 1868 年的英国，而后兴盛于美国，现在已风靡于全世界。在不同的国家，投资基金的称谓有所区别，英国等国家和地区称之为"单位信托投资基金"，美国称之为"共同基金"，日本等国家和地区则称之为"证券投资信托基金"。这些不同的称谓在内涵和运作上无太大区别。投资基金在西方国家早已成为一种重要的投融资手段，并在当代得到了进一步发展。我国在 20 世纪 80 年代末出现了投资基金形式，并在 90 年代以后得到了较快的发展，为广大投资者提供了一种新型的金融投资选择，丰富了金融市场的内容，促进了金融市场的发展和完善。

（一）证券投资基金概念及基金单位净值计算

1. 证券投资基金的概念

证券投资基金是一种利益共存、风险共担的集合证券投资方式，即通过发行基金单位，集中投资者的资金，由基金托管人托管，由基金管理人管理和运用资金，从事股票、债券等金融工具投资，并将投资收益按基金投资者的投资比例进行分配的一种间接投资方式。

从这个定义中可看到，投资基金证券当事人有三方：一是基金持有人，即投资者，基金持有人享受证券投资的收益，也承担因投资亏损而产生的风险；二是基金管理人，这是负责基金具体投资操作和日常管理的机构，基金管理人一般由基金管理公司担任；三是基金托管人。为充分保障基金持有人的权益，防止基金资产被挪用，各国证券投资

信托法规都规定要由基金托管人对基金管理人的投资操作进行监督和保管基金财产。如我国的各国有商业银行都担任了基金托管人。

2. 基金单位净值

基金单位净值，是指当前的基金总净资产除以基金总份额。

其计算公式为

$$基金单位净值 = 总净资产/基金份额$$

开放式基金的申购和赎回价格都以这个公式计算。

（二）证券投资基金的特点

1. 集合投资

证券投资基金将众多投资的资金集中起来进行共同投资，有利于发挥资金的规模优势、降低投资成本，使中小投资者也能够享受到与机构投资者类似的规模效益。基金对投资的最低限额要求不高，投资者可以根据自己的经济能力决定购买数量，因此，基金可以最广泛地吸收社会闲散资金，积少成多，汇成规模巨大的投资资金。

2. 分散风险

证券投资基金可以通过投资组合降低风险。在投资活动中，风险和收益总是并存的。基金可以凭借其雄厚的资金，在法律规定的投资范围内进行科学的组合，分散投资于多种证券，实现资产组合多样化，从而达到分散投资风险的目的。

3. 专业理财

基金是将分散的资金集中起来，以信托方式交给专业机构进行投资运作，实行专家管理制度。基金由基金经理领导的专家团队进行运作，具有丰富的投资能力、投资经验、调研能力和信息收集能力。其能够结合金融市场上各个品种的价格变动趋势，制订投资策略和投资组合方案，从而避免投资决策失误，提高投资收益。

（三）证券投资基金的作用

1. 为中小投资者拓宽了投资渠道

对中小投资者，存款或购买债券较为稳妥，但收益率较低；投资于股票有可能获得较高收益，但风险较大。证券投资基金作为一种新型的投资工具，将众多投资者的小额资金汇集起来进行组合投资，由专家来管理和运作，经营稳定，收益可观，为中小投资者提供了较为理想的间接投资工具，拓宽了中小投资者的投资渠道。

在美国，进入21世纪以来，有50%左右的家庭投资于基金，基金占所有家庭资产的40%左右。收入在10万美元以上的家庭将80%的资产配置在基金上。

2. 有利于证券市场的稳定和发展

证券市场的稳定与投资者结构密切相关。基金的出现和发展，能有效改善证券市场的投资者结构。基金由专业投资人士经营管理，其投资经验比较丰富，收集和分析信息的能力较强，投资行为相对理性，客观上能起到稳定市场的作用。同时，基金一般注重资本的长期增长，多采取长期的投资行为，较少在证券市场上频繁进出，能减少证券市场的波动。此外，基金作为一种主要投资于证券市场的金融工具，它的出现和发展增加了证券市场的投资品种，扩大了证券市场的交易规模，起到了丰富和活跃证券市场的作用。

（四）证券投资基金与股票、债券的区别

证券投资基金与一般的股票、债券一样都是金融投资工具，但又与股票、债券存在着差异。

1. 所反映的关系不同

股票反映的是产权关系，债券反映的是债权债务关系，而契约型基金反映的则是信托关系。

2. 所筹资金的投向不同

股票和债券是融资工具，筹集的资金主要是投向实业，而基金主要是投向其他有价证券等金融工具。

3. 风险水平不同

股票的直接收益取决于发行公司的经营效益，不确定性强，投资于股票有较大的风险。债券的直接收益取决于债券利率，而债券利率一般是事先确定的，投资风险较小。基金主要投资于有价证券，而且其投资选择相当灵活多样，从而使基金的收益有可能高于债券、投资风险有可能小于股票。因此，基金能满足那些不能或不宜直接参与股票、债券投资的个人或机构的需要。

4. 投资回收方式不同

债券投资是有一定期限的，期满后收回本息。股票投资是无限期的，除非公司破产、进入清算，否则投资者不得从公司收回投资，如要收回，只能在证券交易市场上按市场价格变现。投资基金则视所持有的基金形态不同而有区别：封闭式基金有一定的期限，期满后，投资者可按持有的份额分得相应的剩余资产，在封闭期内还可以在交易市场上变现；开放式基金一般没有期限，投资者可随时向基金管理人要求赎回。

二、证券投资基金的分类

（一）按基金组织形式不同可分为契约型基金和公司型基金

1. 契约型基金

契约型基金又称单位信托基金，是指将基金持有人、基金管理人、基金托管人三者作为信托关系的当事人，通过签订基金契约的形式发行受益凭证而设立的一种基金。信托法是契约型基金设立的依据。基金不具有法人资格。

英国、日本、德国、韩国发行的基金多为契约型基金。我国基金也都属于契约型基金。

2. 公司型基金

公司型基金，是指投资者为了共同投资目标而组成的以盈利为目的的股份制投资公司,并将形成的公司资产投资于有价证券的证券投资基金。

公司型基金是依据公司法成立的，是具有法人资格的经济组织。公司型基金以发行

股份的方式募集资金，投资者购买基金公司的股份后，以基金持有人的身份成为投资公司的股东，凭其持有的股份依法享有投资收益。公司型基金在组织形式上与股份有限公司类似，由股东选举董事会，由董事会选聘基金管理公司，基金管理公司负责管理基金的投资业务。董事会对基金管理公司的投资运作有较大的监督作用，这样相对于契约型基金，更能够保障投资者的利益。在基金业最为发达的美国，公司型基金居于绝对的主导地位。

3. 契约型基金与公司型基金的区别

1）资金的性质不同

契约型基金的资金是通过发行受益凭证筹集起来的信托财产；公司型基金的资金是通过发行普通股票筹集起来的，为公司法人的资本。

2）投资者的地位不同

契约型基金的投资者购买受益凭证后成为基金契约的当事人之一，即受益人；公司型基金的投资者购买基金的股票后成为该公司的股东。因此，契约型基金的投资者没有管理基金资产的权力，而公司型基金的股东通过股东大会享有管理基金公司的权力。

3）基金的营运依据不同

契约型基金依据基金契约营运基金；公司型基金依据基金公司章程营运基金。

4）融资渠道不同

公司型基金在资金运用状况良好、业务开展顺利，又需要增加投资组合的总资产时，可以以公司名义向银行借款；而契约型基金一般不能向银行举债。

（二）按基金运作方式不同可分为封闭式基金和开放式基金

1. 封闭式基金

封闭式基金是指基金发行总额和发行期在设立时已经确立，在发行完毕后的规定期限内，发行总额固定不变的证券投资基金。封闭式基金的投资者在基金存续期间内，不能向发行机构赎回基金份额，基金份额的变现必须通过证券交易场所上市交易。基金期限届满即为基金终止，管理人应组织清算小组对基金资产进行清产核资，并将清产核资后的基金净资产按照投资者的出资比例进行公正合理的分配。

1991 年 7 月发行的珠信基金是我国最早发行的封闭基金。1992 年，深圳投资基金管理公司成立，这是我国投资基金业成立的第一家专业性基金管理公司。1993 年 3 月，中国人民银行深圳经济特区分行批准天骥投资基金、蓝天基金作为首批基金在深圳证券交易所上市。同年 8 月 20 日，中国人民银行批准淄博基金在上海证券交易所上市，标志着我国全国性投资基金市场的诞生。1993 年 5 月 19 日，中国人民银行作出了制止不规范发行投资基金的规定，其中投资基金的发行和上市、投资基金管理公司的设立以及中国金融机构在境外设立投资基金和投资基金管理公司，一律需由中国人民银行总行批准，任何部门不得越权审批。此后，除 1993 年 9 月经中国人民银行总行批准上海发行了额度各为 1 亿元人民币的金龙基金、宝鼎基金、建业基金外，相当长的时间里（直至1998 年上半年），未再批准设立过各类基金，国内基金的发行陷入停滞状态。1997 年11 月 14 日，《证券投资基金管理暂行办法》正式颁布。同时，由中国证监会替代中国人民银行作为基金管理的主管机关。从此，中国证券投资基金业进入规范发展的崭新阶段。自 1998 年起，我国陆续发行了 54 只封闭式基金。2002 年 9 月后，封闭式基金不再发行。

2. 开放式基金

开放式基金是指基金份额总额不固定，基金份额可以在基金合同约定的时间和场所申购或者赎回的基金。投资者既可以通过基金销售机构买基金，使基金资产和规模由此相应地增加，也可以将所持有的基金份额卖给基金并收回现金，使基金资产和规模相应地减少。

开放式基金不上市交易，它既可以由基金公司直销，也可以由基金公司的代理机构，如商业银行或证券营业部等代销，还可以通过基金公司的网站在网上进行申购和赎回。

开放式基金是世界各国基金运作的基本形式之一。基金管理公司可随时向投资者发售新的基金份额，也需随时应投资者的要求买回其持有的基金份额。为了满足投资者中途撤回资金、实现变现的要求，开放式基金一般都从所筹资金中拨出一定比例，以现金形式保持这部分资产。这虽然会影响基金的盈利水平，但作为开放式基金来说，这是必需的。美国、英国等国家和地区的基金市场均有 90% 以上是开放式基金。相对于封闭式基金，开放式基金在激励约束机制、流动性、透明度和投资便利程度等方面都具有较大的优势。

2000 年 10 月，我国颁发并实施了《开放式基金试点办法》，揭开了我国开放式基金的发展序幕。2001 年 9 月，我国第一只开放式基金"华安创新"发行。2003 年 10 月，通过了《中华人民共和国证券投资基金法》。2006 年到 2007 年，由于股市的繁荣，开放式基金得到了迅速的发展，资产规模增长迅猛，基金投资者逐渐增多，基金公司呈现多元化发展。2013 年，随着余额宝产品的推出，基金规模和数量发展迅速，网上销售基金的方式也得到逐步发展。2010 年末，我国开放式基金数量为 739 只，资产规模为 2.38 万亿元。截至 2022 年末，我国开放式公募基金数量为 10 431 只，公募基金总规模达 25.96 万亿元。

3. 封闭式基金与开放式基金的区别

1）期限不同

封闭式基金一般有固定的封闭期，通常在 5 年以上，期满后要予以清盘；而开放式基金没有固定期限，投资者可随时向基金管理人赎回基金单位，若大量赎回甚至会导致清盘。

2）发行规模限制不同

封闭式基金有事先确定的基金规模，在封闭期限内未经法定程序认可不能增发；开放式基金没有发行规模限制，基金规模随投资者认购或赎回而增加或减少。

3）基金单位交易方式不同

封闭式基金的基金单位在封闭期限内不能赎回，持有人只能寻求在证券交易场所出售给第三者。开放式基金的投资者则可以在首次发行结束一段时间后，随时向基金管理人或中介机构提出购买或赎回申请，买卖方式灵活，除极少数开放式基金在交易所名义上市外，通常不上市交易。

4）基金单位的交易价格计算标准不同

封闭式基金与开放式基金的基金单位除了首次发行价都是按面值加一定百分比的购买费计算外，以后的交易计价方式完全不同。封闭式基金的买卖价格受市场供求关系的影响，常出现溢价或折价现象，并不必然反映基金的净资产值。开放式基金的交易价格则取决于基金每单位净资产值的大小，其申购价一般是基金单位资产值加一定的购买费，赎回价是基金单位净资产值减去一定的赎回费，不直接受市场供求影响。

5）投资策略不同

封闭式基金的基金单位数不变，资本不会减少，因此基金可进行长期投资，基金资产的投资组合能有效地在预定计划内进行。开放式基金因基金单位可随时赎回，为满足投资者随时赎回兑现的需求，不能把全部基金资产用来投资，更不能把全部资本用来进行长线投资，必须保持基金资产的流动性，在投资组合上需保留一部分现金和高流动性的金融商品。

（三）按投资标的不同可分为货币基金、债券基金、股票基金、衍生证券基金

1. 货币基金

货币基金是以货币市场工具为投资对象的一种基金，其投资对象期限较短，一般在1年以内，包括银行短期存款、国库券、公司短期债券、银行承兑票据及商业票据等货币市场工具。根据《货币市场基金监督管理办法》的规定，货币市场基金是指仅投资于货币市场工具，每个交易日可办理基金份额申购、赎回的基金。在基金名称中使用"货币""现金""流动"等类似字样的基金视为货币市场基金。货币市场基金的优点是资本安全性高、购买限额低、流动性强、收益较高、管理费用低，有些还不收取赎回费用。因此，货币市场基金通常被认为是低风险的投资工具，具有"准储蓄"的特征。

2013年后，我国货币基金集中推出 $T+0$ 赎回业务和交易型货币基金，货币基金发展迅速。2013年底，货币基金的总规模为 7 478.71 亿元，其中余额宝规模达到 4 000亿元。到2019年年底，货币基金数量335只，基金规模达到7.57万亿元。

2. 债券基金

债券基金是以债券为主要投资对象的证券投资基金。通过集中众多投资者的资金，对债券进行组合投资，寻求较为稳定的收益。债券基金资产80%以上投资于债券，投资对象主要是国债、金融债和企业债。债券基金具有收益稳定、风险较低的特点。

3. 股票基金

股票基金是指以上市股票为主要投资对象的证券投资基金。股票基金是最重要的基金品种，它的优点是资本的成长潜力较大，投资者不仅可以获得资本利得，还可以通过它，将较少的资金投资于各类股票，从而实现在降低风险的同时保持较高收益的投资目标。

在我国，根据《证券投资基金运作管理办法》的规定，股票型基金应有60%以上的基金资产投资于股票。2015年，股票型基金仓位新规生效，规定股票型基金股票仓位不能低于80%。

股票基金可以细分为多种类型。

（1）按基金投资目的不同可分为价值型基金、成长型基金和平衡型基金。

价值型基金多投资于公用事业、金融、工业原材料等较稳定的行业。价值型基金风险相对较小，适合承担较小风险的投资者。价值型基金的投资策略是寻找价格低廉的股票，重点关注股票价格是否合理。

成长型基金投资于那些具有成长潜力并能带来较高收入的普通股票，风险较大。在选股策略上，其多投资于处于成长期的公司，对股票的价格考虑较少，更青睐投资具有成长潜力如网络科技、生物制药和新能源材料类上市公司。

平衡型基金是处于价值型基金和成长型基金之间的基金。其收益和风险都介于价值型基金与成长型基金之间，在投资策略上，一部分投资于股价被低估的股票，一部分投资于成长型行业上市公司的股票。

（2）按投资理念不同可分为主动型基金和被动型基金。

主动型基金是主动管理的基金，行业和股票的选择完全由基金公司和基金经理决定，主动进行投资管理。

被动型基金是被动管理的基金，基金公司和基金经理几乎不参与选择行业和股票，而是根据指数的成分股和权重进行配置。

主动型基金与被动型基金相比，管理费较高，更考验基金公司整体实力和基金经理的水平，业绩稳定性相对差，由于人的管理会出现正常的水平波动，很难有持续好的基金，也很难有持续差的基金。被动管理型基金管理费较低，是该指数成分股的平均收益。

（3）特殊类型基金。

①ETF 是一种跟踪"标的指数变化"且在交易所上市的开放式基金，是一种被动型基金。上海证券交易所将 ETF 定名为"交易型开放式指数基金"。ETF 的特殊性在于，投资者既可以向基金管理公司申购或赎回基金份额，又可以像封闭式基金一样在证券市场上按市场价格买卖 ETF 份额。在一级市场上，ETF 的申购赎回必须以一篮子股票换取基金份额或者以基金份额换回一篮子股票，这是 ETF 有别于其他开放式基金的主要特征之一。在二级市场上，ETF 在交易所挂牌交易。

②LOF（listed open-ended fund）即上市型开放式基金，是指在发行结束后，投资者既可以在指定网点申购与赎回份额，也可以在交易所买卖的基金。LOF 是对传统开放式基金的创新，是在传统开放式基金原有销售渠道的基础上增加了二级市场这一流通渠道。投资者也可以进行跨市交易，即在交易所购买的基金份额可以在网点赎回，跨市交易需要办理转托管手续。

③主题基金。主题基金是集中投资于某一主题行业或企业的基金。这类基金往往根据经济体未来发展趋势将某一个或某些主题作为投资标的，如"医药主题基金""新兴产业基金""消费主题基金"。主题基金针对区位或产业经济发展的趋势与动因进行前瞻性研究，挖掘尚不被市场看好且具有长期投资价值的行业与企业。主题基金能相对独立于市场行情，减小投资组合的整体波幅。

④分级基金。分级基金又称"结构型基金"，是在一个投资组合下，通过对基金收益或者净资产的分解，形成两级风险收益表现有一定差异化基金份额的基金品种。分级基金分为约定收益的 A 类基金和具有杠杆效应的 B 类基金。A 类基金是风险较低的。B

类基金在基金净值和收益上具有杠杆效应，风险较高。分级基金的另一个巨大风险来自"基金下折"，即基金的净值下跌到一定程度时，B 类基金净值调整为 1 元，投资人所持份额相应折算减少，A 类基金则调整为与 B 类基金对等。

2007 年，国内首只分级基金国投瑞银瑞福分级基金发行。2013 年，分级基金迅速发展。2018 年发布的《人民银行　银保监会　证监会　外汇局关于规范金融机构资产管理业务的指导意见》，明确规定公募产品不得分级。据监管要求，份额在 3 亿份以下的分级基金需要在 2019 年 6 月 30 日之前完成整改，3 亿份以上的分级基金，可以将整改期限放宽到 2020 年年底。

4. 衍生证券基金

衍生证券基金是一种以衍生证券为投资对象的基金，包括期货基金、期权基金、认股权证基金等。衍生证券基金往往是以某种事实上的杠杆比率进行的交易，能大幅度提高投资回报（同时也增加风险程度），从而受到进取型投资者的欢迎。这类基金也称杠杆基金。这种基金风险大，因为衍生证券一般是高风险的投资品。

（四）按募资方式不同可分为公募基金和私募基金

1. 公募基金

公募基金是以公开方式向社会公众投资者募集资金并以证券为主要投资对象的证券投资基金。公募基金募集对象不固定；基金份额的投资金额要求较低，适合中小投资者参与；基金必须遵守有关的法律法规，接受监管机构的监管并定期公开相关信息。

我国的公募基金起步于 1991 年。在 1997 年 11 月颁布《证券投资基金管理暂行办法》后，证券投资基金进入规范发展阶段。1998 年 3 月，基金金泰、基金开元的设立，标志着规范的证券投资基金开始成为我国基金业的主导方向。2001 年，我国的第一只开放式基金华安创新投资基金设立，这是中国基金业发展的又一次阶段性进步。2004 年 6 月 1 日起正式施行的《中华人民共和国证券投资基金法》将基金业推向一个新的阶段。2013 年 6 月，余额宝横空出世，国内首只互联网货币基金理财产品正式上线，货币型基金开始异军突起，规模从 2013 年末的 8 802 亿元增至 2014 年末的 21 873 亿元，又增至 2015 年末的 45 761 亿元，呈现翻倍式增长。截至 2021 年年末，公募基金管理总规模为 25.08 万亿元，非货基规模为 16.28 万亿元。

2. 私募基金

私募基金是以非公开方式向合格投资者募集资金而设立的投资基金，包括资产由基金管理人或者普通合伙人管理的以投资活动为目的设立的公司或者合伙企业。我国对私募基金投资者有着严格的要求。2014 年 8 月，中国证监会公布的《私募投资基金监督管理暂行办法》将合格投资者单独列为一章，明确规定私募基金的投资者投资于单只私募基金的金额不能低于 100 万元。合格投资者应具备相应的风险识别能力以及风险承担能力，单位净资产不能低于 1 000 万元，个人的金融资产不能低于 300 万元或者最近 3 年个人年均收入不能低于 50 万元。

私募基金分为风险投资和私募证券投资基金。

1）风险投资

我国私募基金的发展从风险投资开始。1985 年，国家科学技术委员会和财政部等部门筹建了我国第一个风险投资机构——中国新技术创业投资公司（中创公司）。第一次投资浪潮出现在 1992 年以后，这一阶段的投资对象以国有企业为主，海外投资基金大多与中国各部委合作，由于当时很少有海外上市，又不能在国内全流通退出，私募股权投资后找不到出路，这导致投资基金第一次进入中国时以失败告终。

1999 年《中共中央 国务院关于加强技术创新，发展高科技，实现产业化的决定》的出台掀起了第二次短暂的投资风潮。国内相继成立了一大批由政府主导的风险投资机构。

2004 年，我国资本市场出现了有利于私募股权投资发展的制度创新——深圳中小企业板正式启动，这为私募股权投资在国内资本市场提供了 IPO（首次公开募股）的退出方式。所以 2004 年以后出现了第三次投资浪潮。

进入 21 世纪后，一枝独秀的中国经济，日益吸引留学海外的中国学子回国创业发展。以百度、新浪、搜狐、携程、如家等为代表的一批企业均是由留学人员回国创业而成立的，这些留学人员给国内带回了大批风险投资，这种全新的融资方式，极大地推动了中小企业的成长。国内的国际风险投资公司的掌门人大都是清一色的海归人士，包括IDG 资本创始合伙人熊晓鸽、鼎晖投资董事长吴尚志、赛富亚洲投资基金首席合伙人阎焱、红杉基金中国合伙人沈南鹏、金沙江创业投资董事总经理丁健、美国中经合集团董事总经理张颖、北极光创投基金创始合伙人邓锋、北斗星投资基金董事总经理吴立峰、启明创投创始人及董事总经理邝子平、得克萨斯太平洋集团合伙人王兟等 10 多位掌管各类风险投资基金的海归人士。

2）私募证券投资基金

私募证券投资基金是将非公开募集的资金投资于证券二级市场（包括衍生金融工具市场）。私募证券投资基金，经阳光化后又叫作阳光私募基金。阳光私募基金是借助信托公司发行的，经过监管机构备案，资金实现第三方银行托管，有定期业绩报告的投资于股票市场的基金，阳光私募基金与一般（即所谓"灰色的"）私募证券基金的区别主要在于规范化、透明化，由于借助信托公司平台发行，能保证私募认购者的资金安全。

与公募基金相比，私募基金投资具有以下优点：①更灵活。私募基金对股票投资比例没有限制，私募基金发现价值被低估的股票，可以尽可能多地去买这只股票。私募基金还可以做公募基金禁止操作的衍生品和一些跨市场的套利。②具有良好的激励机制。阳光私募基金除了收取较高管理费用、认购费外，通常基金管理人还分取收益部分的 20%提成。这也促使基金管理者想方设法地提高基金的收益率。③私募证券投资基金在投资决策上更占优势。公募基金的研究部门发现一只有投资价值的股票后，往往需要经过提交报告、开会讨论、风险控制部门审核再到投资总监作出决定的一系列流程，耗费时间很长，等作出了决定，投资时机也往往错过了。而私募基金则不用顾虑这些，发现了好的品种，基金管理者能够更快地作出反应。④私募基金追求的是绝对收益，而公募基金还要考虑每季度、半年以及年终的排名，对基金经理也会施加很大的压力，这些都会影响长期的稳健投资。

三、证券投资基金的费用

（一）基金管理费

基金管理费是支付给基金管理人的管理报酬，通常按照每个估值日基金净资产的一定比率（年率）逐日计提、定期支付。管理费率通常与基金规模成反比，与风险成正比。基金规模越大，风险越小，管理费率就越低；反之，则越高。

管理者和运用者，对基金资产的保值和增值起着决定性的作用。因此，基金管理费收取的比例比其他费用要高。基金管理费是基金管理人的主要收入来源，基金管理人的各项开支不能另外向基金或基金公司摊销，更不能额外向投资者收取费用。

（二）基金托管费

基金托管费是指基金托管人为保管和处置基金资产而向基金收取的费用。比如银行为保管、处置基金信托财产而提取的费用。基金托管费通常按照基金资产净值的一定比率提取，通常为 0.25%，逐日计算并累计，按月支付给托管人。此费用也是从基金资产中支付，不需另向投资者收取。

我国规定，基金托管人可磋商酌情调低基金托管费，经中国证监会核准后公告，无须为此召开基金持有人大会。

（三）基金交易费

基金交易费是指基金在进行证券买卖交易时所发生的相关交易费用。目前，我国证券投资基金的交易费用主要包括印花税、交易佣金、过户费、经手费、证管费。交易佣金由证券公司按成交金额的一定比例向基金收取，印花税、过户费、经手费、证管费等则由登记公司或交易所按有关规定收取。参与银行间债券交易的，还需向中央国债登记结算有限责任公司支付银行间账户服务费，向中国外汇交易中心暨全国银行间同业拆借中心支付交易续费等服务费用。

（四）基金运作费

基金运作费是指为保证基金正常运作而发生的应由基金承担的费用，包括审计费、律师费、上市年费、信息披露费、分红手续费、持有人大会费、开户费、银行汇划手续费等。

（五）基金销售服务费

基金销售服务费是指从基金资产中扣除的用于支付销售机构佣金以及基金管理人的基金营销广告费、促销活动费、持有人服务费等方面的费用。收取销售服务费的基金通常不再收取申购费。

四、证券投资基金的投资风险

证券投资基金是一种集中资金、专家管理、分散投资、降低风险的投资工具，但投资者投资于基金仍有可能面临风险。

（一）市场风险

基金主要投资于证券市场，投资者购买基金，相对于购买股票而言，由于能有效地分散投资和利用专家优势，可能对控制风险有利。分散投资虽能在一定程度上消除来自个别公司的非系统性风险，但无法消除市场的系统性风险。因此，证券市场价格因经济因素、政治因素等各种因素的影响而产生波动时，将导致基金收益水平和净值发生变化，从而给基金投资者带来风险。

（二）管理能力风险

基金管理人的专业技能、研究能力及投资管理水平直接影响到其对信息的占有、分析和对经济形势、证券价格走势的判断，进而影响基金的投资收益水平。同时，基金管理人的投资管理制度、风险管理和内部控制制度是否健全，能否有效防范道德风险和其他合规性风险，以及基金管理人的职业道德水平等，也会对基金的风险收益水平造成影响。

（三）操作风险和技术风险

操作风险是基金的相关当事人在各业务环节的操作过程中，因内部控制不到位或者人为因素造成操作失误或违反操作规程而引致风险，如越权交易、内幕交易、交易错误和欺诈等。技术风险是在基金的后台运作中，因为技术系统的故障或者差错而影响交易的正常进行甚至导致基金份额持有人利益受到影响。技术风险可能来自基金管理人、基金托管人、注册登记人、销售机构、证券交易所和证券登记结算机构等。

（四）巨额赎回风险

巨额赎回风险是开放式基金所特有的风险。若因市场剧烈波动或其他原因而连续出现巨额赎回，并导致基金管理人出现现金支付困难，基金投资者申请赎回基金份额，可能会遇到部分顺延赎回或暂停赎回等风险。

（五）其他风险

其他风险包含：①因基金业务快速发展而在制度建设、人员配备、风险管理和内控制度等方面不完善而产生的风险；②因金融市场危机、行业竞争压力可能产生的风险；③战争、自然灾害等不可抗力因素的出现，可能严重影响证券市场运行，导致基金资产损失；④其他意外导致的风险。

五、证券投资基金投资策略

（一）固定比例投资组合

不同的分类基金的风险和收益不同。基金仓位应根据收益要求和风险承受能力进行配置。低风险投资者选取货币型基金和债券型基金进行配置，可按照一定的比例进行仓位分配。积极进取的投资者可进行较高比例的股票型基金进行配置。

（二）定期定额投资

定期定额投资也称基金定投，即定期投入相同金额购买同一种基金。这种方式可降低投资基金的平均成本，优点是：股市波动较大但涨幅不明显时，也可获取不错收益；无须亲自操作，有类似强制储蓄的功能，可有效减少冲动消费，使投资者坐享收益。

（三）股票型基金投资策略

1. 选基金公司

（1）关注基金公司对旗下基金的管理、运作及信息披露是否全面、准确、及时。

（2）参考该基金公司旗下基金历史业绩。

（3）分析基金公司旗下的基金经理和投研人员是否稳定。

（4）分析基金公司的投资理念、风险程度和投资行业。

2. 选基金经理

在选基金经理时，需要关注：一是基金经理的从业年限；二是基金经理管理的基金历史业绩，观察基金过去 3 个月、6 个月、1 年、2 年、3 年甚至是 5 年的业绩回报水平以及排名。

3. 基金规模

基金规模不宜太小或太大，基金规模太大不利于在震荡的市场及时换仓，基金规模太小无法进行合理的配置，且清盘的风险较高。

4. 基金成立时间

成立时间较长的基金，可以更好地看清它的投资理念和基金经理的管理能力。

第四节　金融衍生工具

一、金融衍生工具概述

（一）金融衍生工具的概念

金融衍生工具又称金融衍生产品，是与基础金融产品相对应的一个概念，是建立在基础产品或基础变量之上，其价格取决于基础金融产品价格（或数值）变动的派生金融产品。金融衍生工具是在货币、债券、股票等传统金融工具的基础上衍化和派生的，以杠杆和信用交易为特征的金融工具。

（二）金融衍生工具的特征

金融衍生工具具有以下特征。

1. 跨期性

金融衍生工具是交易双方通过对利率、汇率、股价等因素变动趋势的预测，约定在未来某一时间按照一定条件进行交易或选择是否交易的合约。

2. 杠杆性

金融衍生工具交易一般只需要支付少量的保证金或权利金就可签订远期大额合约或互换不同的金融工具。例如，若期货交易保证金为合约金额的 5%，则期货交易者可以控制 20 倍于所投资金额的合约资产，实现以小博大的效果。杠杆交易使收益和损失都成倍放大，这也决定了金融衍生工具的高风险性。

3. 联动性

这是指金融衍生工具的价值与基础产品或基础变量紧密联系、规则变动。金融衍生工具与基础变量相联系的支付特征由衍生工具合约规定，其联动关系既可以是简单的线性关系，也可以表达为非线性函数或者分段函数。例如，股指期货价格与其标的资产——股票价格指数的变动联系极为紧密。股票价格指数对股指期货价格的变动具有很大影响。

4. 高风险性

金融衍生工具的交易后果取决于交易者对基础工具（变量）未来价格（数值）的预测和判断的准确程度。基础工具价格的变幻莫测决定了金融衍生工具交易盈亏的不稳定性。基础金融工具价格的不确定性仅仅是金融衍生工具风险性的一个方面，另外金融衍生工具还伴随着以下几种风险。

（1）交易中对方违约，没有履行承诺造成损失的信用风险。

（2）因资产或指数价格不利变动可能带来损失的市场风险。

（3）因市场缺乏交易对手而导致投资者不能平仓或变现所带来的流动性风险。

（4）因交易对手无法按时付款或交割可能带来的结算风险。

（5）因交易或管理人员的人为错误或系统故障、控制失灵而造成的操作风险。

（6）因合约不符合所在国法律，无法履行合约或合约条款遗漏及模糊导致的法律风险。

（三）金融衍生工具的功能

1. 避险保值

金融衍生工具设计的初衷就是避险保值。现货市场的价格往往多变，处于不断的波动之中，这给生产者和投资者带来了价格波动的风险。传统的证券投资组合理论以分散非系统风险为目的，对于系统性风险却无能为力。金融衍生工具恰恰可以转移系统性风险，它主要通过套期保值业务发挥转移风险的功能，风险承担者通过在两个市场的相反操作来锁定自己的利润。一般那些以适当的抵消性金融衍生工具交易活动来减少或消除某种基础金融或商品的风险，目的在于牺牲一些资金(因为金融衍生工具交易需要一定的费用)以减少或消除风险的个人或企业称为对冲保值者。

2. 投机

金融衍生品的交易者可以分为三类：对冲者、投机者以及套利者。对冲者采用衍生产品合约来减少自身面临的由于市场变化而产生的风险。投机者利用这些产品对今后市场变量的走向下赌注。套利者采用两个或更多相互抵消的交易来锁定盈利。这三类交易者共同维护了金融衍生产品市场上述功能的发挥。投机者利用金融衍生工具市场中保值者的头寸并不恰好互相匹配对冲的机会，通过承担保值者转嫁出去的风险的方法，博取高额投机利润。套利者，他们的目的与投机者差不多，但不同的是套利者寻找的是几乎无风险的获利机会。金融衍生市场交易机制和衍生工具本身的特征，尤其是杠杆性、虚拟性特征，使投机功能得以发挥。

3. 价格发现

首先，金融衍生品的价格形成机制的运作实际上检验了众多交易者对未来供求状况的预测，其能在一定程度上反映价格的动态走势。由于衍生产品合约具有不同的交割月份，最长数年，所以它们的价格是有机地、动态地、连续地反映着当前的、变化中及变化后的供求关系，表现出价格形成上的连续性。由于对冲者、投机者、套利者三种类型交易者的存在，金融价格很难长期偏离其价值。

其次，金融衍生品市场集中了大量的买者和卖者，带来了大量的供求信息，大量市场信息在场内聚集、产生、反馈、扩散，这就使在大量高质量的信息流基础上形成的衍生产品交易价格能客观地、充分地反映供求关系的变化；同时金融衍生品市场还提供了严格的规则、法律保障，如禁止垄断操纵市场、平等竞争、竞价制等，使形成的价格真实地反映供求双方的意向和预测。

4. 降低交易成本

金融衍生工具由于具有以上功能，从而进一步形成了降低社会交易成本的功效。市场参与者一方面可以利用金融衍生工具市场，减少以至消除最终产品市场上的价格风险；另一方面又可以根据金融衍生工具市场所揭示的价格趋势信息，制定经营策略，从而降低交易成本，增加经营的收益。同时，拥有不同目的从事交易的参与者可以在市场交易中满足自己的需求，最终形成双赢的局面。

二、主要的金融衍生工具

（一）金融期货

期货就是按照约定价格在未来进行买卖的交易合约，金融期货合约是指由交易双方订立的、约定在未来某日期按成交时约定的价格交割一定数量的金融产品的标准化协议。

按基础工具不同，金融期货可分为利率期货、外汇期货和股票价格指数期货。

1. 利率期货

利率期货是交易对象的中长短期可交割金融凭证，是指以附有利率的有价证券为标准的一种金融期货。利率期货实际上是交易市场上以固定到期日和标准交易额进行交易的短期投资，是货币市场和资本市场工具的远期合约。由于利率波动使金融市场上的借贷双方均面临利率风险，为了避免或减少利率风险，便产生了利率期货。

利率期货分为两类：短期利率期货和长期利率期货。

短期利率期货是期货合约标的的期限在1年以内的各种利率期货，即以货币市场的各类债务凭证为标的的利率期货均属短期利率期货，包括各种期限的商业票据期货、国库券期货及欧洲美元定期存款期货等。

长期利率期货是指期货合约标的的期限在 1 年以上的各种利率期货，即以资本市场的各类债务凭证为标的的利率期货均属长期利率期货，包括各种期限的中长期国库券期货和市政公债指数期货等。

利率期货是金融市场上借贷双方，尤其是国债持有者规避利率风险、实现套期保值的工具。

最早开办利率期货业务的是美国。20 世纪 70 年代末，由于受两次石油危机的冲击，美国和西方各主要资本主义国家的利率波动剧烈，使借贷双方面临着巨大的风险。为了降低或回避利率波动的风险，1975 年 10 月，美国芝加哥商业交易所首先开办了利率期货——美国国民抵押协会抵押证期货，随后又分别推出了短期国库券、中长期国库券、商业银行定期存款证、欧洲美元存款等金融工具的利率期货。美国利率期货的交易集中在芝加哥期货交易所和芝加哥商业交易所。

2. 外汇期货

外汇期货是以某种非本国货币买进或卖出另一种非本国货币，并签订一个在未来的某一日期根据协议价格交割标准数量外汇的合约。汇率同利率一样，汇率的大幅波动，会使持有者、贸易厂商、银行、企业等面临巨大风险，外汇期货的推出是利用期货套期保值的特点，在现汇市场上买进或卖出的同时，又在期货市场上卖出或买进金额大致相当的期货合约。在合约到期时，因汇率变动造成的现汇买本盈亏可由外汇期货交易的盈亏弥补。

目前，外汇期货的交易主要集中在芝加哥商业交易所的国际货币市场和费城期货交易所。

国际货币市场主要进行澳元、英镑、加拿大元、欧元、日元和瑞士法郎的期货合约交易。

费城期货交易所主要交易欧元、英镑、加拿大元、澳元、日元、瑞士法郎等。

此外，外汇期货的主要交易所还有伦敦国际金融期货交易所（LIFFE）、新加坡国际货币交易所（SIMEX）、东京国际金融期货交易所（TIFFE）、法国国际期货交易所（MATIF）。

3. 股票价格指数期货

股票价格指数期货简称股指期货，是以股价指数为标的物的标准化期货合约，双方约定在未来的某个特定日期，可以按照事先确定的股价指数的大小，进行标的指数的买卖，到期后通过现金结算差价来进行交割。

股票指数期货是现代资本市场的产物。20 世纪 70 年代，西方各国受石油危机的影响，由于经济发展十分不稳定、利率波动剧烈，股票市场价格大幅波动，股票投资者迫切需要一种能够有效规避风险、实现资产保值的金融工具。于是，股票指数期货应运而生。1982 年 2 月 24 日，美国堪萨斯期货交易所推出第一份股票指数期货合约——价值线综合指数期货合约。同年 5 月，纽约期货交易所推出纽约证券交易所综合指数期货合约。

　　我国股指期货发展较晚。2010 年 2 月 20 日，中国证监会正式批复中国金融期货交易所沪深 300 股指期货合约。我国目前的股指期货有沪深 300 股指期货 IF4000、上证 50 股指期货 IH3000、中证 500 股指期货 IC5700。

　　以沪深 300 为例，交易合约乘数为：每点 300 元，最低保证金为 12%，假设沪深 300 指数为 3 000 点，一手保证金为：3 000×300×12%=108 000（元），交割日为每月第三个星期五。

　　单个股指期货交易账户持仓限额为 100 手。

（二）金融期权

　　期权是在约定的期限内，以商定的交易对象、价格和数量，进行"购买权"或"出售权"的买卖交易的一种行为，与期货不同的是，期权是买卖权利的交易。金融期权交易始于股票期权，之后又出现了利率期权、外汇期权和股票指数期权等交易品种。

　　期权的要素包含：①施权价。期权合同规定的购入或售出某种资产的价格，称为期权的施权价，也称协议价格。②施权日。期权合同规定的期权的最后有效日期，称为期权的施权日或到期日。③标的资产。期权合同规定的双方买入或售出的资产，称为期权的标的资产。④期权费。期权买卖双方购买或出售期权的价格称为期权费用或期权的价格。

　　1. 看涨期权

　　看涨期权也称认购权，是期权的买方具有在约定期限内（或合约到期日）按协定价格（行权价格）买入一定数量基础金融工具的权利。

　　交易者之所以买入看涨期权，是因为他预期基础金融工具的价格在合约期限内将会上涨，如果判断正确，则按协定价格买入该项金融工具并以市价卖出，可赚取市价与协定价格的差额；如果判断失误，则放弃行权，仅损失期权费。

　　2. 看跌期权

　　看跌期权也称认沽权，是期权的买方具有在约定期限内按协定价格（行权价格）卖出一定数量基础金融工具的权利。交易者买入看跌期权，是因为他预期基础金融工具的价格在近期将会下跌，如果判断正确，可从市场上以较低的价格买入该项金融工具，再协定价格卖给期权的卖方，将赚取协定价与市价的差额；如果判断失误，将放弃行权，损失期权费。

　　期权交易起始于 18 世纪后期的美国和欧洲市场。由于制度不健全等因素影响，期权交易的发展一直受到抑制。1973 年 4 月 26 日，芝加哥期权交易所开张，进行统一化和标准化的期权合约买卖，期权市场得到了迅速发展。1983 年 1 月，芝加哥商业交易所提出了 S&P500 股票指数期权，纽约期货交易所也推出了纽约股票交易所股票指数期货期权交易。

　　我国首只场内期权是 2015 年 2 月 9 日上市的上证 50ETF 期权；2017 年 3 月 31 日，

豆粕期权作为国内首只期货期权在大连商品交易所上市；2017 年 4 月 19 日，白糖期权在郑州商品交易所上市交易。

与股票、期货等投资工具相比，期权的与众不同之处在于其非线性的损益结构。期权交易中，买卖双方的权利义务不同，使买卖双方面临不同的风险状况。期权多头的风险底线已经确定和支付，其风险控制在权利金范围内。期权空头持仓的风险则存在与期货部位相同的不确定性。期权卖方收到的权利金能够为其提供相应的担保，从而在价格发生不利变动时，抵消期权卖方的部分损失。虽然期权买方的风险有限，但其亏损的比例却有可能是 100%，有限的亏损加起来就变成了较大的亏损。

期权卖方可以收到权利金，一旦价格发生较大的不利变化或者波动率大幅升高，尽管期货的价格不可能跌至零，也不可能无限上涨，但从资金管理的角度来讲，对于许多交易者来说，此时的损失已相当于"无限"了。

（三）信用违约互换

信用违约互换（credit default swap，CDS）是国外债券市场中最常见的信用衍生产品，是在一定期限内，买卖双方就指定的信用事件进行风险转换的一个合约。信用风险保护的买方在合约期限内或信用事件发生前，定期向信用风险保护的卖方就某个参照实体的信用事件支付费用，以换取信用事件发生后的赔付。

CDS 的主要特点是高杠杆性。与购买债券不同，前期投资 CDS 不需要或仅需要少许资金投入，原因之一就是保护买方仅需要按季度支付票息，而保护卖方只需要保证金账户。

信用违约掉期是 1995 年由摩根大通首创、由信用卡贷款所衍生的一种金融衍生产品，它可以被看作是一种金融资产的违约保险。债权人通过这种合同将债务风险出售，合同价格就是保费。从表面看，信用违约掉期消除了持有金融资产方对违约风险的担心，同时也为愿意和有能力承担这种风险的保险公司或对冲基金提供了一个新的利润来源。CDS 一经问世，就引起了国际金融市场的热烈追捧，规模从 2000 年的 1 万亿美元暴涨到 2008 年 3 月的 62 万亿美元。金融危机后，衍生品市场萎缩。2010 年末，信用衍生品的存续规模下降至 31.09 万亿美元，2020 年末仅为 8.65 万亿美元。

三、金融衍生工具市场发展现状及趋势

（一）金融衍生工具发展的动因

（1）金融衍生工具产生的最基本原因是避险。

（2）金融自由化进一步推动了金融衍生工具的发展。

（3）金融机构的利润驱动是金融衍生工具产生和迅速发展的又一重要原因。

（4）新技术革命为金融衍生工具的产生与发展提供了物质基础和手段。

（二）金融衍生工具的发展现状

（1）金融衍生工具以场外交易为主。

（2）按基础产品比较，利率衍生品无论是在场内还是在场外，均是名义金额最大的衍生品种类，其中，场外交易的利率互换占所有衍生品名义金额的半数以上，是最大的单个衍生品种类。

（3）按产品形态比较，远期和互换这两类具有对称性收益的衍生产品比收益不对称的期权类产品大得多，但是，在交易所市场上则正好相反。

（4）金融危机发生后，衍生品交易的增长趋势并未改变，但市场结构和品种结构发生了较大变化。

（三）金融衍生工具的发展趋势

金融衍生产品是一把双刃剑。尽管近年来震动世界金融体系的危机和风波似乎都与金融衍生产品有关，但金融衍生产品仍处于一个良好的发展态势之中，其发展趋势主要表现在以下几个方面。

1. 金融衍生工具的交易规模迅速扩大

1990—1994 年，金融衍生工具从 22 902 亿美元上升到 88 629 亿美元，年均增长率为 71.7%。截至 2018 年，全球金融衍生工具名义金额总量达到 540 万亿美元，到 2020 年，全球金融衍生品的资金总额达到 1 200 万亿美元。

2. 金融衍生工具的品种日益多样化和复杂化

金融衍生工具以远期和期权为基础而衍生的工具层出不穷，目前衍生证券达上千种，衍生工具品种日益多样化和复杂化，在零售市场有常见的权利类、债券、ETF 指数凭证、基金衍生品，在机构市场还有结构化证券衍生品，包含 ABS（资产支持证券）、MBS（抵押贷款支持证券）、CDO（担保债务凭证）、FICC（固定收益、货币和商品）、大宗商品衍生品以及外汇衍生品、信用衍生品等。

3. 金融衍生工具的品种结构向非均衡化发展

众多金融衍生工具在发展中，呈现出非均衡化的特点。利率衍生工具的发展速度明显快于股指期货、期权和货币期货、期权。

4. 金融衍生工具交易国际化

金融衍生工具交易呈国际化的趋势。如：在伦敦国际金融期货交易所和德国衍生产品交易所，都可从事德国债券的期货交易；在美国期货交易所，可以交易布雷迪债券和一系列外汇合约，包括巴西雷亚尔、墨西哥比索、俄罗斯卢布、马来西亚林吉特、泰铢和印尼盾等多种货币合约。

课程思政拓展阅读

邓小平为什么送给纽交所董事长一张"小纸片"？

1986 年 11 月，82 岁的邓小平在北京接见全球最大证券交易所——纽交所董事长约翰·凡尔霖，后者向邓小平赠送了纽交所徽章，而邓小平回赠他的却是一张"小纸片"。

事实上，这张"小纸片"是一张面值 50 元、签名"周芝石"的上海飞乐音响公司实物股票"小飞乐"。

改革开放总设计师邓小平的这一特殊举动，让国际社会察觉到中国改革的强烈信号：股票市场非资本主义所专有，社会主义国家同样可以利用这一工具发展经济。

凡尔霖在拿到股票后异常高兴，作为证券业的行家，他随即问到股票上的名字是谁，在得知是时任中国人民银行上海市分行副行长周芝石后，凡尔霖做了个决定，他的股票不能是别人的名字，要亲自去上海过户。

就这样，凡尔霖飞抵上海，来到中国工商银行上海信托投资公司静安证券业务部办理股票过户手续。在那里，证券部工作人员将改成凡尔霖英文名字、盖上印鉴的"小飞乐"股票和新开的股东卡递给他，他也因此成为中国上市公司第一位外国股东。

那时全国只有上海这一家股票交易柜台，交易中的股票仅有飞乐音响和延中实业。柜台设施简陋，成交价由客户口头协商后写在黑板上，交割、登记卡号、盖章、过户，所有程序都由手工完成，每天的平均交易量只有数十笔，曾被海外媒体称为"世界上最小的证券交易所"。

中国现代资本市场的发展正是从这样的一个小柜台开始，而这背后是中国共产党在进行经济体制改革中展现的伟大魄力。

20 世纪 80 年代初，刚刚开始改革开放的中国，要冲破计划经济藩篱并非易事，设立股份制公司、发行公司股票、成立股票交易所，都曾引发顾虑和争论。

1984 年 10 月，党的十二届三中全会通过了《中共中央关于经济体制改革的决定》，企业股份制改革开始试点，股份制公司在全国各地竞相出现，证券市场也在试点过程中萌动。

作为试点城市的上海颁布了一个地方性法规——《关于发行股票的暂行规定》，上海飞乐电声总厂抓住机遇，第一个"吃螃蟹"：1984 年 11 月 18 日，飞乐音响以每股 50 元的价格发行了 1 万股股票，被认为是中国改革开放后第一张真正意义上的股票。

从"小飞乐"股票的出现到 A 股上市公司突破 4 000 家，从简陋的交易柜台到全球第二大资本市场，在一批又一批改革者的探路下，中国资本市场从无到有、从小到大。

党的十八大以来，明晟、富时罗素、标普等国际知名指数先后纳入 A 股并提高纳入比例；彭博巴克莱、摩根大通、富时罗素全球三大主流债券指数也都已正式"拥抱"中国债券。

中国资本市场的改革脚步没有停歇。2018 年 11 月，习近平总书记宣布将在上海证券交易所设立科创板并试点注册制，现在这一重大改革平稳落地，支持"硬科技"的示范效应初步显现。截至 2021 年 5 月底，科创板上市公司 282 家，总市值近 4.1 万亿元。科创板 IPO 融资 3 615 亿元，超过同期 A 股 IPO 融资总额的四成。

2019 年 2 月，在十九届中央政治局第十三次集体学习中，习近平指出，要建设一个规范、透明、开放、有活力、有韧性的资本市场，完善资本市场基础性制度，把好市场入口和市场出口两道关，加强对交易的全程监管。

中国资本市场数十年蓬勃发展的核心动力，是中国共产党毫不动摇推进改革开放的坚定决心。未来资本市场改革发展将围绕支持科技创新、深化要素市场化配置、实现高水平对外开放等方面稳妥推进，继续为中国经济行稳致远贡献力量。

资料来源：邓小平为什么送给纽交所董事长一张"小纸片"？[EB/OL].（2021-06-15）. https://www. chinanews.com.cn/gn/2021/06-15/9499780.shtml.

即测即练

自　　　　　　　　　　扫
学　　描
自　　　　　　　　　　此
测　　　　　　　　　　码

思考题

1. 普通股股东享有哪些主要权利？
2. 简述优先股票的基本特征。
3. 简述债券的种类。
4. 证券投资基金有哪几种类型？
5. 证券投资基金与股票、债券有哪些异同？
6. 金融衍生工具可分为哪些种类？

第三章

证券发行与交易

本章学习要点

（1）熟悉股票的发行与交易程序，掌握股票的发行方式、发行价格及交易原则；

（2）熟悉债券的发行与交易程序，掌握债券的发行条件及发行方式；

（3）熟悉证券投资基金的发行与交易程序，掌握证券投资基金的发行方式及交易原则。

第一节　股票的发行与交易

一、股票的发行

（一）股票发行市场

1. 股票发行市场的定义

股票发行市场是指发生股票从规划到销售的全过程，是资金需求者直接获得资金的市场。新公司的成立，老公司的增资或举债，都要通过发行市场，都要借助发行、销售股票来筹集资金，使资金从供给者手中转入需求者手中，也就是把储蓄转化为投资，从而创造新的实际资产和金融资产，增加社会总资本和生产能力，以促进社会经济的发展，这就是初级市场的作用。

2. 股票发行市场的特点

一是无固定场所，可以在投资银行、信托投资公司和证券公司等处发行，也可以在市场上公开出售新股票。

二是没有统一的发行时间，由股票发行者根据自己的需要和市场行情走向，自行决定何时发行。

3. 股票的发行方式

1）按发行对象可分为公募发行和私募发行

（1）公募发行。公募发行，又称公开发行，是指发行人向不特定的社会公众投资者发售证券的方式。在公募发行的情况下，任何合法的投资者都可以认购。采用公募发行的有利之处在于：首先，以众多投资者为发行对象，证券发行的数量大，筹集资金的潜力大；其次，投资者范围大，可避免发行的证券过于集中或被少数人操纵；最后，只有公开发行的证券才可以申请在证券交易所上市，公开发行可增强证券的流动性，有利于树立发行人的社会信誉。公募发行的不足之处在于发行程序比较复杂、登记核准的时间较长、发行费用较高。为了保障投资者的利益，一般对公募发行的要求比较严格，只有具有较高信用、经营状况良好并经证券主管部门核准的发行人才能进行公募发行。

（2）私募发行。私募发行是指发行者只对特定的发行对象推销股票的方式。其通常在两种情况下采用：一是股东配股，又称股东分摊，即股份公司按股票面值向原有股东分配该公司的新股认购权，动员股东认购。这种新股发行价格往往低于市场价格，事实上成为对股东的一种优待，一般股东都乐于认购。如果有的股东不愿认购，他可以自动放弃新股认购权，也可以把这种认购权转让他人，从而形成了认购权的交易。二是私人配股，又称第三者分摊，即股份公司将新股票分售给股东以外的本公司职工、往来客户等与公司有特殊关系的第三者。采用这种方式往往出于两种考虑：一是为了按优惠价格将新股分摊给特定者，以示照顾；二是当新股票发行遇到困难时，向第三者分摊以求支持，无论是股东还是私人配售，由于发行对象是既定的，因此，不必通过公募方式，这不仅可以节省委托中介机构的手续费，降低发行成本，还可以调动股东和内部的积极性，巩固和发展公司的公共关系。但其缺点是这种不公开发行的股票流动性差，不能公开在市场上转让出售，而且也会降低股份公司的社会性和知名度，还存在被杀价和控股的危险。

2）按发行方式可分为直接发行和间接发行

（1）直接发行。直接发行是指股份公司自己承担股票发行的一切事务和发行风险，直接向认购者推销出售股票的方式。采用直接发行方式时，发行者需要熟悉招股手续，精通招股技术并具备一定的条件。当认购额达不到计划招股额时，新建股份公司的发起人或现有股份公司的董事会必须自己认购出售的股票。因此，直接发行只适用于有既定发行对象或发行风险少、手续简单的股票。在一般情况下，不公开发行的股票或因公开发行有困难（如信誉低所致的市场竞争力差、承担不了大额的发行费用等）的股票，或是实力雄厚、有把握实现巨额私募以节省发行费用的大股份公司股票，才采用直接发行的方式。

（2）间接发行。间接发行是指发行者委托证券发行中介机构出售股票的方式。这些中介机构作为股票的推销者，办理一切发行事务，承担一定的发行风险并从中提取相应的收益。

股票的间接发行有三种方法。

一是代销，又称代理招股，推销者只负责按照发行者的条件推销股票，代理招股业务，而不承担任何发行风险，在约定期限内能销售多少算多少，期满仍销售不出去的股票退还给发行者。由于全部发行风险和责任都由发行者承担，证券发行中介机构只是接受委托代为推销，因此，代销手续费较低。

二是承销，又称余股承购，股票发行者与证券发行中介机构签订推销合同并明确规定，在约定期限内，如果中介机构实际推销的结果未能达到合同规定的发行数额，其差额部分由中介机构自己承购下来。这种发行方法的特点是能够保证完成股票发行额度，一般较受发行者的欢迎，而中介机构因需承担一定的发行风险，故承销费高于代销的手续费。

三是包销，又称包买招股，当发行新股票时，证券发行中介机构先用自有资金一次性地把将要公开发行的股票全部买下，然后再根据市场行情逐渐卖出，中介机构从中赚取买卖差价。若有滞销股票，中介机构减价出售或自己持有，由于发行者可以快速获得全部所筹资金，而推销者则要全部承担发行风险，因此，包销费更高于代销费和承销费。

股票间接发行时究竟采用哪一种方法，发行者和推销者考虑的角度是不同的，需要双方协商确定。一般来说，发行者主要考虑自己在市场上的信誉、用款时间、发行成本和对推销者的信任程度；推销者则主要考虑所承担的风险和所能获得的收益。

4. 股票的发行类型

（1）首次公开发行。首次公开发行是拟上市公司首次在证券市场公开发行股票募集资金并上市的行为。通常，首次公开发行是发行人在满足必须具备的条件，并经证券监管机构审核、核准或注册后，通过证券承销机构面向社会公众公开发行股票并在证券交易所上市的过程。通过首次公开发行，发行人不仅募集到所需资金，而且完成了股份有限公司的设立或转制，成为上市公众公司。

（2）上市公司增资发行。股份有限公司增资是指公司依照法定程序增加公司资本和股份总数的行为。增资发行是指股份公司上市后为达到增加资本的目的而发行股票的行为。我国《上市公司证券发行管理办法》规定，上市公司增资的方式有：向原股东配售股份、向不特定对象公开募集股份、发行可转换公司债券、非公开发行股票。

5. 股票的发行价格

股票的发行价格是指投资者认购新发行的股票时实际支付的价格。根据《公司法》和《证券法》的规定，股票的发行价格可以等于票面金额，也可以超过票面金额，但不得低于票面金额。以超过票面金额的价格发行股票所得的溢价款项列入发行公司的资本公积。股票发行采取溢价发行的，发行价格由发行人与承销的证券公司协商确定。

股票发行，可以采取协商定价方式，也可以采取询价方式、上网竞价方式等。我国《证券发行与承销管理办法》规定，首次公开发行股票，可以询价方式确定股票发行价格。

首次公开发行的股票在中小企业板和创业板上市的，发行人及其主承销商可以根据初步询价结果协商确定发行价格，不再进行累计投标询价。

上市公司发行证券，可以通过询价方式确定发行价格，也可以与主承销商协商确定发行价格。

（二）股票发行的主体

股票发行的主体是股份公司，发行主体应该具备以下资格。

（1）发行人应当是依法设立且合法存续的股份有限公司。

（2）发行人自股份有限公司成立后，持续经营时间应当在 3 年以上，但经国务院批准的除外。有限责任公司按原账面净资产值折股整体变更为股份有限公司的，持续经营时间可以从有限责任公司成立之日起计算。

（3）发行人的注册资本已足额缴纳，发起人或者股东用作出资的资产的财产权转移手续已办理完毕，发行人的主要资产不存在重大权属纠纷。

（4）发行人的生产经营符合法律、行政法规和公司章程的规定，符合国家产业政策。

（5）发行人最近3年内主营业务和董事、高级管理人员没有发生重大变化，实际控制人没有发生变更。

（6）发行人的股权清晰，控股股东和受控股股东、实际控制人支配的股东持有的发行人股份不存在重大权属纠纷。

（三）股票发行制度

1. 股票发行制度的概念

股票发行制度是指发行人在申请发行股票时必须遵循的一系列程序化的规范。股票发行制度包含发行监管制度、发行方式与发行定价等方面。健全的股票发行制度是股份制发展和完善的重要条件，也是证券市场建设的基础环节。

2. 股票发行制度的类型

1）审批制

审批制是上市公司股票申请上市须经过审批的证券发行管理制度。拟发行股票的公司在申请公开发行股票时，需经过地方政府或中央企业主管部门，向所属证券管理部门提出发行股票申请，经证券管理部门受理，审核同意转报证券监管机构核准发行额度后，提出上市申请，经审核、复审，由中国证监会出具批准发行的有关文件，方可发行。

审批制是完全计划发行的模式，实行"额度控制"。从1990年至2000年，我国股票发行采取此种行政制度。

我国证券发行审批制分为两个阶段，"额度管理"阶段和"指标管理"阶段。

（1）"额度管理"阶段（1993—1995年）。股票发行由国务院证券监督管理机构根据经济发展和市场供求的具体情况，在宏观上制定一个当年股票发行总规模（额度或指标），经国务院批准后，下达给国家计划委员会，国家计划委员会再根据各个省级行政区域与行业在国民经济发展中的地位和需要进一步将总额度分配到各省、自治区、直辖市、计划单列市和国家有关部委。省级政府和国家有关部委在各自的发行规模内推荐预选企业，证券监管机构对符合条件的预选企业的申报材料进行审批。对企业而言，需要经历两级行政审批，即企业首先向其所在地政府或主管中央部委提交额度申请，经批准后报送中国证监会复审。中国证监会对企业的质量、前景进行实质审查，并对发行股票的规模、价格、发行方式、时间等作出安排。

（2）"指标管理"阶段（1996—2000年）。1996年，国务院证券委员会公布了《关于1996年全国证券期货工作安排意见》，推行"总量控制，限报家数"的指标管理办法。由国家计划委员会、国务院证券委员会共同制定股票发行总规模，中国证监会在确定的规模内，根据市场情况向各省级政府和行业管理部门下达股票发行家数指标，省级政府或行业管理部门在指标内推荐预选企业，证券监管部门对符合条件的预选企业同意其上报发行股票正式申报材料并审核。

2）核准制

核准制是上市公司股票申请上市须经过核准的证券发行管理制度；发行人在申请发

行股票时，不仅要充分公开企业的真实情况，而且必须符合有关法律和证券监管机构规定的必要条件，证券监管机构有权否决不符合规定条件的股票发行申请；证券监管机构对申报文件的全面性、准确性、真实性和及时性做审查，还对发行人的营业性质、财务状况、经营能力、发展前景、发行数量和发行价格等条件进行实质性审查，并据此作出发行人是否符合发行条件的价值判断和是否核准申请的决定。核准制要求主承销商对发行人进行一年的辅导后，再向中国证监会申请发行股票。根据核准制的相关规定，企业只要符合条件就可以上市。

核准制的第一个阶段是"通道制"。2001 年 3 月 17 日，中国证监会宣布取消股票发行审批制，正式实施股票发行核准制下的"通道制"。每家证券公司一次只能推荐一定数量的企业申请发行股票，由证券公司将拟推荐企业逐一排队、按序推荐。所推荐企业每核准一家才能再报一家，即"过会一家，递增一家"（2001 年 6 月 24 日又调整为"每公开发行一家才能再报一家"，即"发行一家，递增一家"），具有主承销资格的证券公司拥有的通道数量最多 8 条，最少 2 条。到 2005 年 1 月 1 日"通道制"被废除时，全国 83 家证券公司一共拥有 318 条通道。

核准制的第二个阶段是保荐制度。2003 年 12 月，中国证监会制定了《证券发行上市保荐制度暂行办法》等法规，从 2004 年 2 月 1 日起，中国开始推行核准制下的保荐制度。我国的保荐制度是指有资格的保荐人推荐符合条件的公司公开发行证券和上市，并对所推荐的发行人的信息披露质量和所做承诺提供持续训示、督促、辅导、指导和信用担保的制度。其主要内容包括以下四个方面：建立保荐机构和保荐代表人的注册登记管理制度；明确保荐期限；分清保荐责任；引进持续信用监管和"冷淡对待"的监管措施。保荐制度的重点是明确保荐机构和保荐代表人的责任并建立责任追究机制。与"通道制"相比，保荐制度增加了由保荐人承担发行上市过程中连带责任的内容。保荐人的保荐责任期包括发行上市全过程，以及上市后的一段时期（比如两个会计年度）。

3）注册制

证券发行注册制是指证券发行申请人依法将与证券发行有关的一切信息和资料公开，制成法律文件，送交主管机构审查，主管机构只负责审查发行申请人提供的信息和资料是否履行了信息披露义务的一种制度。其最重要的特征是：证券发行审核机构只对注册文件进行形式审查，不进行实质判断。

2020 年 3 月 1 日，新证券法明确了我国全面实施注册制的改革方向。2020 年 6 月 12 日，中国证监会发布了《创业板首次公开发行股票注册管理办法（试行）》，创业板注册制改革试点正式开始。2020 年 8 月 24 日，深圳证券交易所创业板注册制首批企业上市。

（四）股票发行条件

首次公开发行是企业第一次将它的股份向社会公众出售的行为。上市公司的股份根据向相应中国证监会出具的招股说明书或登记声明中约定的条款，由一家或几家投资银行作为承销商进行发行销售，由承销商帮助确定证券种类、最佳发行价格和上市时间。一旦首次公开上市完成，公司就可以申请到证券交易所或报价系统挂牌交易。

现行关于发行上市的法律体系，按照法律位阶的不同，可以分为三个层次：法律、中国证监会的行政规章、交易所得上市规则。

第一层次是法律。

《证券法》规定公司首次公开发行新股，应当符合下列条件：

（1）具备健全且运行良好的组织机构；

（2）具有持续经营能力；

（3）最近 3 年财务会计报告被出具无保留意见审计报告；

（4）发行人及其控股股东、实际控制人最近 3 年不存在贪污、贿赂、侵占财产、挪用财产或者破坏社会主义市场经济秩序的刑事犯罪；

（5）经国务院批准的国务院证券监督管理机构规定的其他条件。

第二层次是中国证监会的行政规章。

关于首次公开发行的行政规章主要有：《首次公开发行股票并上市管理办法》（下称《首发办法》）、《科创板首次公开发行股票注册管理办法（试行）》（下称《科创板首发办法》）、《创业板首次公开发行股票注册管理办法（试行）》（下称《创业板首发办法》）等。

根据法条的具体表述，《首发办法》适用于所有板块。《首发办法》第二条规定，"在中华人民共和国境内首次公开发行股票并上市，适用本办法"。《科创板首发办法》第二条规定，在中华人民共和国境内首次公开发行股票并在上海证券交易所科创板上市，适用本办法。《创业板首发办法》第二条规定，在中华人民共和国境内首次公开发行并在深圳证券交易所创业板上市的股票的发行注册，适用本办法。因此，《科创板首发办法》和《创业板首发办法》是适用于科创板与创业板的"特殊法"，而《首发办法》是"一般法"。

需要注意的是，《首发办法》与《科创板首发办法》《创业板首发办法》是同一法律位阶的法律，按照"特殊法优于一般法"的法律原理，当《首发办法》与《科创板首发办法》或《创业板首发办法》中的规定有冲突时，优先适用《科创板首发办法》或《创业板首发办法》。当《科创板首发办法》《创业板首发办法》对某些发行事项未做规定时，可以参考《首发办法》。

第三层次是交易所得上市规则。

主要上市法规有《上海证券交易所股票上市规则（2023 年 2 月修订）》《上海证券交易所科创板股票上市规则》《深圳证券交易所股票上市规则》及《深圳证券交易所创业板股票上市规则（2023 年修订）》等。

二、股票的交易

（一）证券账户

证券账户是指证券登记结算机构为投资者设立的，用于准确记载投资者所持的证券种类、名称、数量及相应权益和变动情况的账册，是认定股东身份的重要凭证，具有证明股东身份的法律效力，也是投资者进行证券交易的先决条件。

（1）按交易场所可分为上海证券账户和深圳证券账户，分别用于记载在上海证券交易所上市的证券和在深圳证券交易所上市的证券。

（2）按用途可分为人民币普通股票账户（简称"A 股账户"）、人民币特种股票账户（简称"B 股账户"）、证券投资基金账户（简称"基金账户"）、其他账户。

A 股账户仅限于国家法律法规和行政规章允许买卖 A 股的境内投资者开立。A 股账户按持有人分为自然人证券账户、一般机构证券账户、证券公司和基金管理公司等机构证券账户。

B 股账户按持有人分为境内个人投资者证券账户、境外投资者证券账户。

（二）证券交易原则

证券交易原则是反映证券交易宗旨的一般法则，应该贯穿于证券交易的全过程。为了保障证券交易功能的发挥，以利于证券交易的正常运行，证券交易必须遵循"公开、公平、公正"三个原则。

（1）公开。公开原则又称信息公开原则，是指证券交易是一种面向社会的、公开的交易活动，其核心要求是实现市场信息的公开化。

（2）公平。公平原则是指参与交易的各方应当获得平等的机会。它要求证券交易活动中的所有参与者都有平等的法律地位，各自的合法权益都能得到公平保护。

（3）公正。公正原则是指应当公正地对待证券交易的参与各方，以及公正地处理证券交易事务。

（三）证券交易的竞价原则和竞价方式

1．竞价原则

证券交易所内的证券交易按价格优先、时间优先的原则竞价成交。

（1）价格优先。成交时价格优先的原则为：较高价格买入申报优先于较低价格买入申报，较低价格卖出申报优先于较高价格卖出申报。

（2）时间优先。成交时时间优先的原则为：买卖方向、价格相同的，先申报者优先于后申报者。其先后顺序按证券交易所交易主机接受申报的时间确定。

2．竞价方式

目前，我国证券交易所采用两种竞价方式：集合竞价和连续竞价。

1）集合竞价

（1）集合竞价时间：沪深开放式集合竞价时间为 9 点 15 分至 9 点 25 分，14 点 57 分至 15 点 00 分。

早盘集合竞价：交易日上午 9 点 15 分至 9 点 20 分可以接收申报，也可以撤销申报，9 点 20 分至 9 点 25 分可以接收申报，但不可以撤销申报，9:25—9:30，交易主机只接受申报，但不对买卖申报或撤销申报做处理。

尾盘集合竞价：交易日 14:57—15:00 是收盘集合竞价时间，这 3 分钟内可以挂单，但不能撤单。

（2）竞价成交原则。集合定价由电脑交易处理系统对全部申报按照价格优先、时间优先的原则排序，并在此基础上，找出一个基准价格，使它同时满足以下三个条件：

①成交量最大；②高于基准价格的买入申报和低于基准价格的卖出申报全部满足（成交）；③与基准价格相同的买卖双方中有一方申报全部满足（成交）。

例 3-1　某日集合竞价时间委托单，具体见表 3-1。

根据表 3-1 中委托买卖的数量，分析各价位的累计买卖数量及最大可成交数量，见表 3-2。

表 3-1　集合竞价时间委托数量表

买入数量	价格	卖出数量
	10.50	100
	10.40	200
150	10.30	300
150	10.20	500
200	10.10	200
300	10.00	100
500	9.90	
600	9.80	
300	9.70	

表 3-2　集合竞价时间各价位累计买卖数量及最大可成交量表

累计买入数量	价格	累计卖出数量	最大可成交数量
0	10.50	1 400	0
0	10.40	1 300	0
150	10.30	1 100	150
300	10.20	800	300
500	10.10	300	300
800	10.00	100	100
1 300	9.90		0
1 900	9.80		0
2 200	9.70		0

按照最大成交原则产生开盘价，产生最大成交量的价位有两个：10.10 元、10.20 元，成交量均为 300 手。若在上海证券交易所则选取中间价 10.15 元；若在深圳证券交易所则选取离上日收盘价 10.13 元最近的价位 10.10 元。

（3）竞价范围。

①沪市。买卖无价格涨跌幅限制的证券，集合竞价阶段的有效申报价格应符合下列规定：股票交易申报价格不高于前收盘价格的 200%，并且不低于前收盘价格的 50%。

②深市。无涨跌幅限制证券的交易按下列方法确定有效竞价范围：股票上市首日开盘集合竞价的有效竞价范围为发行价的 900% 以内，连续竞价、收盘集合竞价的有效竞价范围为最近成交价的上下 10%。

2）连续竞价

连续竞价，即指对申报的每一笔买卖委托，由电脑交易系统按照以下两种情况产生成交价：最高买进申报与最低卖出申报相同，则该价格即为成交价格；买入申报高于卖出申报时，申报在先的价格即为成交价格。

沪深证券交易所周一到周五（法定节假日除外）9:30—11:30、13:00—14:57 为连续竞价时间，大宗交易时间延长至 15:30。

竞价原则：①最高买入申报价格和最低卖出申报价格相同，以该价格成交；②买入申报价格高于即时显示的最低卖出申报价格时，以即时显示的最低卖出申报价格为成交价格；③卖出申报价格低于即时显示的最高申报买入价格时，以即时显示的最高申报买入价格为成交价。

（四）证券委托

证券委托是证券经纪商接受投资者委托为其买卖证券的行为。委托买卖的风险由投资者自己承担，证券经纪商只是充当买卖者的媒介。

1. 委托指令

委托指令是投资者要求证券经纪商代理买卖证券的指示。委托指令的基本要素包括：

（1）证券账号。

（2）日期。

（3）品种：指客户委托买卖证券的名称，证券名称有全称、简称、代码三种，通常的委托单，填写代码及简称。上海证券代码和深圳证券代码都为一组 6 位数字。上海证券代码是 6 开头，深圳证券代码是 000 开头，中小板市场证券代码是 002 开头，创业板市场代码是 3 开头。

例如：全称：上海浦东发展银行股份有限公司，简称：浦发银行，代码：600000。

（4）买卖方向。

（5）数量：委托的数量可分为整数委托和零数委托。

整数委托是指买卖证券的数量为一个交易单位或交易单位的整数倍。一个交易单位俗称"1 手"，1 手等于 100 股。零数委托是指委托证券经纪商买卖证券时，买进或卖出的证券不足证券交易所规定的 1 个交易单位。买入证券采用整数委托，只有卖出证券时才有零数委托。

（6）价格：委托买卖证券价格的内容包括委托价格限制形式、证券交易的计价单位、申报价格最小变动单位。委托价格有两种，分别是市价委托和限价委托。

①市价委托，即按市场价格买进或卖出股票。

②限价委托，即按委托人提出的价格条件买进或卖出股票。从 1992 年 2 月起。上海证券交易所已取消市价委托形式，一律采用限价委托形式。在委托期限方面，上海证券人委托之时起至当日营业终止时间有效；5 日内有效指从委托之日起至第 5 个营业日（含委托当日）内有效。

（7）时间：客户填写委托单的具体时点，也可由经纪商填写。这是检查证券经纪商是否执行时间优先原则的依据。

（8）有效期：委托指令有效期一般有当日有效与约定日有效两种。

（9）签名。

（10）其他内容。

2. 证券委托形式

证券委托形式可分为柜台委托和非柜台委托。

1）柜台委托

这是指委托人亲自或由其代理人到证券营业部交易柜台，根据委托程序和必需的证件采用书面方式表达委托意向，由本人填写委托单并签章的形式。

2）非柜台委托

非柜台委托主要有人工电话委托或传真委托、自助和电话自动委托、网上委托等形式（客户在办理网上委托的同时，也应当开通柜台委托、电话委托等其他方式，当出现网络中断、高峰拥挤或网上委托被冻结等异常情况时，客户可以采用上述其他委托方式下达委托指令）。

3. 委托成交

上海证券交易所采取计算机终端申报竞价方式。证券商通过计算机系统进行股票交易。其交易程序主要分为申报输入、撮合成交、成交信息反馈三个部分。

（1）申报输入。证券商将买卖指令输入计算机终端并通过计算机的联机系统，将申报指令传给交易所；交易所的电脑主机接到申报指令后，发出已接收的通知，并由证券商打印"买卖申报回报单"。

（2）撮合成交。交易所电脑主机按价格优先、时间优先的程序进行自动配对。

（3）成交信息反馈。一旦交易所电脑主机处理成交，即向成交双方的证券商发出信号通知成交成果，成交双方必须立即至中介人经纪人处在"场内成交单"上签盖印章，并取回回执联，场内竞价结束。

4. 查单和撤单委托

买卖股票的委托指令下达后，在当日不知是否成交，可以按照委托单的合同号进行查询，发现买卖委托没有及时成交，或有一部分没有成交，想取消委托指令时，可以进行撤单委托。撤单委托是要求证券商将其委托撤销。在委托有效期内，客户有权提出撤销委托的要求，但限于未成交之前。

（五）证券交易费用

1. 佣金

佣金是投资者在委托买卖证券成交后按成交金额一定比例支付的费用，是证券经纪商为客户提供证券代理买卖服务收取的费用。此项费用由证券公司经纪佣金、证券交易所手续费及证券交易监管费等组成。

2. 过户费

过户费是委托买卖的股票、基金成交后，买卖双方为变更证券登记所支付的费用。这笔收入属于中央结算公司的收入，由证券经纪商在同投资者清算交收时代为扣收。

3. 印花税

印花税是根据国家税法规定，在 A 股和 B 股成交后对买卖双方投资者按照规定的税率分别征收的税金。我国税收制度规定，股票成交后，国家税务机关应向成交双方分别收取印花税。为保证税源、简化缴款手续，现行的做法是：首先，由证券经纪商在同投资者办理交收过程中代为扣收；然后，在证券经纪商同中央结算公司的清算、交收中集中结算；最后，由中央结算公司统一向征税机关缴纳。

（六）证券交易的结算

证券交易的结算可以划分为清算和交收两个主要环节；在此基础上，还可以进一步划分为交易数据接收、清算、发送清算结果、结算参与人组织股票或资金以备交收、股票交收和资金交收、发送交收结果、结算参与人划回款项、交收违约处理八个环节。

（七）证券托管制度

证券托管制度是指作为法定证券登记机构的结算公司及其代理机构，接受投资者委托，向其提供记名证券的交易过户、非交易过户等证券登记变更、股票分红派息以及证券账户查询挂失等各项服务，使证券所有人权益和证券变更得以最终确定的一项制度。

（八）沪港通、深港通交易原则

1. 沪港通

沪港通是指上海证券交易所和香港联合交易所允许两地投资者通过当地证券公司（或经纪商）买卖规定范围内的对方交易所上市的股票，是沪港股票市场交易互联互通机制。沪港通是 2014 年 11 月 17 日开通的，包括沪股通和港股通两部分。

（1）沪股通。沪股通是指投资者委托香港经纪商，经由香港联合交易所设立的证券交易服务公司，向上海证券交易所进行申报（买卖盘传递），买卖规定范围内的上海证券交易所上市的股票。

（2）港股通。港股通是指投资者委托内地证券公司，经由上海证券交易所设立的证券交易服务公司，向香港联合交易所进行申报（买卖盘传递），买卖规定范围内的香港联合交易所上市的股票。

2. 深港通

深港通，是深港股票市场交易互联互通机制的简称，是指深圳证券交易所和香港联合交易所建立技术连接，使内地和香港投资者可以通过当地证券公司或经纪商买卖规定范围内的对方交易所上市的股票。2016 年 12 月 5 日，深港通正式启动。

（九）融资融券交易

融资融券交易又称证券信用交易或保证金交易，是指投资者向具有融资融券业务资格的证券公司提供担保物，借入资金买入证券（融资交易）或借入证券并卖出（融券交易）的行为。其包括券商对投资者的融资、融券和金融机构对券商的融资、融券。从世界范围来看，融资融券制度是一项基本的信用交易制度。我国于 2010 年 3 月 31 日起正式开通融资融券交易系统，开始接受试点会员融资融券交易申报，代表着融资融券业务正式启动。

融资交易就是投资者以资金或证券作为质押，向证券公司借入资金用于证券买入，并在约定的期限内偿还借款本金和利息；投资者向证券公司融资买进证券称为"买多"。

融券交易是投资者以资金或证券作为质押，向证券公司借入证券卖出，在约定的期限内，买入相同数量和品种的证券归还券商并支付相应的融券费用；投资者向证券公司融券卖出称为"卖空"。

第二节　债券的发行与交易

一、债券的发行

（一）债券的发行主体

1. 政府

政府债券作为一种流通性强、收益稳定的债券，是目前市场上比较常见的债券主体。

政府债券按主体发行单位，可分为中央政府债券和地方政府债券两种。

2. 金融机构

债券发行的主体是银行和非银行的金融机构。金融机构由于资金实力雄厚，一般可以作为社会信用中介。因此，金融债券一般都有比较好的信誉。目前，金融债券主要由国家开发银行、进出口银行、农业发展银行等政策性银行发行。

3. 企业

企业作为发行主体，发行的债券可分为公司债券和企业债券。

公司债券是股份有限公司或有限责任公司发行的债券，非公司制企业不得发行公司债券。

企业债券是由中央政府部门所属机构、国有独资企业或国有控股企业发行的债券。我国一部分发债的企业不是股份公司，一般把这类债券称为企业债券。

（二）债券发行条件

1. 国债发行

国债发行是指政府将国债计划变为行动，使债务推销出去并获得相应资金的过程。国债发行是国债流通或国债运行的起点。国债是国家债务，国债的发行主体是国家，包括中央政府和地方政府。国债的认购主体可分为两大类：一类是金融机构，包括各类银行、投资公司等；一类是非金融机构，包括居民个人、企事业单位等。国债发行权属于国家的最高立法机构或行政机构。

国债发行的核心环节是确定国债发行的方式或方法。国债发行方式分为四种，分别是直接发行、代销发行、承购包销、招标发行。

（1）直接发行。直接发行是财政部面向全国，直接销售国债。这种发行方式，共包含三种情况：第一种是财政部门或代理机构销售国债，单位和个人自行认购。第二种是20世纪80年代的摊牌方式，属于带有强制性的认购。第三种是"私募定性发行"，是指定向养老保险基金、失业保险基金、金融机构等特定机构发行国债的方式，主要用于国家重点建设债券、财政债券、特种国债等品种。

（2）代销发行。代销发行与直接发行相反，是由财政部委托代销者负责国债的销售。我国在20世纪80年代后期和90年代初期采用过这种方式。

（3）承购包销。承购包销始于1991年，主要用于不可流通的凭证式国债，它是由各地的国债承销机构组成承销团，通过与财政部签订承销协议来决定发行条件、承销费用和承销商的义务，因而是带有一定市场因素的发行方式。

（4）招标发行。招标发行是指通过招标的方式来确定国债的承销商和发行条件。按照发行对象的不同，招标发行又可分为缴款期招标、价格招标、收益率招标三种形式。

①缴款期招标。缴款期招标，是指在国债的票面利率和发行价格已经确定的条件下，按照承销机构向财政部缴款的先后顺序获得中标权利，直至满足预定发行额为止。

②价格招标。价格招标主要用于贴现国债的发行，按照投标人所报买价自高向低的顺序中标，直至满足预定发行额为止。其中标规则有"荷兰式"和"美国式"。"荷兰式"是中标的承销机构都以相同价格（所有中标价格中的最低价格）来认购中标的国债数额；

"美国式"是承销机构分别以其各自出价来认购中标数额。

③收益率招标。收益率招标主要用于付息国债的发行，同样可分为"荷兰式"招标和"美国式"招标两种形式，原理与价格招标相似。

2. 金融债券的发行

金融债券是指银行及其他金融机构所发行的债券。金融债券期限一般为3～5年，其利率略高于同期定期存款利率水平。金融债券由于其发行者为金融机构，因此资信等级相对较高，多为信用债券。

1）金融债券的发行条件

（1）政策性银行。政策性银行包括国家开发银行、中国进出口银行、中国农业发展银行。政策性银行作为发行主体，只要按年向中国人民银行报送金融债券发行申请，并经中国人民银行核准后便可发行。政策性银行金融债券发行申请应包括发行数量、期限安排、发行方式等内容，如需调整，应及时报中国人民银行核准。

（2）商业银行。商业银行发行金融债券应具备以下条件：具有良好的公司治理机制；核心资本充足率不低于4%；最近3年连续营利；贷款损失准备计提充足；风险监管指标符合监管机构的有关规定；最近3年没有重大违法、违规行为；中国人民银行要求的其他条件。根据商业银行的申请，中国人民银行可以豁免上述规定的个别条件。

（3）企业集团财务公司。企业集团财务公司发行金融债券应具备以下条件：具有良好的公司治理结构、完善的投资决策机制、健全有效的内部管理和风险控制制度及相应的管理信息系统；具有从事金融债券发行的合格专业人员；依法合规经营，符合银监会有关审慎监管的要求；财务公司设立1年以上，经营状况良好，申请前1年，利润率不低于行业平均水平，且有稳定的营利预期；申请前1年，不良资产率低于行业平均水平，资产损失准备拨备充足；申请前1年，注册资本金不低于3亿元人民币，净资产不低于行业平均水平；近3年无重大违法违规记录；无到期不能支付债务；中国人民银行和银保监会规定的其他条件。

（4）金融租赁公司和汽车金融公司。金融租赁公司和汽车金融公司发行金融债券，应具备以下条件：良好的公司治理结构和完善的内部控制体系；从事金融债券发行和管理的合格专业人员；金融租赁公司注册资本金不低于5亿元人民币或等值的自由兑换货币，汽车金融公司注册资本金不低于8亿元人民币或等值的自由兑换货币；资产质量良好，最近1年不良资产率低于行业平均水平，资产损失准备计提充足；无到期不能支付债务；净资产不低于行业平均水平；经营状况良好，最近3年连续营利，最近1年利润率不低于行业平均水平，且有稳定的营利预期；最近3年平均可分配利润足以支付所发行金融债券1年的利息；风险监管指标达到监管要求；最近3年没有重大违法、违规行为；中国人民银行和银监会要求的其他条件。

（5）其他金融机构。其他金融机构发行金融债券应具备的条件由中国人民银行另行规定。

2）金融债券的发行方式

金融债券的发行方式主要有以下几种。

（1）私募，即发行人向特定的投资者直接发行金融债券，中国政策性银行向商业银行发行的金融债券常常选择这种方式。

（2）公募，即发行人向社会公开发行金融债券，在这种场合，投资者的身份一般不受限制。

（3）直接发行，即发行人不通过承销商而直接发行金融债券，中国金融债券的发行大多选择这种方式。

（4）间接发行，即发行人委托承销商代为发行金融债券，各国绝大多数金融机构发行债券多选择这种方式。

（5）直接公募，即发行人以公募方式直接发行金融债券，中国一部分金融债券的发行选择这种方式。

（6）间接公募，即发行人委托承销商以公募方式向社会公开发行金融债券，各国绝大多数金融债券发行都选择这种方式。

（7）行政性发行，即发行人在有关政府部门的支持下强制发行金融债券，中国一些政策性银行的金融债券发行带有这种性质。

3. 公司债券和企业债券的发行

企业债券的发行主体可以是股份公司也可以是非股份公司，按照发行主体的不同可分为公司债券和企业债券。

公司债券是由股份有限公司或有限责任公司发行的债券，范围相对较广。

企业债券诞生于中国，是中国存在的一种特殊法律规定的债券形式。对于中国企业债券概念，目前有两种观点：①企业债券也称公司债券，与公司债券没有区别；②企业债券在理论上是不成立的，是一个不规范的概念。

下面的"企业债券"包含企业债券和公司债券。

1）企业债券的发行条件

根据《企业债券管理条例》第十二条的规定，企业发行企业债券必须符合下列条件：

（1）企业规模达到国家规定的要求；

（2）企业财务会计制度符合国家规定；

（3）具有偿债能力；

（4）企业经济效益良好，发行企业债券前连续 3 年盈利；

（5）所筹资金用途符合国家产业政策。

2）企业债券的发行方式

企业债券的发行方式有三种，即面值发行、溢价发行、折价发行。

（1）如果债券的票面利率与同期银行存款利率相同，可按票面价格发行，称为面值发行。

（2）假设其他条件不变，债券的票面利率高于同期银行存款利率时，可按超过债券票面价值的价格发行，称为溢价发行。溢价是企业以后各期多付利息而事先得到补偿。

（3）如果债券的票面利率低于同期银行存款利率，可按低于债券面值的价格发行，称为折价发行。折价是企业以后各期少付利息而预先给投资者补偿。

3）企业债券发行的条款设计要求及其他安排

（1）发行规模及发行条件。根据《企业债券管理条例》第十六条的规定，企业发行企业债券的总面额不得大于该企业的自有资产净值。根据《国家发展改革委关于企业债券发行实施注册制有关事项的通知》的规定，企业债券发行人应当具备健全且运行良好的组织机构，最近 3 年平均可分配利润足以支付企业债券 1 年的利息，应当具有合理的资产负债结构和正常的现金流量，鼓励发行企业债券的募集资金投向符合国家宏观调控政策和产业政策的项目建设。

（2）期限。《企业债券管理条例》和《证券法》对于企业债券的期限均没有明确规定。在现行的具体操作中，原则上不能低于 1 年。

（3）利率及付息规定。企业债券的利率由发行人与其主承销商根据信用等级、风险程度、市场供求状况等因素协商确定，但必须符合企业债券利率管理的有关规定。《企业债券管理条例》第十八条规定，企业债券的利率不得高于银行相同期限居民储蓄定期存款利率的 40%。

（4）债券的评级。发行人应当聘请具有企业债券评估从业资格的信用评级机构对其债券进行信用评级。债券资信评级机构对评级结果的客观、公正和及时性承担责任。信用评级报告的内容和格式应当符合有关规定。

（5）债券的担保。企业可发行无担保信用债券、资产抵押债券、第三方担保债券。为债券的发行提供保证的，保证人应当具有代为清偿债务的能力，保证应当是连带责任保证。

（6）法律意见书。发行人应当聘请具有从业资格的律师事务所，对发行人发行企业债券的条件和合规性进行法律鉴证，并出具法律意见书。

（7）债券的承销组织。企业债券的发行，应组织承销团以余额包销的方式承销。

二、债券的交易

债券的交易是指所有转让、买卖已发行债券的行为。债券交易市场则是指已发行债券买卖、转让、流通的场所，债券交易市场又称债券二级市场或流通市场。

（一）债券的交易规则

（1）债券交易单位：上海证券交易所数量单位用手，深圳证券交易交所用张，1 手为 10 张。

（2）债券委托：债券的委托单位为 10 张或其整数倍；卖出时，不足 10 张的部分应当单独一次性申报卖出，或者与 10 张整数倍的部分一并申报卖出，不得拆分卖出，单笔申报数量不超过 100 万股。

（3）交易所公司债一般都是担保交收 $T+1$ 清算的（即次日 10 点左右资金到账）；而私募债、ABS 等为 $T+0$ 清算。

（4）债券交易按净价报价、全价结算；特例是深圳证券交易所私募债（如 118 开头）要用全价发报价：全价 = 净价 + 应计利息。

（5）债券的成交原则：时间优先，先买先得。

（二）债券的交易方式

（1）现券交易。现券交易是指证券买卖双方在成交后就办理交收手续，买入者付出资金并得到证券，卖出者交付证券并得到资金。

（2）回购交易。债券回购交易是指债券买卖双方在成交的同时，约定于未来某一时间以某一价格再进行反向交易的行为。

（3）远期交易。远期交易是双方约定在未来某一时刻（或时间段内）按照现在确定的价格进行交易。

（4）期货交易。期货交易是在交易所进行的标准化的远期交易，即交易双方在集中性的市场以公开竞价方式所进行的期货合约的交易。

（三）债券的开户、成交、清算和交割

1. 开户

（1）订立开户合同。开户合同应包括如下事项：委托人的真实姓名、住址、年龄、职业、身份证号码等；委托人与证券公司之间的权利和义务，并同时认可证券交易所营业细则和相关规定以及经纪商公会的规章作为开户合同的有效组成部分；确立开户合同的有效期限，以及延长合同期限的条件和程序。

（2）开立账户。在投资者与证券公司订立开户合同后，就可以开立账户，为自己从事债券交易做准备。

2. 成交

（1）成交原则。按照价格优先、时间优先、客户委托优先的原则进行成交。

（2）竞价的方式。证券交易所的交易价格按竞价的方式进行，竞价方式为计算机终端申报竞价。

3. 清算

债券的清算是指在同一交割日对同一种债券的买和卖相互抵销，确定应当交割的债券数量和应当交割的价款数额，然后按照"净额交收"原则办理债券和价款的交割。

4. 交割

债券的交割就是将债券由卖方交给买方，将价款由买方交给卖方。在证券交易所交易的债券，按照交割日期的不同，可分为当日交割、普通日交割和约定日交割三种。目前，深沪证券交易所规定为当日交割，即在买卖成交当天办理券款交割手续。

（四）债券的信用评级

债券的信用评级是为投资者购买债券和债券的流通转让提供信息服务，是对企业或者其他经济主体发行的有价债券进行的信用评级，具体是对债券按期还本付息的可靠程度进行的评估，并标示其信用程度的等级。

1. 债券信用评级的等级标准

债券信用等级是由某些权威机构通过对债券发行者的财务状况及经营状况全面调

查后对其所发债券按一定标准所评定出的级别，是投资者衡量债券投资风险的重要指标和债券管理机构对债券进行管理的依据。世界上著名的债券评级机构有：美国的摩迪投资服务公司、标准·普尔公司；英国的艾克斯特尔统计服务公司；日本的债券研究所、日本评级研究所等。

根据标准·普尔公司的等级级别，将债券信用等级分为九个级别，分别是：

AAA级：最高等级，表示安全度最高、风险最少；

AA级：表示安全度相当高，风险较小，能保证偿付本息；

A级：表示安全度在平均水平之上，有一定能力保证还本付息。

BBB级：表示安全度处于平均水平，状况较安全，但从稍长时期看，缺少一些保护性因素；

BB级：表示将来可能会出现一些影响还本付息的不利因素；

B级：表示收益力极低，将来安全性无保障；

CCC级：表示债务过多，有可能不履行偿还义务；

CC级：表示有高度投机色彩，经常不支付或延付利息；

C级：最低级，表示前途无望，根本不能还本付息。

2. 债券信用评级的主要内容

由于债券筹资的筹资数额巨大，所以对发行单位的资信评级是必不可少的一个环节。评级的主要内容包括：

（1）分析债券发行单位的偿债能力；

（2）考察发行单位能否按期付息；

（3）评价发行单位的费用；

（4）考察投资人承担的风险程度。

（五）银行间债券市场和交易所债券市场

1. 银行间债券市场

银行间债券市场是指依托于中国外汇交易中心暨全国银行间同业拆借中心和中央国债登记结算有限责任公司的，包括商业银行、农村信用联社、保险公司、证券公司等金融机构进行债券买卖和回购的市场。经过近几年的迅速发展，银行间债券市场已成为我国债券市场的主体部分。记账式国债的大部分、政策性金融债券都在该市场发行并上市交易。

2. 交易所债券市场

交易所债券市场实行的是集中撮合竞价与经纪商制度，采用电脑集合竞价、连续竞价和大宗交易的方式。投资者可委托交易所会员在交易所市场进行债券交易，债券持有人可卖出债券的数量，根据其在交易所指定的登记结算机构，库存债券数量以交易所公布的标准券折算率计算出的标准券量为限。目前，交易所按周公布各债券品种的标准券折算率，并按该比率计算各会员的标准券库存。中国证券登记结算有限责任公司上海分公司和深圳分公司分别托管上海证券交易所与深圳证券交易所的债券。

第三节　证券投资基金的发行和交易

一、证券投资基金的发行

（一）基金的发行条件

基金发行的法律依据是《中华人民共和国证券投资基金法》，基金的发行条件如下。

（1）有符合法律规定的基金发起人和基金托管人，并且两者不能是同一法人。各个国家都对基金发起人的资格条件作出了专门规定，即必须具备一定的条件才能够成为基金的发起人。我国基金的发起人必须具备以下条件：

①主要发起人是按照国家有关规定设立的证券公司、信托投资公司、基金管理公司；

②每个发起人的实收资本不少于 3 亿元；

③基金的主要发起人有 3 年以上从事证券投资的经验及连续盈利的记录；

④基金发起人有健全的组织机构和管理制度，财务状况良好，经营行为规范等；

⑤中国证监会规定的其他条件。

基金托管人必须将其托管的基金资产与托管人的自有资产严格分开，对不同基金分别设置账户，实行分账管理。

（2）基金募集申请和方案经国务院证券监督管理机构核准。

（3）基金招募说明书向社会公告。

（4）有符合规定的从业人员和营业场所、安全防范设施及专业技术条件。

（5）中国证监会规定的其他条件。

（二）基金发行制度

证券投资基金发行制度有两种：标准制和注册制。

1. 标准制

核准制是指发行人申请发行证券投资基金，不仅要公开披露与发行证券投资基金有关的信息，而且要符合有关法律和证券管理机关规定的必备条件，并经过证券主管机关对证券发行申请的严格审核、批准后才能发行的制度。核准制的证券发行条件要求比较严格。

2014 年发布的《公开募集证券投资基金运作管理办法》将公募基金产品的审查由核准制改为注册制。

2. 注册制

注册制是指基金发起人只需向证券监管当局报送法律规定的有关材料，进行登记注册，即可发起设立开放式基金的制度。在注册制下，证券监管当局并不对材料做实质性审查，材料的真实性、准确性和完整性等实质性内容由独立的中介机构进行鉴证，如果发起人和中介机构存在舞弊、欺诈等违法行为，证券监管当局有权依法查处。

（三）证券投资基金发行方式

常见的基金发行方式有四种。

1. 直接销售方式

直接销售方式是指基金不通过任何专门的销售部门直接销售给投资者的销售办法。

2. 包销方式

包销方式是指基金由经纪人按基金的资产净值买入，然后再以公开销售价格转卖给投资人，从中赚取买卖差价的销售办法。

3. 销售集团方式

销售集团方式是指由包销人牵头组成几个销售集团，基金由各销售集团的经纪人代销，包销人支付给每个经纪人一定的销售费用的销售方式。

4. 计划公司方式

计划公司方式是指在基金销售过程中，有一家公司在基金销售集团与投资人之间充当中间销售人，以使基金以分期付款的方式销售出去的方式。

在我国，证券投资基金的发行方式主要有两种：上网发行方式和网下发行方式。

1. 上网发行方式

上网发行方式是指将所发行的基金单位通过与证券交易所的交易系统联网的全国各地的证券营业部，向广大的社会公众发售基金单位的发行方式。

2. 网下发行方式

网下发行方式是指将所要发行的基金通过分布在一定地区的证券或银行营业网点，向社会公众发售基金单位的发行方式。

（四）证券投资基金的发行与销售

1. 封闭式基金的发行

基金的发行是针对封闭式基金而言的，封闭式基金发行有公募发行和私募发行两种方式。

《中华人民共和国证券投资基金法》规定，基金的运作方式可以采用封闭式、开放式或者其他方式。

采用封闭式运作方式的基金（封闭式基金），是指基金份额总额在基金合同期限内固定不变，基金份额持有人不得申请赎回的基金；采用开放式运作方式的基金（开放式基金），是指基金份额总额不固定，基金份额可以在基金合同约定的时间和场所申购或者赎回的基金。采用其他运作方式的基金的基金份额发售、交易、申购、赎回的办法，由国务院证券监督管理机构另行规定。

证券投资基金的发行价格由三部分构成，即基金面值、基金的发行与募集费用以及基金的销售费用。基金的发行价格不包括基金的销售费用，主要由两部分构成：一是基金的面值，为 1.00 元人民币；二是基金的发行费用，为每单位 0.01 元人民币。计算总额为每份基金单位发行价格 1.01 元人民币。

2. 开放式基金的销售

基金的销售是针对开放式基金而言的，开放式基金的销售方式有两种：一是代理销售，二是直接销售。

代理销售是基金都至少有一家销售代理商，负责向全国销售，该承销商拥有独家销售权，利用不同的渠道销售基金单位。销售代理机构主要有两类：一类是商业银行与保险公司，另一类是证券公司与金融咨询机构。

直接销售是投资者通过邮寄、电话、银行电汇、到基金组织开设的办事处购买等途径直接从基金组织那里购买基金单位。

二、基金的交易

基金的交易是以基金为买卖对象，自我承担风险收益而进行的流通转让活动。

（一）基金的认购

基金的认购是指投资者在开放式基金募集期间、基金尚未成立时购买基金份额的过程。一般认购期最长为一个月。

（二）基金的申购

基金的申购是指投资者到基金管理公司或选定的基金代销机构开设基金账户，按照规定的程序申请购买基金份额的行为。

（三）基金的赎回

赎回又称买回，它是指针对开放式基金，投资者以自己的名义直接或透过代理机构向基金管理公司要求部分或全部退出基金的投资，并将买回款汇至该投资者的账户内的行为。

（四）证券投资基金的费用

1. 基金资产支付的费用

1）基金管理人的报酬

基金管理人的报酬是基金管理人因管理运作基金资产而向基金组织收取的费用，该费用由基金资产支付。基金管理费按照前一日基金净资产的 2.5% 的年费率计提，计算方法如下：

每日应支付的管理人报酬＝前一日的基金净资产值×2.5%÷当年天数

基金管理人报酬按每日计提，累计至每月最后一个工作日（遇公共假期延至假日后的第一个工作日），由基金托管人从基金资产中一次性支付给基金管理人。

2）基金托管费

基金托管费是基金保管公司为保管、处置基金信托财产而从基金收益中计提支付给信托人的费用。基金托管费按照前一日基金净资产的 2.5‰ 的年费率计提，计算方法如下：

每日应支付的基金托管费＝每日扣除基金管理人报酬和基金托管费

之前的基金净资产值×2.5‰÷当年天数

基金托管费按每日计提，累计至每月最后一个工作日（遇公共假期延至假日后的第一个工作日），由基金托管人从基金资产中一次性支取。

2. 由投资者支付的费用

由投资者支付的费用是指因投资者交易开放式基金单位而发生的费用，主要包括：

（1）申购费用，是指投资者在认购或申购开放式基金时支付的费用。

（2）赎回费用，是指投资者在赎回开放式基金时支付的费用。

3. 基金运作费用

基金运作费用是指因基金的运作而发生的费用，主要包括：

（1）交易佣金，是指投资者在基金单位交易过程中，由证券商向投资者收取，按比例在证券商、交易所和中国证监会之间分配的费用。

（2）过户费用，是指投资者在基金单位交易完成后，由证券商向投资者收取，按比例在登记公司和证券商之间分配的费用。

（3）其他手续费，是指由交易所、登记公司等收取的费用，如持有人名册服务费、分红手续费等。

（五）基金单位净值及其估值

1. 基金单位净值

基金单位净值即每份基金单位的净资产价值，等于基金的总资产减去总负债后的余额再除以基金全部发行的单位份额总数。开放式基金的申购和赎回都以这个价格进行。封闭式基金的交易价格是买卖行为发生时已确知的市场价格；与此不同，开放式基金的基金单位交易价格则取决于申购、赎回行为发生时尚未确知（但当日收市后即可计算并于下一交易日公告）的单位基金资产净值。

2. 基金单位净值的估值

基金单位净值的估值是指对基金的资产净值按照一定的价格进行估算。这是计算基金单位净值的关键，基金往往分散投资于证券市场的各种投资工具，如股票、债券等，由于这些资产的市场价格是不断变动的，因此，只有每日对基金单位净值重新计算，才能及时反映基金的投资价值。基金单位净值的估值原则如下。

（1）上市股票和债券按照计算日的收市价计算，该日无交易的，按照最近一个交易日的收市价计算。

（2）未上市的股票以其成本价计算。

（3）未上市国债及未到期定期存款，以本金加计至估值日的应计利息额计算。

（4）如遇特殊情况而无法或不宜以上述规定确定资产价值，基金管理人依照国家有关规定办理。

课程思政拓展阅读

注册制改革执牛耳　重塑资本市场生态

注册制是近年来贯穿资本市场改革发展的主线，从科创板试点，到创业板铺开，再到北京证券交易所（以下简称"北交所"）推广，资本市场"摸着石头"改革，走出了一条适合 A 股发展的中国特色资本市场之路。

当前，主板注册制改革已提上日程，全面注册制即将来临，我国资本市场改革发展正在向纵深推进。市场人士认为，注册制改革至今，在多方面取得良好成效，资本市场总体运行平稳，多项制度和规定出台，改革的"试验田"作用得到充分发挥，为资本市场基础制度改革创造了良好开局，也为以科技创新企业为代表的实体经济提供了有力支持。

"中国特色"的注册制改革之路

新股发行改革伴随着资本市场发展进程，从最初的审批制到后来的核准制，IPO 的开关阀门在过去多年来都和股指波动休戚相关，新股发行曾多次被按下暂停键。

自科创板宣布设立并试点注册制以来，作为全面深化资本市场改革的头号工程，注册制试点有序平稳推进。随着科创板、创业板、北交所试点注册制成功落地，支持科技创新的示范效应初步显现。

注册制下，上市审核效率显著提升。注册制板块实现快速有序扩容；各板块错位发展、互补促进，进一步完善了我国多层次资本市场架构；发行条件更加包容，不同发展阶段、不同行业属性、不同治理结构的科技创新企业都有了更加便捷的上市通道；注册制新股定价方式更加市场化，定价效率大幅提升，包容、多元的发行条件吸引着科创型公司纷纷登陆资本市场。

中国证监会数据显示，截至 2022 年 1 月底，注册制下共有 31 家未盈利企业、4 家特殊股权架构企业和 5 家红筹企业发行上市。从各板块来看，截至 2022 年 3 月 3 日，科创板上市公司 391 家，新一代信息技术、生物医药、高端装备制造三大行业的企业数量合计占比超七成；注册制下，创业板新增上市公司 282 家，近九成为高新技术企业；北交所上市公司 86 家，战略新兴产业、先进制造业、现代服务业等占比近九成。目前，上市公司中，集成电路、生物医药、高端装备制造等重要行业已形成集群效应。

2022 年的政府工作报告提出，要全面实行股票发行注册制，促进资本市场平稳健康发展。全面注册制时代即将来临。中国证监会在工作会议上提出，要以全面实行股票发行注册制为主线，深入推进资本市场改革。进一步完善以信息披露为核心的注册制安排，突出主板改革这个重中之重，加快推进发行监管转型，进一步压实中介机构"看门人"责任，增强各方合力，推动形成有利于全面实行注册制的良好市场生态，确保改革平稳落地。

申万宏源证券研究所首席经济学家杨成长认为，要在全市场推进注册制，需进一步放宽市场入口，支持科创企业、战略新兴产业的发展。继续推动资本市场交易制度、退市制度、信息披露制度的改革，推进新经济、新业态企业的市场化定价。要以大资本市场观来推进多层次资本市场体系发展，在现有转板制度基础上不断完善沪深交易所、北交所内部以及与场外市场之间的转板机制。

市场的归市场 资本市场生态重塑

注册制改革，不仅仅是发行上市制度的改变，还是"牵一发而动全身"的制度变革，监管的归监管，市场的归市场，用市场化、法治化的方式让市场参与各方归位尽责，监管重心后移，监管制度升级。

A 股注册制改革是资本市场基础制度的迭代升级，除了发行上市制度改革外，监管层还进一步推动了发行承销、交易、持续监管、退市等制度的改革，并推动修改证券法、刑法的修订，引入证券纠纷特别代表人诉讼制度，行政处罚、民事赔偿、刑事追责相互衔接的立体惩戒体系不断完善。

市场生态也在不断变化，企业投融资环境逐步改善，A股市场估值和流动性分化加剧，市场的马太效应更趋明显，资金更愿意进入绩优股、优质股，上市公司壳资源价值大幅下降。同时，A股的投资者结构正在转变，个人投资者持股占比逐步下降，机构持股比例逐年上升，市场结构的深层变化，对投资者的专业经验、投资水平和风险承受能力提出了更高的要求，同时将推动中国证券市场由投机市场向成熟的价值投资市场转变。

发行人和中介机构责任进一步强化。中国国际金融股份有限公司首席执行官黄朝晖表示，全面注册制对中介机构提出了更高的要求，尤其是对券商投行，投资银行的站位、项目甄别、估值定价及承销等能力均要与注册制改革相符。面对新形势，投资银行要打造适应全面注册制的核心能力，更好地服务国家战略及资本市场改革。

"推进全市场注册制改革对于会计师事务所有三方面的挑战。"毕马威中国资本市场咨询组主管合伙人苏星表示：首先，以信息披露为核心，财务信息对投资者抉择至关重要，会计师更需要勤勉尽责，对发行人的财务信息披露把好关。其次，注册制改革是一个系统性的改革，针对不同的主体，如发行人、中介机构等，需要通过法律、法规、执行细则、相关指引等完善的制度体系去规范市场参与者的行为，通过有效、畅通的沟通机制，让市场参与者把"诚信"内化为自身行动的自然逻辑。最后，构建完善的监督管理体系，使大家明白规矩，并且遵守规矩，要坚持底线与独立性，平衡处罚与发展的关系，对弄虚作假"不敢、不能、不想"。

苏星指出，注册会计师作为资本市场的"守门人"，把守着财务信息这个底盘，对任何财务造假和欺诈行为要做到"零容忍"。同时也要平衡处罚与发展的关系，遵循循序渐进的原则，逐步适应注册制的要求。会计师事务所也要加强整体质量体系建设，突破固有的审计模式和审计思维，提供全新的审计方式，如信息系统审计、大数据分析、利用高科技手段进行存货盘点、与银行建立函证系统对接等。做好事务所整体内控，加强一体化建设，优化执业报酬分配机制，提高事务所抵御风险的能力，优化会计师人员遵守职业道德、尽职履责的诚信执业环境。

资料来源：注册制改革执牛耳 重塑资本市场生态[EB/OL].（2022-03-11）. https://www.cs.com.cn/xwzx/hg/202203/t20220311_6249328.html.

即测即练

自学自测   扫描此码

思考题

1. 股票上市的条件和程序是什么？
2. 如何理解集合竞价与连续竞价制度？
3. 债券的发行主体有哪些？
4. 简述债券的交易规则。
5. 简述证券投资基金的发行方式。

第四章

证券投资分析概述

本章学习要点

（1）掌握证券投资分析的含义及分类；
（2）掌握基本分析方法和技术分析方法的主要内容；
（3）了解证券投资分析的信息来源。

第一节 证券投资分析的含义及目标

在证券投资中，投资者面对复杂多变的证券市场和条件不同的投资环境，如何选择最有利的投资机会，以提高预期投资报酬，是投资者必须具备的能力。

一、证券投资分析的含义

证券投资分析是指投资者通过各种专业性分析方法，对影响证券价值或价格的各种信息进行综合分析，以判断证券价值或价格及其变动的行为，是证券投资过程中不可或缺的一个重要环节。

二、证券投资分析的目标

（一）实现投资决策的科学性

投资决策贯穿于整个投资过程，其正确与否关系到投资的成败。尽管不同投资者投资决策的方法不同，但科学的投资决策无疑有助于保证投资决策的正确性。由于资金拥有量及其他条件的不同，不同的投资者会拥有不同的风险承受能力、不同的收益要求和不同的投资周期。同时，由于受到各种相关因素的作用，每一种证券的风险—收益特性并不是一成不变的。此外，由于证券一般具有可流通性，投资者可以通过在证券流通市场上买卖证券来满足自己的流动性需求。因此，在投资决策时，投资者应当正确认识每一种证券在风险性、收益性、流动性和时间性方面的特点，借此选择风险性、收益性、流动性和时间性同自己的要求相匹配的投资对象，并制定相应的投资策略。只有这样，投资者的投资决策才具有科学性，以尽可能保证投资决策的正确性，使投资获得成功。进行证券投资分析是投资者正确认知证券风险性、收益性、流动性和时间性的有效途径，是投资者科学决策的基础。因此，进行证券投资分析有利于减少投资决策的盲目性，从而提高投资决策的科学性。

（二）实现证券投资净效用最大化

证券投资的理想结果是证券投资净效用（即收益带来的正效用与风险带来的负效用的权衡）最大化。因此，在风险既定的条件下投资收益率最大化和在收益率既定的条件下风险最小化是证券投资的两大目标。证券投资的成功与否往往是看这两个目标的实现程度。但是，影响证券投资目标的因素很多，其作用机制也十分复杂。只有通过全面、系统、科学的专业分析，才能客观地把握这些因素及其作用机制，并作出比较准确的预测。证券投资分析正是采用专业分析方法和分析手段，对影响证券回报率和风险诸因素进行客观、全面和系统的分析，揭示这些因素影响的作用机制以及某些规律，用于指导投资决策，从而在降低投资风险的同时获取较高的投资收益。

1. 正确评估证券的投资价值

投资者之所以对证券进行投资，是因为证券具有一定的投资价值。证券的投资价值受多方面因素的影响，并随着这些因素的变化而发生相应的变化。例如，债券的投资价值受市场利率水平的影响，并随着市场利率的变化而变化；影响股票投资价值的因素更为复杂，受宏观经济、行业形势和公司经营管理等多方面因素的影响。所以，投资者在决定投资某种证券前，首先应该认真评估该证券的投资价值。只有当证券处于投资价值区域时，投资该证券才有利可图；否则可能会导致投资失败。证券投资分析正是对可能影响证券投资价值的各种因素进行综合分析，来判断这些因素及其变化可能会给证券投资价值带来的影响，因此它有利于投资者正确评估证券的投资价值。

2. 降低投资者的投资风险

投资者从事证券投资是为了获得投资回报，但这种回报是以承担相应风险为代价的。从总体来说，预期收益水平和风险之间存在一种正相关关系。预期收益水平越高，投资者所要承担的风险也就越大；预期收益水平越低，投资者所要承担的风险也就越小。然而，每一种证券都有自己的风险收益特性，而这种特性又会随着各相关因素的变化而变化。因此，对于某些具体的证券而言，由于判断失误，投资者在承担较高风险的同时却未必能获得较高收益。理性投资者通过证券投资分析来考察每一种证券的风险收益特性及其变化，可以较为准确地确定哪些证券是风险较大的证券、哪些证券是风险较小的证券，从而避免承担不必要的风险。从这个角度讲，证券投资分析有利于降低投资者的投资风险。

第二节　证券投资分析的分类

证券投资分析的方法直接决定了证券投资分析的质量。证券投资分析方法一般分为两大类：基本分析方法和技术分析方法。两种分析方法既相互联系又相互独立，构成证券投资分析方法体系。

一、基本分析方法

证券投资基本分析方法又称证券投资基本面分析方法，是证券投资分析人员根据经济学、金融学、财务管理学、投资学等知识对影响证券价值和价格的各种要素进行分析，进而对证券投资价值进行评估，判断证券合理价位的一种分析方法。基本分析方法注重证券价值的发现，力求用经济要素的相互关系和变化来解释证券市场的价格变动。

证券投资基本分析方法产生于 20 世纪 30 年代，其标志是本杰明·格雷厄姆在 1934 年出版的《证券分析》，该书的出版使得投资者开始以逻辑系统的方法对证券进行估值。

基本分析方法是通过对宏观经济形势的分析，把握宏观经济、政治等因素对证券市场的影响，通过对行业的分析，把握行业发展要素，通过对公司基本面的分析，判断证券的投资价值。基本分析有利于提高投资决策的科学性，有利于正确评估证券的价值。

（一）基本分析的理论依据

基本分析的理论依据是金融资产的内在价值等于这项资产所有者预期的现金流量的现值。

（二）基本分析的目的

1. 通过宏观分析把握证券市场的总体变动趋势

宏观经济变动与证券市场的变动未必同步，从短期看，二者的变动方向可能相反；但是从一个较长的时期看，二者的变动趋势是一致的。因此，通过宏观经济分析把握经济发展的大方向，有利于辨清证券市场的总体变动趋势，以便作出正确的长期投资决策。

2. 把握宏观经济政策对证券市场的影响力度与方向

国家的宏观经济政策能够通过影响证券发行企业的经济效益而影响该企业的证券市场价格，也可以通过直接影响证券投资者的投资行为而影响证券价格。因此，通过对国家经济政策的分析，可以掌握宏观经济政策对证券市场有多大影响，尤其当证券市场具有"政策市"的特点时，对宏观经济政策的分析就更为重要。

3. 判断证券的投资价值

通过对一国宏观经济的分析，可以判断该国一定时期内证券市场的平均投资价值，从而决定应否向该国证券市场投资及投资多少。通过行业分析和公司分析可以把握行业和公司的发展前景，发现公司所存在的问题，进而判断行业和公司股票的投资价值。

（三）基本分析的主要内容

基本分析主要包括宏观分析、行业分析和公司分析三个层次。

1. 宏观分析

宏观分析主要探讨宏观经济指标、宏观经济运行和宏观经济政策对证券价格的影响。经济指标又分为三类：先行性指标，如利率水平、主要生产资料价格等，这类指标可以对将来的经济状况提供预示性的信息；同步性指标，如 GDP、社会商品销售额等，这类指标的变化基本上与总体经济变动的转变同步；滞后性指标，如失业率、库存等，这类指标的变化一般滞后于国民经济的变化。宏观经济运行是对宏观经济的趋势和经济周期进行分析。宏观经济政策包括货币政策、财政政策、汇率政策、行业政策等。

2. 行业分析

行业分析是介于宏观分析和微观经济活动之间的经济层面，属于中观分析，是基本分析的重要环节，主要分析产业所属的不同市场类型、所处的不同生命周期以及产业的业绩对于证券价格的影响。产业的发展状况对该产业上市公司的影响是巨大的，从某种意义上说，投资某个上市公司，实际上就是以某个产业为投资对象。

3. 公司分析

公司分析是基本分析的重点，公司分析是为了判断公司的质量和投资价值，对公司基本面进行的分析。如果没有对发行证券的公司状况进行全面的分析，就不可能准确地预测其证券的价格走势。公司分析侧重于对公司的竞争能力、盈利能力、经营管理能力、发展潜力、财务状况、经营业绩以及潜在风险等进行分析，借此评估和预测证券的投资价值、价格及其未来变化的趋势。

二、技术分析方法

技术分析是从证券的市场行为来分析证券价格未来变化趋势的方法。证券的市场行为有多种表现形式，其中证券的市场价格、成交量、价和量的变化空间以及完成这些变化所经历的时间是市场行为最基本的表现形式。

（一）技术分析的理论基础

技术分析的理论基础建立在以下三个假设之上：市场的行为包含一切信息；价格沿趋势移动；历史会重复。

（二）技术分析理论

技术分析理论可分为以下几类：K线理论、切线理论、形态理论、技术指标理论、波浪理论和循环周期理论。

1. K线理论

K线图最早是日本德川幕府时代大阪的米商用来记录当时一天、一周或一月中米价涨跌行情的图示法，后被引入证券市场。K线图具有直观、立体感强、携带信息量大的特点，蕴含着丰富的东方哲学思想，能充分显示价格趋势的强弱、买卖双方力量平衡的变化，预测后市走向较准确，是各类传播媒介、电脑实时分析系统应用较多的技术分析手段。

2. 切线理论

切线理论的精髓，在于通过切线的绘制来判断市场的趋势。证券市场有顺应潮流的问题，要"顺势而行"，不要"逆市而动"，这已经成为投资者的共识。简单地说，趋势就是证券价格市场运动的方向。明显反映趋势的切线有支撑线、压力线、趋势线和轨道线、黄金分割线和百分比线等。

3. 形态理论

形态分析是技术分析的重要组成部分，它通过对市场横向运动时形成的各种价格形态进行分析，并且配合成交量的变化，推断出市场现存的趋势将会延续或反转。价格形态可分为反转形态和持续形态，反转形态表示市场经过一段时期的酝酿后，决定改变原有趋势，而采取相反的发展方向，持续形态则表示市场将顺着原有趋势的方向发展。形态理论是通过研究股价所走过的轨迹，分析和挖掘出曲线的一些多空双方力量的对比结果，进行行动。

4. 技术指标理论

技术指标分析理论是将统计和计算数学应用到分析中，延伸出的系列技术指标。随着信息技术的迅猛发展，数字统计和计算数学变得更加高速，使得各种技术指标的计算变得越来越快速和精确。因此，用技术指标分析证券价格的走势变得越来越流行和普及。投资者用技术指标来指导自己买卖证券活动，并形成了技术指标分析派。目前，已知的技术指标有 1 000 多种，比较流行的有十几种。

5. 波浪理论

波浪理论是用美国人 R.N. Elliott 的名字命名的，全称是艾略特波浪理论。波浪理论把股价的上下变动和不同时期的持续上涨、下跌看成波浪的上下起伏。波浪的起伏遵循自然界的规律，证券的价格运动也就遵循波浪起伏的规律。根据数浪来判断市场行情。波浪理论考虑的因素主要有三个方面：第一，股价走势所形成的形态；第二，股价走势图中各个高点和低点所处的相对位置；第三，完成某个形态所经历的时间长短。

6. 循环周期理论

循环周期理论主要通过周期的长短推测未来循环周期的高点可能出现的日期，从而制定买卖策略。周期并不受价格涨跌的影响，不管价格如何暴涨、暴跌，循环周期的低点或高点都会以自己固有的规律出现。

以上技术分析理论将在以后的章节里详细介绍。

三、证券投资分析应注意的问题

使用上述两种方法进行证券投资分析时，应当注意每种方法的适用范围及两种方法的结合使用。基本分析方法的优点是能够比较全面地把握证券的信息，从内在价值进行把控，缺点是对短线投资者的指导作用比较弱，预测的精确度相对较低。因此，基本分析方法适用于周期相对比较长的证券价格预测，以及相对成熟的证券市场和预测精确度要求不高的领域。

与基本分析相比，技术分析的优点是对市场的反映比较直观，分析的结论时效性较强；缺点是技术分析有滞后性。因此，会出现错误信息。

第三节　证券投资分析的信息来源

信息在证券投资分析中起着十分重要的作用，是进行证券投资分析的基础。来自不同渠道的信息最终都将通过各种方式对证券的价格发生作用，导致证券价格的上升或下降，从而影响证券的收益率。因此，信息的多寡、信息质量的高低将直接影响证券投资分析的效果，影响分析报告的最终结论。从信息发布主体和发布渠道来看，证券市场上各种信息的来源主要有以下几个方面。

一、政府部门

政府部门是国家宏观经济政策的制定者，是信息发布的主体，是一国证券市场有关信息的主要来源。针对我国的实际情况，从总体上看，所发布的信息可能会对证券市场产生影响的政府部门主要包括国务院、中国证券监督管理委员会、财政部、中国人民银行、国家发展和改革委员会、商务部、国家统计局以及国务院国有资产监督管理委员会。

二、证券交易所

根据《证券法》的规定，证券交易所是证券集中交易的场所，是组织和监督证券交易、实行自律管理的法人。其主要负责提供证券交易的场所和设施，制定证券交易所的业务规则，接受上市申请，安排证券上市，组织、监督证券交易，对会员、上市公司进行监管等事宜。其中，证券交易所向社会公布的证券行情、按日制作的证券行情表以及就市场内成交情况编制的日报表、周报表、月报表与年报表是证券分析中的首要信息来源。

三、中国证券业协会

证券业协会是证券业的自律性组织，是社会团体法人。根据《证券法》的规定，证券公司应当加入证券业协会。证券业协会履行协助证券监督管理机构组织会员执行有关法律、维护会员的合法权益，为会员提供信息服务。中国证券业协会负责监管的代办股份转让信息平台提供非上市公司股份转让信息。

四、证券登记结算公司

证券登记结算公司是为证券交易提供集中登记、存管与结算服务，不以营利为目的的法人。证券登记结算业务采取全国集中统一的运营方式，由证券登记结算机构依法集中统一办理。证券登记结算机构实行行业自律管理。证券登记结算公司履行下列职能：证券账户、结算账户的设立和管理，证券的存管和过户，证券持有人名册登记及权益登记，证券和资金的清算交收及相关管理，受发行人的委托派发证券权益，依法提供与证券登记结算业务有关的查询、信息、咨询和培训服务。

五、上市公司

上市公司是经营主体，其经营状况的好坏直接影响到投资者对其价值的判断，从而影响其股价水平的高低。上市公司通过定期报告（如年度报告和中期报告）和临时公告等形式向投资者披露其经营状况的有关信息，如公司盈利水平、公司股利政策、增资减资和资产重组等重大事宜。作为信息发布主体，它所公布的有关信息是投资者对其证券进行价值判断的最重要来源。

六、证券中介机构

证券中介机构是投资者和证券发行者提供各种服务的专职机构,具有较强的信息收集能力,为不同市场参与者提供专业化的服务,有助于投资者进行投资价值的分析,引导投资方向。同时,中介机构在收集信息的基础上,对信息进行整理、分析,为投资者提供研究报告。

七、媒体

媒体是信息发布的主体之一,是普通投资者收集信息的重要渠道。只要符合国家的有关规定,各信息发布主体都可以通过各种书籍、报纸、杂志、其他公开出版物以及电视、广播、互联网等媒介披露有关信息。这些信息包括国家的法律法规、政府部门发布的政策信息、上市公司的年度报告和中期报告等。由于影响证券市场的信息内容繁多,信息量极为庞大,因此,媒体便通过专门的人员对各种信息进行收集、整理、归类和汇总,并按有关规定予以公开披露,从而节省信息使用者的时间,大大提高了工作效率。如巨潮资讯网、财联社、价值目录、爱问财等为重要的信息披露和财经信息网站。

八、其他

除上述信息来源外,投资者还可以通过实地调研、专家访谈、市场调查等渠道获得有关信息。

课程思政拓展阅读

高瓴张磊:长期主义是穿越周期的终极答案

"黑天鹅"乱飞的年代,人人都寄希望于找到对抗不确定性的"终极武器"。但遗憾的是,万能钥匙并不存在,永恒不变的准则也不存在。作为时代的参与者,也许摆在我们每个人面前亟待解决的课题是:在遥望诗和远方的同时,如何挺过眼前的苟且?在应对外部不确定性的同时,如何找到内心的秩序?

时代当然不会向我们剧透答案,但拉大尺度来看,对长期主义的追寻,对价值、意义的持续探索,或许能提供一些线索。

高瓴创始人兼首席执行官张磊即将问世的首部著作《价值》,就是对这一议题的探索。作为一位投资家、创业者,张磊领导的高瓴,15年来深刻嵌入中国产业经济波澜壮阔的发展脉络之中,这使他有机会跨行业、跨地域、跨时间深入研究和实践中国产业跃迁的创新范式,并不断追问中国企业家精神的终极依归。

在张磊看来,无论对企业还是个人,长期主义不仅是中国企业转型的必然路径,也是一条个人修炼和自我价值实现的根本方法。在价值创造的基础上,长期主义从外部形态下的自发反应,走向追寻自我成长和内心平静的自觉选择。

《价值》自序:这是一条长期主义之路

在纷繁复杂的世界中,变化可能是唯一永恒的主题。我时常思考:究竟怎样才能在这样的世界中保持心灵的宁静？作为一名投资人，究竟怎样才能找到穿越周期和迷雾的指南针？作为一名创业者，究竟怎样才能持续不断地创造价值？

当这些问题交织在一起，有一个非常清晰的答案闪耀在那里，那就是"长期主义"：把时间和信念投入能够长期产生价值的事上，尽力学习最有效率的思维方式和行为标准，遵循第一性原理，永远探求真理。

在多年投资实践中，我逐渐理解，长期主义的胜利，不仅关乎投资的结果，更关键的是在投资的旅途中，发现创造价值的门径，与一群志同道合的人，与拥有伟大格局观的创业者，勠力同心，披荆斩棘，为社会、为他人创造最有益的价值。更让人欣喜的是，这条长期主义之路，因为志同道合，因为创造价值，而变得妙趣横生。

这是一条越走越不孤独的道路。

长期主义不仅仅是投资人应该遵循的内心法则，它可以成为重新看待这个世界的绝佳视角。因为，于个人而言，长期主义是一种清醒，帮助人们建立理性的认知框架，不受短期诱惑和繁杂噪音的影响。于企业和企业家而言，长期主义是一种格局，帮助企业拒绝禁锢的零和游戏，在不断创新、不断创造价值的历程中，重塑企业的动态护城河。企业家精神在时间维度上的沉淀，不是大浪淘沙的沉锚，而是随风起航的扬帆。于社会而言，长期主义是一种热忱，无数力量汇聚到支撑人类长期发展的基础领域，关注教育、科学和人文，形成一个生生不息、持续发展的正向循环。无论是个人、企业还是社会，只要在长期的维度上，把事情看清楚、想透彻，把价值创造出来，就能走在一条康庄大道上。

这是一条越走越行稳致远的道路。

其实，人生的每一次选择都是一次重要的价值判断，而每一次判断都来源于人们的底层信念。在社会、经济、科技、人文迅速发展变化的当下，对机会主义和风口主义尤要警惕。长期主义不仅仅是一种方法论，更是一种价值观。流水不争先，争的是滔滔不绝。无论从事任何工作和事业，只要着眼于长远、躬耕于价值，就一定能够经受时间的考验，找到迎接挑战的端绪。

这是一条越走越坦然宁静的道路。

在坚持长期主义的历程中，无数难忘的经历构成了我的人生体认。书中介绍了一些我的个人历程，我所坚持的投资理念和方法，以及我对价值投资者自我修养的思考。只要保持理性的好奇、诚实与独立，坚持做正和游戏，选择让你有幸福感的投资方式，就能够从更长期、更可持续的视角理解投资的意义与价值。真正的投资，有且只有一条标准，那就是是否在创造真正的价值，这个价值是否有益于社会的整体繁荣。坚持了这个标准，时间和社会一定会给予奖励，而且往往是持续、巨大的奖励。

书中也谈到我对具有伟大格局观的创业者、创业组织以及对人才、教育、科学观的理解，这些恰恰是投资工作最难得的际遇。今天的价值投资，在科技创新、商业进化的历程中，不仅可以扮演催生创新发展动能的孵化器，也可以消弭传统经济与科技创新之间的数字鸿沟。这也是资本服务于实体经济、参与资源最优化配置的最好方式。

为此，我需要感谢所有的师长，得益于良好的教育，我可以永远走在探求真理的路上，这也是投资最大的乐趣。我也无法忘记在历次关键时刻始终信任我们的出资人、投资人，他们专业审慎的态度和坚持长期主义的眼光始终令我敬仰。我尤其需要感谢与我们拥有同样价值观、矢志不渝创造价值的创业者、企业家和科学家们，与他们共同创造价值，是人生最快意的事情。

在这本书即将出版的时候，疫情肆虐全球，影响着无数家庭、社区和各行各业，世界经济的不确定性使得人们难以判断未来。困难是一面镜子，最深刻的反省往往都来源于此。每当危机出现的时候，都提供了一次难得的压力测试和投资复盘机会，而最终是价值观决定你如何应对和自处。在这样的特殊时期，我们依然坚守长期主义，就是因为我们既看到了当下，不仅关注企业短期的利润、现金流，努力做足准备以摆脱暂时的困境，挺过"眼前的苟且"；又相信未来，对于创造价值的事情从不怀疑，坚持追求长期结构性的机会，找到价值的"诗和远方"。

最后，我想和大家分享的是，每个人都可以成为自己的价值投资人，时间、精力、追求和信念，这无数种选择，都关乎对自己人生的投资。价值创造无关高下，康庄大道尽是通途。以赤子之心，不被嘈杂浇铸，出走半生，归来仍是少年。希望在坚持长期主义的旅途中，与你们同行，做时间的朋友。

资料来源：高瓴张磊：长期主义是穿越周期的终极答案[EB/OL]. (2020-08-28). https://www.yicai.com/news/100751845.html.

即测即练

自学自测　　扫描此码

思考题

1. 进行证券投资分析有哪些方法？
2. 简述证券投资分析应注意的问题。
3. 证券投资分析的信息来源有哪些？

第 五 章

证券投资宏观分析

本章学习要点

（1）掌握宏观经济指标变动对证券市场的影响；

（2）掌握经济周期变动对证券市场的影响；

（3）掌握宏观经济政策、其他宏观经济因素变动对证券市场的影响；

（4）掌握非经济因素的宏观分析。

证券市场是反映国民经济发展趋势的一个窗口，证券市场的兴衰反过来也影响着国民经济的发展状况。通过宏观分析把握经济发展的大方向，有利于辨清证券市场的总体变动趋势，以便作出正确的长期投资决策。

第一节　宏观经济指标变动对证券市场的影响

一、国内生产总值变动对证券市场的影响

宏观经济发展水平和状况是影响股票价格的重要因素。宏观经济影响股票价格的特点是波及范围广、干扰程度深、作用机制复杂和股价波动幅度较大。

GDP 变动是一国经济成就的根本反映，GDP 的持续上升表明国民经济良性发展，制约经济的各种矛盾趋于或达到协调，人们有理由对未来经济产生好的预期；相反，如果 GDP 处于不稳定的非均衡增长状态，暂时的高产出水平并不表明一个好的经济形势，不均衡的发展可能激发各种矛盾，从而引发经济衰退。国内生产总值对证券市场的影响表现在以下几个方面。

（1）GDP 持续稳定增长时，外部经济环境不断改善，公司的利润也随之持续增加，从而公司的股票和债券得到全面升值，促使价格上扬；同时个人收入的增加以及对未来经济的良好预期，都将促使证券价格的上涨和证券市场的上升。

（2）GDP 出现增速减缓时，经济已接近一个周期的顶峰，不过这种增长还将延续一段时间，但市场已经提前预期经济步入衰退，一部分资金将从证券市场中流出，表现为证券市场的上升趋势减缓，交易也逐渐趋于清淡。

（3）伴随着高通胀的 GDP 增长，成本的急剧上升使得公司的经营将面临困境，而实际购买力的下降也将使资金流出证券市场，以及对未来经济预测的不确定性，都将导致证券市场出现持续低迷。

（4）GDP 出现重大转折时，证券市场的趋势也将改变。当 GDP 长期处于负增长时，

逐渐出现经济回暖，表现为 GDP 增速由负增长转向正增长，表明经济有复苏迹象，证券市场也随之出现止跌回升。

需要注意的是，证券市场一般提前对 GDP 的变动作出反应，也就是说它是反映预期的 GDP 变动，而 GDP 的实际变动被公布时，证券市场只反映实际变动与预期变动的差别，因而在证券投资中进行 GDP 变动分析时必须着眼于未来，这是最基本的原则。

二、通货膨胀与通货紧缩对证券市场的影响

（一）通货膨胀对证券市场的影响

通货膨胀对股票价格走势的影响较为复杂，既有刺激股票价格上涨的作用，也有抑制股票价格的作用。

通货膨胀对证券市场的影响具体表现在以下几方面。

（1）适度的通货膨胀能促进经济的繁荣、就业的增加，使企业的利润也得到提高，从而刺激证券价格的上涨。同时，居民收入的提高，也使可用于投资的资金增加，对证券的需求也随之增加，有利于证券价格的上升。

（2）当出现严重的通货膨胀时，原材料价格和工资的提高，使得企业成本增加、利润减少，并引起证券价格的下跌。同时，由于预期物价还将继续上涨，资金将大量从证券市场中退出，转入购买实物商品及其他可用于保值的商品，使得证券市场资金供给减少，对证券的需求随之下降，造成证券价格的下跌。

（3）通货膨胀还会破坏正常的信用关系，当出现通货膨胀时，货币发生贬值，对于债务双方来说，债权人的利益明显受到损害，将使资金借贷发生困难，企业将缺少资金进行周转或投资新的项目，一方面减少企业的利润来源，另一方面阻碍经济的发展。

（二）通货紧缩对证券市场的影响

通货紧缩是由于经济中货币发行量过少造成的，它表现为物价水平的持续下跌。通货紧缩将抑制投资者和消费者的投资消费积极性，造成经济衰退和经济萧条，与通货膨胀一样不利于经济增长。通货紧缩甚至被认为是导致经济衰退的"杀手"。从消费的角度来说，通货紧缩使消费者预期物价继续下降，从而更多地推迟消费。从投资的角度来说，通货紧缩将使目前的投资投产后，产品价格比现在低，盈利减少；同时，未来工资水平下降，投资成本降低，这两方面因素都会促使投资者推迟原有投资计划。消费和投资的下降减少了总需求，使得物价继续下降，从而步入恶性循环。

在股票市场上，随着通货紧缩的加剧，一方面，企业效益持续下滑，弱化了支撑股价的经济基础；另一方面，由于居民收入减少，投资者对股票投资也在收缩。这两方面都抑制了股价的上升。

三、利率变动对证券市场的影响

证券市场对利率水平的变动最为敏感。一般来说，利率下降时，证券的价格就会上涨；利率上升时，证券的价格就会下跌。这是因为：

（1）利率上升导致公司借贷成本增加，降低利润率，必然导致证券价格的下跌，进

而引起整个证券市场的低迷。相反，利率下降，公司的借贷成本减少，利润率增加，引起证券价格的上升和证券市场的回暖。

（2）利率上升导致货币需求减少，有一部分资金就会从证券市场流出，转向储蓄，导致对证券的需求降低，造成证券价格的下跌。而利率下降，就会降低人们的储蓄倾向，资金就会流入证券市场，对证券的需求就会增加，造成证券价格的上升。

（3）利率上升会抑制投资，影响经济的发展和证券市场的繁荣；而利率下降会刺激投资，从而推动经济的发展，并促进证券市场的健康成长。

（4）根据股利贴现模型，证券的价格是未来现金流的贴现值的总和。当利率上升时，将引起证券内在价值的减少，证券价格也随之下跌；而当利率下降时，则会增加证券的价值，并推动证券价格的上涨。

上述的利率与股价呈反向变化是一般情况，但也不能将此绝对化。在股市发展的历史上，也有一些相对特殊的情形。当股票行情暴涨的时候，利率的调整对股价的控制作用就不会很大。同样，当股市处于暴跌的时候，即使出现利率下降的调整政策，也可能会使股价回升乏力。当然，这种利率和股票价格同时上升和同时回落的现象还是比较少见的。

四、汇率变动对证券市场的影响

汇率的调整对整个社会经济影响很大。一般而言，外汇汇率下浮，即本币升值，不利于出口而有利于进口；外汇汇率上浮，即本币贬值，不利于进口而有利于出口。汇率变化对股价的影响要看对整个经济的影响而定，若汇率变化趋势对本国经济发展影响较为有利，股价会上升；反之，股价则会下降。

在当代经济全球化的基础上，汇率对一国经济的影响越来越大，而且影响程度的高低取决于该国的对外开放度。具体来讲，汇率变动对从事进出口贸易的股份公司影响较大，它通过对公司的进出口额及利润的影响，进而反映在股价上，其主要表现如下。

若公司的产品大部分向海外市场销售，当外汇汇率下跌时，则产品在海外市场的竞争力受到削弱，公司盈利就会下降，从而导致股票价格下跌。

若公司的某些原料依赖进口，产品主要在国内销售，那么外汇汇率下跌时，公司进口的原料成本就会降低，盈利上升，从而使公司的股价趋于上涨。

如果预测到某国汇率要上涨，那么货币资金就会向这个国家转移，而其中部分资金将直接进入股市，该国的股市行情也可能因此而上涨。

五、就业状况对证券市场的影响

分析就业状况对证券市场的影响，主要是分析个人投资者的收入变动对证券市场的影响。失业率是反映就业状况的常用指标。失业率是指劳动力人口中失业人数所占的百分比。劳动力人口是指年龄在 16 岁以上具有劳动能力的人的全体。失业率上升与下降是以 CDP 相对于潜在 GDP 的变动为背景的，而失业率本身则是现代社会的一个主要问题。

一般情况下，经济持续、稳定、高速增长、企业产出水平相应提高，能够提供更多的就业机会，失业率降低，实现充分就业，就业人员的工资收入也会有相应的增长，从而增加对证券的需求，推动证券价格的上涨。值得注意的是，通常所说的充分就业是指对劳动力的充分利用，但不是完全利用，因为在实际的经济生活中不可能达到失业率为零的状态。在充分就业情况下也会存在一部分正常的失业，如由于劳动力的结构不能适应经济发展对劳动力的需求变动所引起的结构性失业。

经济增长的减速可能造成就业的下降，尤其是急剧的经济下挫肯定会造成短期内失业人数快速的增长，从而造成收入的减少和总需求的大幅下降，证券指数难免急剧下挫，甚至有可能造成投资者的恐慌。因为失业和收入的减少，投资者不敢再轻易入市，同时，为了减少损失而忍痛清仓，证券指数会进一步下跌。总之，经济的不景气造成失业人数的增加和社会游资的减少，致使投资交易萎靡。

六、财政收支对证券市场的影响

财政收支对证券市场的影响体现在财政收支总额的平衡状况上。如果财政收支基本平衡，略有结余或赤字，则不会对证券投资有直接的影响；如果财政收支出现大量赤字，则要么增发货币，引发通货膨胀，导致股票市场价格下跌，要么增加股票市场的品种和数量，引发证券行市的下跌。

七、净出口对证券市场的影响

净出口指的是商品与劳务对国外的净输出。商品包括各种消费品、原料、中间产品和制成品等；劳务包括运输、通信、金融、保险、旅游等服务项目。一般来说，净出口额的增长会推动出口企业的生产和销售，并带动其他与外贸企业有业务联系的企业发展，从而对国民经济的发展起到乘数的推动作用；此外，外汇的存底增加，货币供给额必定也会增加，人们也因而更加富裕，有更多的资金投入证券市场，势必带动股份的上涨。相反，净出口额的减少则会影响到外贸出口企业的生产和销售的活动，并进一步影响到与其有关行业的生产，对经济发展不利，当然也不利于证券的投资。

第二节　经济周期变动对证券市场的影响

证券市场素有"经济变动晴雨表"之称，这既表明证券市场是宏观经济的先行指标，也表明宏观经济的走向决定了证券市场的长期趋势。在影响证券价格变动的市场因素中，宏观经济周期的变动，或称景气的变动，是最重要的因素之一，它对企业营运及证券价格的影响很大。因此，经济周期与证券价格的关联性是投资者不能忽视的。尤其是周期型股票，受经济周期影响更大。

经济周期一般是指经济活动沿着经济发展的总体趋势所经历的有规律的扩张和收缩，是国民总产出、总收入和总就业的波动，是国民收入或总体经济活动扩张与紧缩的交替或周期性波动变化。经济周期分为繁荣、衰退、萧条和复苏四个阶段，具体可见图 5-1。

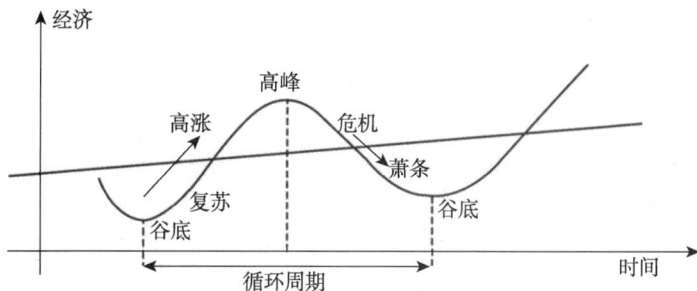

图 5-1　经济周期波动图

当经济开始衰退之后，企业的产品滞销，利润相应减少，促使企业减少产量，从而导致股息、红利也不断减少，持股的股东因股票收益不佳而纷纷抛售，使股票价格下跌。当经济衰退已经达到经济危机时，整个经济生活处于瘫痪状况，大量的企业倒闭，股票持有者由于对形势持悲观态度而纷纷卖出手中的股票，从而使整个股市价格大跌，市场处于萧条和混乱之中。经济周期经过最低谷之后又出现缓慢复苏的势头，随着经济结构的调整，商品开始有一定的销售量，企业又开始给股东分发一些股息红利，使股价缓缓回升；当经济由复苏达到繁荣阶段时，企业的商品生产能力与产量大增，商品销售状况良好，企业开始大量盈利，股息、红利相应增多，股票价格上涨至最高点。

应注意的是，经济周期影响股价变动的周期，但两者的变动又不是完全同步的。通常的情况是，不管在经济周期的哪一阶段，股价变动总是比实际的经济周期变动要领先一步，即在经济衰退以前，股价已开始下跌，而在经济复苏之前，股价已开始回升；经济周期未步入高峰阶段时，股价已经见顶；经济仍处于衰退期间，股市已开始从谷底回升。这是因为股价的涨落包含投资者对经济走势变动的预期和投资者的心理反应等因素，因而股价能够灵敏地反映经济周期的变动。

第三节　宏观经济政策对证券市场的影响

宏观经济政策是指国家或政府有意识、有计划地运用一定的政策工具，调节控制宏观经济的运行，以达到充分就业、经济增长、物价稳定和国际收支平衡等目标。宏观经济政策是为实现一国特定的社会、经济发展目标而设计的，它对一国经济的发展无疑会产生重大的影响作用；同样，宏观经济政策对于证券市场也会产生重要的影响，特别是货币政策、财政政策和产业政策的实施及政策目标的实现均会反映到证券市场上。不同性质、不同类型的政策手段对证券市场价格变动有着不同的影响。

一、货币政策

（一）货币政策的概念和作用

1. 货币政策的概念

货币政策是指一国中央银行或货币管理当局为实现一定的宏观经济目标所制定的关于货币供应和货币流通组织管理的基本方针、基本准则和政策措施。

2. 货币政策的作用

货币政策对宏观经济进行全方位的调控,其调控作用突出表现在以下几点。

(1)通过调控货币供应总量保持社会总供给与总需求的平衡。货币政策可通过调控货币供应量达到对社会总需求和总供给两方面的调节,使经济达到均衡。当总需求膨胀导致供求失衡时,可通过控制货币量达到对总需求的抑制;当总需求不足时,可通过增加货币供应量提高社会总需求,使经济继续发展。同时,货币供给的增加有利于贷款利率的降低,可减少投资成本,刺激投资增长和生产扩大,从而增加社会总供给。相反,货币供给的减少将促使贷款利率上升,从而抑制社会总供给的增加。

(2)通过调控利率和货币总量控制通货膨胀,保持物价总水平的稳定。无论通货膨胀的形成原因多么复杂,从总量上看,都表现为流通中的货币超过社会在不变价格下所能提供的商品和劳务总量。提高利率可使现有货币购买力推迟,减少即期社会需求,也使银行贷款需求减少;降低利率的作用则相反。中央银行还可以通过金融市场直接调控货币供应量。

(3)调节国民收入中消费与储蓄的比例。货币政策通过对利率的调节能够影响人们的消费倾向和储蓄倾向。低利率鼓励消费,高利率则有利于吸收储蓄。

(4)引导储蓄向投资的转化并实现资源的合理配置。储蓄是投资的来源,但储蓄不能自动转化为投资,储蓄向投资的转化依赖于一定的市场条件。货币政策可以通过利率的变化影响投资成本和投资的边际效率,提高储蓄转化的比重,并通过金融市场有效运作实现资源的合理配置。

(二)货币政策工具

货币政策工具又称货币政策手段,是指中央银行为实现货币政策目标所采取的政策手段。货币政策工具可分为一般性政策工具(包括法定存款准备金率、再贴现政策、公开市场业务)和选择性政策工具(包括直接信用控制、间接信用指导等)。

1. 法定存款准备金率

法定存款准备金率是指存款货币银行按法律规定存放在中央银行的存款与其吸收存款的比率。中央银行以准备金作为货币政策的操作目标,其主要原因是,无论中央银行运用何种政策工具,都会先行改变商业银行的准备金,然后对中间目标和最终目标产生影响。因此可以说变动准备金是货币政策传导的必经之路。

法定存款准备金率政策的效用体现在它对存款货币银行的信用扩张能力、对货币乘数的调节。由于存款货币银行的信用扩张能力与中央银行投放的基础货币存在乘数关系,而乘数的大小与法定存款准备金率成反比,因此,若中央银行采取紧缩政策,中央银行提高法定存款准备金率,则限制了存款货币银行的信用扩张能力,降低了货币乘数,最终起到收缩货币供应量和信贷量的作用;反之亦然。

2. 再贴现政策

再贴现是指存款货币银行持客户贴现的商业票据向中央银行请求贴现,以取得中央银行的信用支持。就广义而言,再贴现政策并不单纯指中央银行的再贴现业务,也包括中央银行向存款货币银行提供的其他放款业务。

再贴现政策的基本内容是中央银行根据政策需要调整再贴现率（包括中央银行掌握的其他基准利率，如其对存款货币银行的贷款利率等），当中央银行提高再贴现率时，存款货币银行借入资金的成本上升，基础货币得到收缩；反之亦然。与法定存款准备金率工具相比，再贴现工具的弹性相对要大一些，作用力度相对要缓和一些。但是，再贴现政策的主动权却操纵在存款货币银行手中，因为向中央银行请求贴现票据以取得信用支持，仅是存款货币银行融通资金的途径之一，存款货币银行还有其他的诸如出售证券、发行存单等融资方式。因此，中央银行的再贴现政策是否能够获得预期效果，还取决于存款货币银行是否采取主动配合的态度。

3. 公开市场业务

公开市场业务是指中央银行在金融市场上买卖有价证券和外汇的活动。它是中央银行的一项主要业务，是货币政策的一种基本工具。

中央银行买进或卖出有价证券或外汇意味着进行基础货币的吞吐，可以达到增加或减少货币供应量的目的。当金融市场上资金缺乏时，中央银行就通过公开市场业务买进有价证券，向社会投入一笔基础货币。这些基础货币如果是流入社会大众手中，则会直接地增加社会的货币供应量；如果是流入商业银行，则会引起信用的扩张和货币供应量的多倍增加。相反，当金融市场上游资泛滥、货币过多时，中央银行就可以通过公开市场业务卖出有价证券，无论这些证券是由商业银行购买，还是不定期由其他部门购买，总会有相应数量的基础货币流回，引起信用规模的收缩和货币供应量的减少。

中央银行就是通过公开市场上的证券买卖活动，以达到扩张或收缩信用、调节货币供应量的目的。公开市场业务的交易品种包含国债、政策性金融债券等，主要通过回购交易、现券交易和发行中央银行票据，调剂金融机构的信贷资金需求。

4. 选择性政策工具

随着中央银行宏观调控作用重要性的加强，货币政策工具也趋向多元化，因而出现了一些供选择使用的新措施，这些措施被称为选择性货币政策工具。

直接信用控制是指中央银行以行政命令或其他方式，从总量和结构两个方面，直接对金融机构尤其是商业银行的信用活动进行控制，其手段包括利率最高限额、信用分配、流动性比率、直接干预及开办特种存款等。

间接信用指导是指中央银行对商业银行和其他金融机构发出通告、指示或与各金融机构的负责人举行面谈，劝告其遵守政府政策并自动采取贯彻政策的相应措施。

（三）货币政策对证券市场的影响

（1）扩张性货币政策。中央银行一般通过在市场上购买国债、降低贴现率或存款准备金率，来加大货币的投放，以增加货币的供给。货币供给的增加将使利率下降，一方面将为企业提高充足的资金，获利能力增强，个人收入也随之增长；另一方面会促使一部分资金从银行流入证券市场，增加对证券的需求。同时利率的下降，也提高了证券的内在价值。以上都将促进证券价格的上升。

（2）紧缩性货币政策。中央银行一般通过在市场上卖出国债、提高贴现率或存款准备金率来收缩银根，以减少货币的供给。货币供给的减少将使利率上升，一方面将使企业面临资金紧张的压力，获利能力减小，个人收入也随之减少；另一方面会促使一部分资金从证券市场流入银行，降低对证券的需求。同时利率的上升，也降低了证券的内在价值。以上都将导致证券价格的下跌。

从具体的政策手段来看，中央银行对再贴现率的调整将直接影响市场基准利率，对证券市场的影响最为显著。

二、财政政策

（一）财政政策的概念

财政政策是指为促进就业水平提高，减小经济波动，防止通货膨胀，实现稳定增长而对政府财政支出、税收和借债水平所进行的选择，通过财政收入和财政支出的变动来影响宏观经济活动水平的经济政策。

（二）财政政策的手段

财政政策的手段主要包含财政预算、税收、国债、财政补贴、财政管理体制和转移支付制度等。

（1）财政预算。财政预算是财政政策的主要手段。财政预算是政府的基本财政收支计划，是各种财政政策手段综合运用结果的反映，能够反映国家财政规模和平衡状态。在一定时期，当其他社会需求总量不变时，财政赤字具有扩张社会总需求的功能，财政采用结余政策和压缩财政支出具有缩小社会总需求的功能。国家预算的支出方向可以调节社会总供求的结构平衡。

（2）税收。税收是国家参与社会产品分配的重要形式。税收具有强制性、无偿性和固定性的特征，它既是国家财政收入的主要来源，又是调节宏观经济的重要手段。税制的设置可以调节和制约企业间的税负水平。税收还可以根据消费需求和投资需求的不同对象设置税种或在同一税种中实行差别税率，以控制需求数量和调节供求结构。

（3）国债。国债是政府通过发行债券的方式筹集财政资金的一种形式，也是实现政府财政政策、进行宏观调控的重要工具。国债可以调节国民收入的使用结构和产业结构，用于农业、能源、交通和基础设施等国民经济的薄弱部门与瓶颈产业的发展，调整固定资产投资结构，促进经济结构的合理化。政府还可以通过发行国债调节资金供求和货币流通量。

（4）财政补贴。财政补贴是国家为了某种特定需要，将一部分财政资金无偿补助给企业和居民的一种再分配形式。我国财政补贴主要包括价格补贴、企业亏损补贴、财政贴息、房租补贴、职工生活补贴和外贸补贴等。

（5）财政管理体制。财政管理体制是中央与地方、地方各级政府之间以及国家与企事业单位之间资金管理权限和财力划分的一种根本制度，其主要功能是调节各地区、各部门之间的财力分配。

（6）转移支付制度。转移支付制度是中央财政将集中的一部分财政资金，按一定的标准拨付给地方财政的一项制度。其主要功能是调整中央政府与地方政府之间的财力纵向不平衡，调整地区间财力横向不平衡。

（三）财政政策对证券市场的影响

根据不同的调节方向，财政政策可分为扩张性财政政策、紧缩性财政政策和中性财政政策（又称稳健的财政政策）。中性财政政策是指财政的分配活动对社会总需求的影响保持中性。实施扩张性财政政策有利于扩大社会的总需求，刺激经济发展，而实施紧缩性财政政策则在于调控经济过热，对上市公司及其股价的影响与扩张性财政政策所产生的效果相反。

财政政策往往随着不同的经济发展时期进行动态的调整，但这种调整在一定时期内又保持相对稳定性。其主要的调节方式有以下几种。

（1）动态调节，即根据社会经济的发展变化制定相应的财政政策。

（2）总体调节，即从全局上组织各种经济活动之间、经济与社会事业之间平衡协调发展的财政政策。

（3）主动调节，即基于对经济发展状况的认识而制定的有针对性的政策。调节经济的财政政策，有膨胀性财政政策、紧缩性财政政策、平衡性财政政策、总量调节政策和结构调节政策等。

财政政策对证券市场的影响表现在以下三方面。

（1）扩张性财政政策。扩张性财政政策一般采取减少税收或增加政府支出的手段。减少税收将使企业利润提高、个人收入增加，从而使证券价格上涨；增加政府支出，将增加总需求，并刺激总供给的增加，使企业利润提升，个人收入随之增加，也将推动证券市场的上升。

（2）紧缩性财政政策。紧缩性财政政策一般采取增加税收或减少政府支出的手段。增加税收将降低企业利润，个人收入减少，从而使证券价格下跌；减少政府支出，将降低总需求，并使总供给减少、企业利润下降，个人收入也随之减少，证券市场将出现下跌。

（3）中性财政政策。中性财政政策又称为均衡性财政政策，经济稳定增长时期，政府通过实施财政收支基本平衡或者动态平衡财政政策，既不产生扩张效应，也不产生紧缩效应，以保持经济稳定发展。

财政政策对证券市场的影响持久但较为缓慢，从传导机制上看，财政政策是以实体经济为媒介，通过控制财政收入和支出，经过企业的投入和产出来影响的。从实体经济传导到证券市场是需要一定的时间的，因此对于证券投证券市场的影响是较为缓慢的，同时影响也是较为长久的。

三、收入政策

收入政策是国家为实现宏观调控目标，针对居民收入水平高低、收入差距大小在分配方面制定的原则和方针。与财政政策、货币政策相比，收入政策具有更高层次的调节功能，它制约着财政政策和货币政策的作用方向与作用力度，而且收入政策最终也要通过财政政策和货币政策来实现。

我国个人收入分配实行以按劳分配为主体、多种分配方式并存的收入分配政策。在以劳动收入为主体的前提下，国家依法保护法人和居民的一切合法收入与财产，鼓励城乡居民储蓄和投资，允许属于个人的资本等生产要素参与分配。自 1979 年经济体制改革以来，农村实行家庭联产承包，企业职工实行按时、按件计酬，还辅以奖金、津贴、补助等分配形式，在经营方式上实行承包制和租赁制。这些措施使劳动者收入有了较大的提高。收入的增长带来积累的增加，城乡居民的可自由支配收入增长很快。收入与储蓄的增长，除参加银行储蓄获取利息收入、购买债券获得债券利息外，还有参加股票投资获得红利和差价收入，劳动者除了获得"按劳分配"的劳动收入外，还获得了按资分配收入和其他收入。

党的十七大报告首次提出了"创造条件让更多群众拥有财产性收入"，明确了通过增加群众的财产性收入来分享改革开放成果的方向。财产性收入就是指家庭拥有的动产（如银行存款、有价证券等）、不动产（如房屋、车辆、土地、收藏品等）所获得的收入。它包括：出让财产使用权所获得的利息、租金、专利收入等，财产营运所获得的红利收入、财产增值收益等。财产性收入的增加必然会涉及各种投资，除了实业投资等，还包括投资金融产品，涵盖储蓄、债券、保险和股票等。

随着我国收入分配格局的不断变化和全社会富裕程度的增加，我国民间金融资产大幅度增加，并具有相当规模。这些资产必然要寻找出路，或者储蓄，或者投资。一部分居民存款流入证券市场，促使证券市场规模扩大和价格水平逐步提高。截至 2020 年末，我国公募基金规模已经达到 18 万亿元，沪深股市总市值超过 21 万亿元。A 股开户总数量已经超过 1.6 亿人。全社会富裕程度的增加使得 A 股股市规模和基金规模、参与证券市场的人数都创了新高，不断流入的资金能够推动证券市场价格的上扬。

四、产业政策

产业政策是有关产业发展的一切政策和法令的总和。产业政策的实施对投资活动会产生直接的影响。其主要作用是：促进和保护幼小产业的发展；加快资源配置的优化过程；促进市场机制和市场结构的完善；给企业提供一个透明度较高的发展环境；使产业结构能不断适应世界科学技术的新发展等。

产业政策的突出特征是有区别地对待各个产业。因此，了解产业政策对于证券投资的决策有重要作用。比如，对于国家积极支持发展的产业，由于受到各种优待，因此具有发展前途，证券投资者从长远利益考虑，应向这些产业投资，对于国家限制发展的产业，由于发展前景暗淡，投资者应谨慎投资于这些产业。

第四节　其他宏观经济变动因素对证券市场的影响

一、国际金融市场对证券市场的影响

随着经济全球化和金融市场一体化进程的加快，一国经济形势和金融市场的动荡都会对相关国家产生直接或间接的影响。中国经济与世界经济的联系日趋紧密。尽管目前人民币还没有实现完全自由兑换，证券市场相对独立，但国际市场的动荡也会对我国证券市场产生巨大的影响。2007 年，美国次贷危机引发的金融危机，对全球经济和金融市

场产生了巨大的冲击，而国际金融市场的剧烈动荡通过各种途径影响我国的证券市场，导致我国证券价格指数下跌 70%。

（一）国际金融市场动荡通过人民币汇率预期影响证券市场

汇率对证券市场的影响是多方面的。一般来讲，一国的经济越开放，证券市场的国际化程度越高，证券市场受汇率的影响越大。

一般而言，以外币为基准，汇率上升，本币贬值，本国产品竞争力强，出口型企业将增加收益，因而企业的股票和债券价格将上涨；相反，依赖于进口的企业成本增加，利润受损，股票和债券的价格将下跌。同时，汇率上升，本币贬值，将导致资本流出本国，资本的流失将使本国证券市场需求减少，从而导致证券市场价格下跌。

同时汇率上升时，本币表示的进口商品价格提高，进而带动国内物价水平上涨，国家为了维持汇率稳定，可能动用外汇储备，抛售外汇，从而减少本币的供应量，使得证券市场价格下跌，直到汇率回落恢复均衡；反之，会使证券价格回升。如果政府利用债市与汇市联动操作达到既控制汇率的升势又不减少货币供应量，即抛售外汇的同时回购国债，则将使国债市场价格上扬。

我国于 2005 年 7 月 21 日对人民币汇率机制进行了再一次的重大改革，开始实行以市场供求为基础的、参考一篮子调节的、有管理的浮动汇率制度。人民币汇率不再盯住单一美元，而是形成更富弹性的人民币汇率机制。自此人民币对美元开启了升值之路。人民币升值对证券市场的影响体现在：一方面是代表人民币资产的升值。伴随着金融业的逐步开放，中国资本市场产生了极大的吸引力，合格境外机构投资者投资额度放宽、市场扩容和金融衍生工具的增加等，我国资本市场正在迎来一个加速发展的时期。另一方面是中国的企业受到拥有人民币资本类的投资者的青睐，如零售商业、房地产业、金融业等。这类行业在 2006 年和 2007 年伴随人民币升值，成为股指上扬的龙头。

（二）国际金融市场动荡通过宏观面间接影响我国证券市场

随着国民经济的对外依存度大大提高，国际金融市场动荡会导致出口增幅下降、外商直接投资下降，从而影响经济增长率。宏观经济环境的恶化导致上市公司业绩下降和投资者信心下降，最终使证券市场行情下跌。其中，国际金融市场的动荡对外向型上市公司和外贸行业上市公司的业绩影响最大，对其股价的冲击也最大。2008 年全球金融危机直接影响到全球实体经济，美国、欧洲和日本三大经济体经济进入衰退。中国经济2008 年第 4 季度出现大幅度下滑，其中出口出现零增长，A 股市场也受到国际金融市场的影响。

（三）国际金融市场动荡通过微观面直接影响我国证券市场

随着中国经济实力的不断壮大，国内企业的国际竞争能力也在不断增强。一些大型企业最近几年通过跨国兼并参与国际竞争。国内主要上市公司通过购买境外企业的股份，以达到参股或控股的目的。另外一些大型上市公司通过购买境外企业债券进行组合投资套期保值。国际金融市场的动荡造成境外企业的股票和债券价格大幅度缩水，严重影响了上述公司的业绩。

二、其他宏观经济变动因素对证券市场的影响

在社会经济发展中，有些因素如能源因素、人口因素、新技术革命因素等变动性强，对经济的影响大，这也是证券投资者在进行宏观分析时必须注意到的问题。

（一）能源因素

能源与经济发展的关系相当紧密，被誉为"现代经济发展的血液"。在 20 世纪 70 年代石油提价以前，廉价的石油直接推动了第二次世界大战后石化工业、汽车工业、钢铁工业和造船工业的迅速发展，并带动了几乎所有经济部门和行业的生产与销售活动。1973 年和 1979 年石油两次大幅度提价和随之而来的全球性石油短缺对世界经济和各国经济的发展都产生了难以估量的影响，并引起了全球性经济、贸易与金融结构的大调整。较高的石油价格增加了人们对各种高效节能性商品的需求，导致了生产企业由能源密集型向技术密集型等方面的转变，推动了各种新能源和替代能源行业的发展。因此，能源价格和各种能源在总能源中的构成即能源结构等指标也是影响整个经济和行业发展的重要因素，是进行证券投资分析时不可忽视的方面。

（二）人口因素

随着社会的发展，作为商品与劳务最终消费者的人口的数量、构成、分布和增长情况越来越成为影响经济增长的一个重要因素，这是因为生产资料和生活资料的生产最终都要依赖于消费市场的容量和发展情况。

目前发达国家的人口增长速度缓慢，有些国家甚至出现下降的现象。这种情况对经济中各生产行业将产生不同的影响。如人口出生率的下降不仅会直接影响到与婴儿有关的一系列行业的生产，而且会导致家庭规模的缩小和人口的老龄化，人口老龄化会推动老年日用商品与各种保健品行业的迅速发展；同时，年轻夫妇和规模较小的家庭消费开支也从主要购买日常的生活用品转向耐用消费品、高档服装以及用于旅游、观光等方面。因此，消费者需求目标和消费方式的变化对某些行业将会起到有力的促进作用，而对另一些行业则会产生不利的影响。这种不同的影响作用也会相应地反映在这些行业的股票价格上。此外，现有的人口分布区域、人口密度和增长潜力也会对经济的发展产生影响，并反映在证券行市上。因此，人口的变动也是证券投资宏观分析必须考虑的因素。

（三）新技术革命因素

自 20 世纪 40 年代开始，新技术出现的频率加快，理论科学向实用技术的转换速度迅速加快。一项新技术出现不久，很快就转换成为新的生产能力，甚至出现一个新行业。第二世界大战后几十年里，一系列新的高科技工业部门，如原子能工业、高分子合成工业、激光工业、生物工程、遗传工程、海洋工程和宇航工程等相继兴起，直接而有力地推动了工业的迅速发展和水平的提高，但是高新技术产业往往是高风险投资产业，证券投资者投资于这类产业时，必须密切注视技术革命的发展状况，进行认真分析，作出正确的决策。

第五节　非经济因素的宏观分析

一、政治因素

政治因素指的是国内外的政治形势、政治活动、政局变化、国家领导人的更迭、执政党的更替、国家政治经济政策和法律的公布与改变、国家或地区间的战争和军事行为等。

国家经济政策的调整，将影响到上市公司的外部经济环境、经营成本和经营利润等，从而影响整个证券市场。而政局的不稳定以及战争，将会引起证券市场的剧烈震荡。可以说，政治因素对证券市场的影响是全面的、敏感的。政治形势尤其是国际政治关系的变化，对证券市场越来越产生敏感的影响，主要表现在以下几个方面。

（一）国际形势的变化

当今世界各国间企业的关联性越来越紧密，国际形势的风云变幻会直接影响到企业正常的生产经营活动。随着经济全球化的不断深入，这种状况会表现得更加明显。如外交关系的改善会使有关跨国公司的股价上升。作为投资者，应在外交关系改善时，不失时机地购进相关跨国公司的股票，以获取因国际形势变化带来的投资收益，避免投资风险。可见，国际政治形势的改变，已越来越对股价产生较高的敏感反应。

（二）国内重大政治事件

国内重大政治事件，如政权更迭、领袖更替、政治风波等都会对证券市场产生重大影响，即通过对投资者的心理产生影响，从而间接地影响证券价格。再如政府的作为，以及社会的安定性等，均会对股价波动产生影响。

（三）战争的影响

战争使各国政治经济不稳定、人心动荡，会引发物价上涨、货币贬值，投资者抛售股票来换取货币与实物，证券价格下跌，股市暴跌。但是战争对不同行业的证券价格影响又不同，比如战争使军需工业兴盛，那么凡是与军需工业相关的公司证券价格均会上涨。因此，投资者应适时购进军需工业及其相关工业的证券，售出容易在战争中受损的证券。

（四）法律制度

如果一个国家在金融方面的法律制度比较健全，投资行为就会得到管理和规范，并使中小投资者的正当权益得到保护，就会提高投资者持有证券的信心，从而促进证券市场的健康发展。如果法律法规不完善，投资者权益受法律保护的程度低，则不利于证券市场的健康发展。

二、市场自身因素

影响股票市场价格变化的根本原因和直接原因都是供求关系的变化。但在一定的条件下，证券行情的发展可能会游离于政治、经济因素，完全由市场自身的一些原因来主导行市的变化。

（一）证券行市有其自身特有的运行规则

在证券市场中，由于投资者的市场预期的心理，证券行市有其自身特有的运行规则，特别是在股票市场上，久涨必跌，久跌必涨，已经成为一个普遍的规律。证券市场行市的起起落落，既是市场运行自身的规律，也反映了市场投资者的心理变化和对发行公司未来的价值判断。在研究证券投资的各种假说和理论中，循环周期理论实际上就是对证券市场这一规律性的变化进行总结，期望探索出其内在的规律性。

（二）人为操纵

人为操纵股价在股市上难以避免，尤其是在股票市场尚不健全的时期，证券市场监管制度又不够健全的情况下，其操纵情况更为常见。

（三）投资者心理因素的变化

证券市场是一个十分敏感的市场，同时也是一个依靠信息博弈的市场，股市上的任何风吹草动都可能引发行情的变化。仅仅因为投资者心理上发生了一些变化，就会导致股价的波动。

（四）其他不确定因素

除了上述因素外，证券市场还可能受到其他一些因素的影响。这些因素可能不是证券价格波动的直接原因，但是由于它与投资者的经济生活休戚相关，最终会在证券行市中表现出来。

（1）自然灾害。自然灾害并非政治或经济因素，但却影响到经济的健康发展和政治上的变化，对证券市场的价格有时起着决定性的影响，如地震、火山喷发、海啸、泥石流、龙卷风、干旱、洪涝、荒漠化等。这些自然灾害是人类目前无法完全回避和消除的，它们所造成的影响对社会经济的发展会形成重大打击，当然表现在证券市场上的就是行市波动、投资价值中枢下降。比如 2004 年末的印度尼西亚海啸，造成了超过 25 万人的遇难，直接经济损失有专家预测超过 136 亿美元，这给东南亚国家的经济复苏和人民生活带来了严重影响，当然最终也通过证券行市表现了出来。

（2）重大疫情传播。人是产品的最终消费者，影响人类自身或其他动植物健康的各类疫情，也有可能对人类的生产、经营活动形成打击。一般情况下，疫情的发生，都会影响和降低疫情发生国的 GDP 的增幅，这种影响，在证券市场上的表现是十分明显的。

（3）突发性重大事件。在日常生活中，有一些不可预知的重大事件的发生，如重大矿难、人为的灾难、市场崩溃等。当该重大事件的影响范围达到一定的程度时，就有可能波及证券市场，影响证券价格的变化。例如，1986 年 4 月 26 日，发生在切尔诺贝利核电站的核泄漏事故，给苏联及北欧诸国带来了核污染，甚至影响到了美国，人们争相抢购陈粮冻肉。这起核事故造成了巨大的经济损失。由于爆炸，苏联核电供应量为此减少了 10%。芬兰、埃及等国取消了原与苏联签订的核设备订单，损失有近百亿美元。苏联的两大粮仓——乌克兰和白俄罗斯地区也受到不同程度的核污染，粮食和甜菜产量受到很大影响。这次事故给苏联带来了巨大的政治、经济的影响，也影响着国际证券市场的价格波动。

此外，其他的宏观因素，诸如太阳黑子变化等天文现象也有可能影响人们的行为模式，对证券投资产生实质性的影响。因此，投资者应尽可能地分析所有可能对证券价格产生作用的宏观因素，做好宏观分析。

课程思政拓展阅读

高质量发展将开启　中国股市一轮长期牛市

当今世界，正在经历百年未有之大变局。当今中国，正在开启面向未来新的伟大征程。胸怀中华民族千年伟业的中国共产党带领全中国人民在实现了第一个百年奋斗目标之后，又乘势而上向着全面建成社会主义现代化强国的第二个百年奋斗目标奋勇进军。

常言道，金融是经济的血脉，经济的高质量发展将造就更加强大的金融造血功能。可以预期，中国持续繁荣和昌盛，以及中国经济高质量发展与实现中国梦复兴浪潮的同频共振，将为中国资本市场的世纪崛起创造有利条件、提供强大支撑。在这个宏大的进程中，中国将会涌现出一批伟大的公司，中国资本市场也将发展成为具有全球影响力的国际化大市场。在此背景下，以上证指数为代表的中国股市也将适时开启一波长期牛市。

一、驱动分析

人类历史，总是在一个又一个、偶然又不偶然的事件中演化。要想在这些纷繁复杂的点状事件中把脉未来，需要洞察大势、悟透因果、读懂时局。上证指数未来这波可能的长期牛市，就其驱动因素来说，至少有以下几个方面。

（1）宏观因素。春夏秋冬季节变化的力量来自地球围着太阳转，这是它的内在逻辑。同样，周期的力量也是推动股市涨潮退潮的核心因素。笔者认为，中国股市未来最大的宏观因素就是中国正处在几个重要周期向上共振的大趋势之中。

第一是世界大国的兴替周期。基辛格博士在他的名著《大外交》一书中开宗明义地指出，世界每隔百年会出现一个新的全球大国。19世纪的欧洲人用亚非拉的落后和愚昧来映衬自己的先进与文明，而英国作为其领头羊则成为称霸世界的"日不落"帝国；20世纪两场世界大战和一场美苏"冷战"之后，世界秩序多次重构，最终打造出美国独霸世界的局面；当前，中国正处于近代以来最好的发展时期，在世界百年未有之大变局中，中国的发展已成为其中最活跃的促变基因和趋势力量。兰德报告《中国大战略：趋势、轨迹与长期竞争》认为：尽管中国经济在发展过程中面临不同的挑战，但中国仍然将在2030年后的某个时候成为全球最大经济体；同样，中国某些领域的科技实力也将在2050年时居于全球领先地位。可以说，中国作为全球大国的兴起已成为不可逆转的大趋势。

第二是国家重大战略递进更新周期。首先，国家发展的政策导向由过去的"效率优先、兼顾公平"向着致力深化"共同富裕"转轨递进；其次，国家经济发展路径由过去粗放的"高速发展"向着可持续的"高质量发展"转轨递进；再者，国家长期发展目标由"全面建成小康社会"向着"全面建成社会主义现代化强国"新的百年目标转轨递进。

第三是中国股市自身的运行周期。自2007年创下历史高点以来，上证指数在经过长达14年的复杂运行之后，有望进入一个新的上升周期，而该周期将开启一轮长期牛市。

上述几个重要周期的同步交织、相互激荡，构成了引发中国股市未来这波长期牛市最重要的宏观因素。

（2）经济因素。今天的中国不仅迈过了刘易斯拐点，还面临几个长期有利的发展机遇：一是数字化转型及产业互联网发展。当前，大数据、云计算、人工智能等新技术正在中国大地上蓬勃发展，数字经济的强大引领作用将极大地促进中国经济结构的转型升级。二是以碳达峰、碳中和为目标的绿色转型。"双碳"是一个容量巨大的绿色投资主题，把握好这个主题，将会带来中国的能源结构、生产结构和消费结构的重构，使中国作为后发经济体的结构性潜能得到更充分的发挥。三是中国超大规模市场的需求结构内转和升级。2008年以来，我国需求结构逐渐由外向内转变，内需对经济增长的支持作用开始凸显。需求结构的内转和提档升级给中国经济发展带来了巨大的消费动能，已成为我国经济增长的第一驱动力。上述需求结构的变化使我国国内市场不断扩大，经济增长的平稳性、可控性显著提高，有效增强了抵御外部冲击的能力。

在上述机遇之下，中国已经开启的高质量发展新进程应成为未来中国股市出现长期牛市最重要的经济因素。高质量发展，就是提升全要素生产力的发展，是能够更好满足人民日益增长的美好生活需要的发展，是创新成为第一动力、协调成为内生特征、绿色成为普遍生态、开放成为必由之路、共享成为根本目的的发展。在促进共同富裕的大背景下，高质量发展的新时期将创造更多物质财富和精神财富，使经济行稳致远、社会和谐安定、文化繁荣兴旺、生态绿色健康、国家繁荣富强，也必将为中国股市的长期繁荣积聚起磅礴而持久的发展动力。

（3）市场因素。注册制的全面推行，以常态化退市为核心的一系列市场制度的改革完善，机构投资者占比的不断提高，以及在促进共同富裕背景下更加注重公平和保护普通投资者的金融监管导向，将成为推动未来中国股市长期繁荣最重要的市场内因。

（4）资金因素。股市的上涨可能有许多的原因，但归根到底都是资金推动的结果。市场中的流动性状况，决定了股市的走势状况。当前的中国股市，已经具备了流动性长期充裕的条件：一是基金业快速发展，不仅成为居民财富管理的重要依托，也成为股市不断增长的资金来源。据统计，仅公募基金方面，截至2021年7月底，管理资产规模达到23.5万亿元，较2016年增长1.6倍，从全球第九上升至目前的全球第四。二是根据专家预测，到2035年，中国的中产阶层人数将由目前的4亿左右增加到8亿，实现翻一番。这意味着居民财富将有一个持续的、大规模的增长。在"房住不炒"的定位之下，这些增长的居民财富在大概率上会持续流入股市。三是外资进入中国股市已形成趋势。据统计，截至2021年8月末，外资持有A股流通市值3.47万亿元，占流通市值比重约4.7%。中国资本市场的对外开放和中国经济的高质量发展，将会吸引更多境外中长期资金入市，中国股市也将成为一个国际化的资本市场。

（5）心理因素。有研究指出，投资大众的群体心理状况是引发股市走势变化的重要推动力量，而股市的投资气氛归根结底是一种投资大众的心理共识，这个心理共识反映了多数投资者对股市未来所持的悲观或乐观的态度。每轮牛市无一不是在投资大众积极进取、满怀信心、充满希望的乐观氛围中产生的。对股市来说，信心比黄金还重要。放眼当今的中国，经过40多年的改革开放，国人的价值观和社会心态变得越来越主动积极。随着中国经济的不断增长、中国在世界国家中地位的不断提高，以及"全面小康"的实现和对"共同富裕"新目标的追寻，国人对中国的未来充满信心和希望。人民对未来有信心，愿意为美好未来奋斗拼搏，这就是国家发展、民族进步、经济繁荣的力量源泉，也是中国股市走出一轮长期牛市的心理支撑和精神力量。

二、市场波动与解构

正确认识金融市场的价格波动是做好金融投资的重要前提。笔者认为，金融市场是一个典型的复杂性系统，是非线性、非均衡的强竞争和弱有效市场，金融市场的价格波动具有混沌的特点（分形及自相似性等），波动的形式可以收敛于均衡，可以是稳定的准周期震荡，更多的可能是混沌但有边界的。全局（宏观上）的确定性与局部（微观上）的随机性两者的统一，是混沌的基本特征。这些特征告诉我们，要正确认识和把握金融市场的价格波动并非易事，需要我们做出多方面的努力。

首先，树立科学的认识观。辩证唯物主义认为，自然界、人类社会和人的认识都是发展变化的，发展的实质是事物的前进和上升。事物的发展，总是波浪式前进、螺旋式上升的。波浪式前进，是因为它们永远都处在矛盾运动之中，要在克服困难、挫折、障碍中一路向前，有起有落，有胜有败，逐渐走向远方。螺旋式上升，是说在肯定自己又否定自己的过程中，不断发展进步，一步步攀上新的高峰。将此观点应用于股市，可以得出以下认识：股市的长期趋势是不断前进上升的，但其前进上升的过程是曲折复杂的，呈现出波浪式前进、螺旋式上升的特点。

其次，培养正确的思维方式。如前所述，金融市场的价格波动具有随机性、非线性、复杂性和混沌的特点。因此，投资金融市场必须改变传统的简单因果和线性思维方式，培养权变、动态和非线性的思维方式，树立审时度势、顺应市场的投资理念。

最后，尝试了解金融市场价格运行的结构特征。大量的研究和市场观察指出，金融市场的价格运行具有一定的结构和模式，这些结构和模式经常有韵律的重复出现，这为我们解读价格运行特征提供了一种视角和途径。比如，价格运行存在交替现象：价格从无序（横盘震荡）到有序（趋势），再由有序（趋势）向无序（横盘震荡）转化，循环往复。再如，金融市场价格运行在其主要上升趋势中往往以三次向上的摆动为特征：第一次向上摆动为从之前价格跌势导致的悲观氛围中所做的超跌反弹；第二次向上摆动由企业经营和利润改善所推动；第三次向上摆动由乐观情绪主导，将导致价格与价值的背离，等等。据此，我们也可以作出一个粗略的推断：上证指数未来这波长期牛市也可能出现三次向上的摆动走势，而每一次向上摆动都会形成一个阶段性高点。

三、市场机会与风险

从财富的视角看，股市是一把双刃剑，它既能造富，也能致贫。这里的关键是要弄清股市的牛熊周期，努力规避熊市的伤害，同时积极把握牛市的机会。

可以预见，中国股市未来这波长期牛市将为参与各方提供一个难得的机遇：首先，已在中国股市上市的公司将是最直接的受益者。一轮长期的牛市将大幅提升上市公司的市值，从而大幅提高它们的股权收益和财富水平；其次，在注册制的背景下，一轮长期牛市将使IPO常态化，这会为更多的未上市企业提供进入股市进行低成本融资的机会，从而加快企业的发展，增加企业的盈利；再次，对金融市场的机构投资者来说，这既是头部机构做大做强、成就辉煌的时代机遇，也是中小机构弯道超车的大好机会；最后，对广大普通投资者来说，这也为他们进行投资理财提供了一个现实途径和机会。

需要特别指出的是，在金融市场中，收益和风险是相伴而生的，投资股市，防范风险始终都是第一位的。因为长期牛市不等于直线上涨或只涨不跌，在长期牛市中投资也不等于只赚不赔或躺赢。如果把一轮长期牛市比作一波长潮，潮涨又潮落的起伏波动就是其最真实的模样，而有波动就会有风险。事实上，慢涨急跌就是牛市的基本特征之一，而急跌对投资者的杀伤力绝对不可小视。此外，牛市中的行情常常是结构性的，许多股票在牛市中也是慢涨、不涨甚至是下跌，这也是牛市中的另一种风险。因此，对于希望把握牛市机会的普通投资者来说，定投基金可能是个可行的办法。投资大师巴菲特就明确指出："对于绝大多数没有时间进行充分调研的中小投资者，成本低廉的指数基金就是投资股市的最佳选择，通过定期投资指数基金，一个什么都不懂的业余投资者通常能够打败大部分专业的基金经理。"作为普通投资者，这会是你的一个选择吗？

资料来源：高质量发展将开启中国股市一轮长期牛市[EB/OL]. (2021-12-27). https://cj.sina.com.cn/articles/view/7517400647/1c0126e47059025qfo.

即测即练

自学自测　扫描此码

思考题

1. 简述 GDP 变动对证券市场的影响。
2. 简述财政政策的种类及对证券市场的影响。
3. 什么是货币政策？分析货币政策对证券市场的影响。
4. 论述经济周期变动与证券市场波动的关系。

第六章

证券投资行业分析

本章学习要点

（1）了解行业的分类及一般特征；

（2）掌握证券投资行业分析的方法；

（3）能够从行业特征、经济周期、行业的生命周期等角度分析所投资证券的价值及风险。

第一节　行业分析概述

从证券投资的角度看，宏观分析是为了掌握证券投资的宏观背景。要对具体投资领域和具体投资对象加以选择，还需要进行行业分析和公司分析。

一、行业的含义

行业是指从事国民经济中同性质的生产或其他经济社会活动的经营单位和个体等构成的组织结构体系。

行业与产业相比有一定的差别。产业是一个经济学的术语，具有三个特点：①规模性，即产业的企业数量、产品或服务的产出量达到一定的规模。②职业化，即形成了专门从事这一产业活动的职业人员。③社会功能性，即这一产业在社会经济活动中承担一定的角色，而且是不可缺少的。

行业虽然也拥有职业人员，也具有特定的社会功能，但一般没有规模上的约定。比如，国家机关和党政机关行业就不构成一个产业。证券分析师关注的往往都是具有相当规模的行业，特别是含有上市公司的行业，所以业内一直约定俗成地把行业分析与产业分析视为同义语。

二、行业分析的意义

行业分析的主要任务包括：解释行业本身所处的发展阶段，分析其在国民经济中的地位，通过分析影响行业发展的各种因素以及判断对行业影响的力度，预测并引导行业的未来发展趋势，判断行业投资价值，揭示行业投资风险，从而为政府部门、投资者及其他机构提供决策依据或投资依据。

行业经济是宏观经济的构成部分，宏观经济活动是行业经济活动的总和。行业经济活动是介于宏观经济活动和微观经济活动中的经济层面，是中观经济分析的主要对象之一。

行业分析是对上市公司进行分析的前提，也是连接宏观经济分析和上市公司分析的桥梁，是基本分析的重要环节。不同的行业有不同的特征，不同行业处于生命周期发展的不同阶段，其投资价值也不一样。行业分析是分析公司是否具有投资价值的重要因素之一。

行业分析和公司分析是相辅相成的。一方面，上市公司的投资价值可能会因为所处行业的不同而产生差异；另一方面，同一行业内的上市公司由于经营管理、技术水平等差异也会千差万别。

第二节　行业的一般特征分析

一、行业的市场结构分析

依据不同行业中厂商的数量、产品差异程度、厂商对价格的控制程度以及厂商进入市场的难易程度等因素，各种行业基本上可以分为四种市场类型：完全竞争、垄断竞争、寡头垄断和完全垄断。

（一）完全竞争

完全竞争型市场结构是指许多企业生产同质产品的生产情形。

其特点是：生产者众多，各种生产资料可以完全流动；产品是同质、无差别的；任何一家企业都不能影响产品价格；企业是价格的接受者，而不是价格的制定者；企业的盈利基本上由市场对产品的需求决定；生产者和消费者对市场情况非常了解，并可自由进入或退出市场。此类行业的公司经营最不稳定，对该行业进行证券投资，风险大，收益也可能很大，投资的关键是能否判别出有竞争实力、有成长潜力的公司。

完全竞争市场是一个理论性的假设，该市场结构得以形成的根本因素在于企业产品的无差异，所有的企业都无法控制产品的市场价格。在现实经济中，完全竞争的市场类型很少见，初级产品（如农产品）的市场类型比较接近于完全竞争。

（二）垄断竞争

垄断竞争是指许多生产者生产同种但不同质产品的市场情形。

其特点是：生产者众多，各种生产资料可以流动；生产的产品同种但不同质，即产品之间存在着差异，这种产品之间存在着实际或想象上的差别，是垄断竞争与完全竞争的主要区别；由于产品差异性的存在，生产者可以借以树立自己产品的信誉，从而对其产品的价格有一定的控制能力。

垄断竞争是一种比较接近现实经济状况的市场结构。垄断竞争型市场中有大量企业，但没有一个企业能有效影响其他企业的行为。该市场结构中，造成垄断现象的原因是产品差别，造成竞争现象的是产品同质。在国民经济各行业中，制成品（如纺织、服装等轻工业产品）的市场类型一般都属于垄断竞争。

（三）寡头垄断

寡头垄断是指相对少量生产者在差别很少或没有差别的某些产品的生产中以及具

有某些差别的产品生产中占据很大市场份额的情形。

其特点是：产业集中度高，市场被少数大企业所控制，少数大企业生产和销售的产品在行业中占据了很高的比例；产品基本同质或差别较大，厂商的定价能力较强；进入和退出壁垒较高。行业内的少数大企业在资金和技术以及生产规模上都占有绝对优势，新企业很难进入；而且这些行业的企业生产规模很大，投入的资本量也很大，所以退出市场的壁垒也很高。

一些资本密集型、技术密集型行业，如钢铁、汽车等，以及少数储量集中的矿产品，如石油等的市场类型多属于此。因为，生产这些产品所必需的巨额投资，复杂的技术或产品储量的分布限制了新企业对这个市场的进入。

（四）完全垄断

完全垄断是指独家企业生产某种特质产品的情形。特质产品是指那些没有或缺少相近的替代品的产品。完全垄断可以分为两种类型，一种是政府完全垄断，如国有铁路、邮电等部门；一种是私人完全垄断，如根据政府授予的特许专营权或根据专利权产生的独家经营，以及由于资本雄厚、技术先进而建立的排他性私人垄断经营。

完全垄断市场类型的特点是：市场被独家企业控制，产品没有或缺少合适的替代品，垄断者能够根据市场的供需情况制定符合自身利益的价格和产量，在高价少销和低价多销之间进行选择，获取最大利润。但是这种自由是有限度的，要受到反垄断法和政府管制的约束。

在现实经济生活中，一些公用事业如煤气公司、自来水公司以及某些资本、技术高度密集型或稀有资源的开采等行业属于这种完全垄断的市场类型。完全垄断型市场的行业，其经营风险小，业绩有保证，公司股票价格比较稳定。

通常，竞争程度越高的行业，其商品价格和企业利润受供求关系影响越大，因此该行业的证券投资风险越大，而垄断程度越高的行业，其商品价格和企业利润受控制程度越大，证券投资风险相对较小。

二、行业的竞争结构分析

竞争决定了一个行业的利润率。美国哈佛商学院教授迈克尔·波特认为，一个行业激烈竞争的局面源于其内存的竞争结构。一个行业内存在五种基本竞争力量：行业内现有厂商的竞争、新进入者的威胁、替代产品的威胁、供应商议价能力和需求方议价能力（图6-1）。这五种作用力决定了行业的盈利能力，因为它影响价格、成本和企业所需的投资，即影响投资收益的诸多因素。

（一）行业内现有厂商的竞争

当在某一行业中存在一些竞争者时，由于它们力图扩大各自的市场份额，于是市场中会出现价格战，从而降低了利润。如果行业本身增长率缓慢，这些竞争会更加激烈，因为此时扩张意味着掠夺竞争对手的市场份额。高固定成本也会对价格产生压力，因为高固定成本将使公司利用其完全的生产能力来进行生产以降低单位成本。如果企业之间生产几乎相同的产品，那么它们就会承受相当的价格压力，因为此时公司就不能在区分产品的基础上进行竞争。

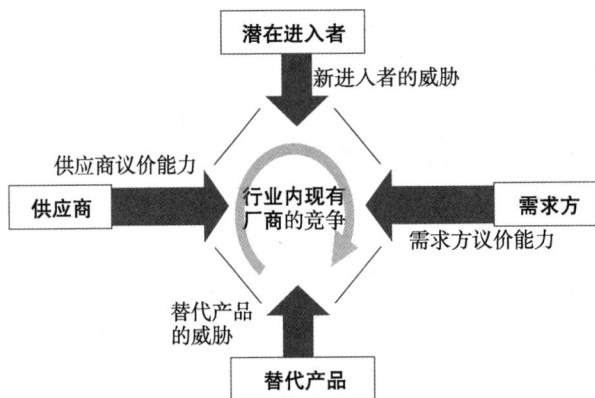

图 6-1　波特五力竞争模型

（二）新进入者的威胁

行业的新进入者会对价格和利润造成巨大的压力，甚至当其他公司还未真正进入该行业时，进入威胁也会对价格施加压力。因为高价和利润率会驱使新的竞争者加入行业，所以进入壁垒是行业获利能力的重要因素。进入壁垒可以有多种形式，例如，通过长期的商业关系，现有公司已经和消费者及供应商建立了牢固的分销渠道，而这对一个新进入的企业来说成本是很大的。商标、版权使市场进入者难以在新市场中立足，因为它使不同企业遭受到严重的价格歧视。

（三）替代产品的威胁

如果一个行业的产品存在替代品，那么这就意味着它将面临与相关行业进行竞争的压力。例如，糖业将面临玉米糖浆制造业的竞争，毛纺厂将面临合成纤维厂商的竞争。替代品的存在对厂商向消费者索取高价做了无形的限制。

（四）供应商议价能力

如果关键投入品的供应厂商在行业中处于垄断地位，它就能对该产品索取高价，进而从需求方行业中赚取高额利润。如果替代品存在，而且可以被需求者获得，卖方就会失去讨价还价的资本，因此，也就难以向需求方索取高价。一个特殊的例子就是作为生产的关键投入品的工人组织——工会。工会这个统一的组织致力于提高工人工资的各种谈判。当工人市场具有高度的组织性和统一性时，行业中潜在利润的一大部分就会被工人占有。

（五）需求方议价能力

如果一个采购者购买了某一行业的大部分产品，那么它就会掌握很大的谈判主动权，进而压低购买价格。比如，汽车厂商可以对汽车零部件的生产者施加压力，而这会降低汽车零部件行业的盈利能力。

从静态角度看，这五种基本竞争力量的状况及其综合强度决定着行业内的竞争激烈程度，决定着行业内的企业可能获得利润的最终潜力。从动态角度看，这五种基本竞争力量抗衡的结果共同决定行业的发展方向，共同决定行业竞争的强度和获利能力。但是，各种力量的作用是不同的，常常是最强的某个力量或某几个力量处于支配地位、起着决定性的作用。例如，一个企业在某行业中处于极为有利的市场地位时，潜在的加入者可能不会对它构成威胁。但如果它遇到了高质量、低成本的替代品的竞争，就可能会失去其有利的市场地位，只能获得低的收益。有时，即使没有替代品和大批的加入者，现有竞争者之间的激烈抗衡也会限制该企业的潜在收益。

在各类行业中，并非所有五种作用力都同等重要，某种因素的重要性依据结构不同而不同。每一个行业都有其独特的结构。五种作用力的框架能使证券分析师透过复杂的表象看到本质，准确分析对行业至关重要的竞争因素，从而进行正确的投资决策。

三、行业生命周期分析

行业的生命周期是指行业从初生到衰退的演变过程，分为四个阶段：初创期、成长期、成熟期、衰退期。在进行投资决策时，投资者应充分考虑公司所处的行业生命周期，以选择适合自己的资金和投资期限的行业的公司。

（一）初创期

在这一阶段，由于新行业刚刚出现，行业内的企业数量为数不多，而且由于初创期产品的研究开发费用和企业创设成本较高、市场需求小，销售收入较低，企业不但没有盈利，反而普遍亏损；同时，较高的产品成本和价格与较小的市场需求还使这些创业公司面临很大的投资风险。

在初创期后期，随着行业生产技术的提高、生产成本的降低和市场需求的扩大，新行业便逐步由高风险低收益的初创期走向高风险高收益的成长期。

（二）成长期

进入成长期，随着新行业逐渐得到市场的认可，市场需求也开始提高。由于看好该行业的前景，大量厂商的进入使得产品逐步出现多样化的局面，厂商之间的竞争加剧。这一时期，厂商的利润增长很快，但面临的竞争风险也很大。到了成长期后期，由于优胜劣汰，厂商数量逐渐趋于稳定，销售和利润都保持平稳，受不确定因素的影响较少，行业的波动也较小，此时，投资者蒙受经营失败而导致投资损失的可能性大大降低，分享行业增长带来的收益的可能性大大提高，因此，这个阶段是进行投资的最佳时期。

（三）成熟期

在成熟期，产品的销售增长减慢，迅速赚取利润的机会减少，在前一时期竞争中生存下来的少数大厂商垄断了整个行业的市场，它们彼此势均力敌，都相对稳定地占有一定比例的市场份额。而厂商之间的竞争手段也从价格手段转向非价格手段，而且由于进入壁垒较高，新厂商很难进入。但是行业的增长已经停滞，只有依靠技术的创新来实现新的增长。成熟期一般会维持相对较长的时期，在这一时期，公司股票价格基本上稳定上升。当行业进入成熟期后期时，投资者应考虑及时收回投资。

（四）衰退期

衰退期出现在较长的稳定阶段之后，由于新产品及大量替代品出现，市场需求减少，产品销量下降，某些厂商开始向其他行业转移资金，整个行业进入生命周期的最后阶段。在衰退阶段，厂商数目减少，市场萎缩，利润率停滞或下降，当正常利润无法维持或现有投资折旧完毕后，整个行业便逐渐解体。衰退行业的股票行市平淡或有所下跌，那些因产品过时而遭淘汰的行业，股价会受到更为严重的影响。

当然，上述四个阶段只是行业生命周期的一般情况。行业生命周期因为受政府干预、行业性质结构、国外竞争和能源结构的变化等重要因素的影响，所以要比想象中复杂得多，生命周期中的不同阶段的特点，可能会因上述因素的作用而改变。例如，有些行业可能在初创期投资量并不大，甚至一开始就能盈利；再如，由于政府的扶植，某些行业扩张期会很长，如扩军备战时期的军火工业等；还有如果考虑国际竞争在内，进入成熟期的行业，也有可能受到来自国外的竞争冲击，且随着世界市场的进一步发展，各国经济与行业间的这种相互影响作用会更大。另外，进入衰退期的行业，可能会由于某种特定的原因而复苏振兴。如传统的煤炭工业由于全球性的石油短缺和油价暴涨而得以复苏。

行业生命周期的意义，不仅局限于客观地描述行业的发展过程，而且更重要的在于它能帮助人们选择合理的投资行业，起到投资指南的作用，具有重要的参考价值。

四、经济周期与行业分析

经济周期变化一般会对行业的发展产生影响，但影响的程度不尽相同，有些行业受到的影响程度大，有些行业受到的影响程度小。根据经济周期与行业发展的相互关系，可将行业分为三种类型：增长型行业、周期型行业和防守型行业。

（一）增长型行业

增长型行业是指发展速度经常快于平均发展速度的行业。增长型行业的运动状态与经济活动总水平的变动周期及其振幅无关。增长型行业依靠技术进步、新产品开发和提供优质服务等，使自己经常呈现出增长态势。在经济高涨时，它的发展速度通常高于平均水平；在经济衰退时期，它所受影响较小甚至仍能保持一定的增长。

选择增长型行业进行投资通常可以分享行业增长的利益，同时又不受经济周期的影响，在证券买卖的时机选择上也比较灵活，因此很多投资者对增长型行业倍加青睐。在过去的几十年内，计算机和复印机行业属于增长型行业。当宏观经济周期进入衰退阶段时，持有增长型行业的股票可以回避风险，但困难的是难以把握精确的购买时机，因为这些行业的股票价格不会随着经济周期的变化而变化。

（二）周期型行业

周期型行业的运动状态直接与经济周期相关。当经济繁荣时，这些行业会相应扩张；当经济衰退时，这些行业也会随之收缩。消费品行业、耐用品制造业以及其他需求收入弹性较高的行业，属于典型的周期型行业。购买该行业的股票时，应密切关注经济周期的变化。

（三）防守型行业

防守型行业的特征是受经济周期的影响小，它们的商品往往是生活必需品或是必要的公共服务，公众对它们的商品有相对稳定的需求，因而行业中有代表性的公司盈利水平相对也较稳定。这些行业往往不因经济周期变化而出现大幅度变动，甚至在经济衰退时也能取得稳步发展。因此，对该行业的投资属于收入型投资，而不是资本利得型投资。食品业和公用事业等属于防守型行业，这些行业的需求收入弹性较小。

了解了经济周期与行业的关系，投资者应顺势选择不同行业进行投资。当经济处于上升、繁荣阶段时，投资者可选择投资周期型行业证券，以谋取丰厚的资本利得；当经济处于衰退阶段时，投资者可选择投资防守型行业证券，可获得稳定的适当收益，并可减小所承受的风险。

第三节　影响行业兴衰的因素分析

一、影响行业兴衰的因素

行业生命周期四个阶段的说明只是一个总体状况的描述，并不适用于所有行业。行业的实际生命周期由于受技术进步、政府政策、社会习惯的改变等诸多因素的影响而表现得极为复杂。

（一）技术进步

技术因素对证券投资的影响可以粗略分为两类：一类是以技术稳定为特征的行业，如钢铁工业和化学工业，其产品需求有着较长时期的稳定性。当然，由于价格构成的变动及其产品需求的减少，这些产品需求较稳定的行业在不同的年份其获利水平仍有波动。另一类则是技术不断进步的行业，典型的如生物医药和计算机行业，新技术、新方法不断涌现，产品更新换代迅速。

技术进步对行业的影响是巨大的，它往往催生一个新的行业，同时迫使一个旧的行业加速进入衰退期。例如，电灯的出现极大地削减了对煤油灯的需求，蒸汽动力行业则被电力行业逐渐取代，喷气式飞机代替了螺旋桨飞机，大规模集成电路计算机则取代了一般的电子计算机等。这些新产品在定型和大批量生产后，市场价格大幅度下降，从而很快就能被消费者所使用。上述这些特点使得新兴行业能够很快超过并代替旧行业，或严重地威胁原有行业的生存。未来优势行业将伴随新的技术创新而到来，处于技术尖端的基因技术、纳米技术等将催生新的优势行业。如特斯拉不仅是一款新能源汽车，更是对传统产业的颠覆和革命。特斯拉"千兆电池工厂"革命性的创新在于锂电子电池，这一直是电动汽车最贵的部件，也是其核心竞争力所在。

显而易见，投资于衰退的行业是一种错误的选择，因此，投资者必须充分了解各种行业技术发展的状况，不断地考察行业的发展前途，分析其被优良产品或消费需求替代的趋势，这是进行正确的证券投资决策的重要条件。

（二）政府政策

政府可以通过多种途径来广泛地影响一个行业，只是对不同行业的影响程度不同而已。

政府的管理措施可以影响行业的经营范围、增长速度、价格水平、利润率和其他许多方面。政府实施管理的主要行业应该是关系到国计民生的基础行业和国家发展的战略性行业，这些行业是私人没有能力和不愿意涉足的行业，包括：公用事业，如煤气、电力、供水、排污、邮电通信、广播电视、教育产业等；运输部门，如铁路、公路、航空、航运和管道运输等；金融部门，如银行、证券公司、保险业等金融机构以及高科技领域，这些都需要国家加以管理。政府除了对上述国计民生的重要行业进行直接管理外，通常还制定有关的反垄断法来间接地影响其他行业。

政府对行业的促进作用可通过补贴、优惠贷款、优惠税法、限制外国竞争的关税、保护某一行业的附加法规等措施来实现，因为这些措施有利于降低该行业的成本，并刺激和扩大其投资规模。近年来，我国政府为了培育战略性新兴产业尽快成为我国国民经济的先导产业和支柱产业，颁布了一系列培育战略性新兴产业发展政策，具体见表6-1。

表 6-1   2009—2021 年我国培育战略性新兴产业发展政策

时　间	政　策	相关内容
2009 年	汽车、钢铁、纺织、装备制造、船舶等十大重点产业调整和振兴规划	汽车、钢铁、船舶、纺织、装备制造、石化、轻工、电子信息、有色金属和物流产业的振兴规划
2010 年 10 月 10 日	《国务院关于加快培育和发展战略性新兴产业的决定》	提出当前我国加快培育和发展的战略性新兴产业重点领域和方向，包括节能环保、新能源、新一代信息技术、生物、高端装备制造、新材料、新能源汽车等
2011 年 12 月 30 日	《工业转型升级规划（2011—2015 年）》	积极培育发展智能制造、新能源汽车、海洋工程装备、轨道交通装备、民用航空航天等高端装备制造业；培育发展新材料产业，加快传统基础产业升级换代，构建资源再生和回收利用体系
2012 年 7 月 9 日	《"十二五"国家战略性新兴产业发展规划》	加快培育和发展节能环保、新一代信息技术、生物、高端装备制造、新能源、新材料、新能源汽车等战略性新兴产业
2016 年 12 月 19 日	《"十三五"国家战略性新兴产业发展规划》	一是推动信息技术产业跨越发展，拓展网络经济新空间。二是促进高端装备与新材料产业突破发展，引领中国制造新跨越。三是加快生物产业创新发展步伐，培育生物经济新动力。四是推动新能源汽车、新能源和节能环保产业快速壮大，构建可持续发展新模式。五是促进数字创意产业蓬勃发展，创造引领新消费。六是超前布局战略性产业，培育未来发展新优势。七是促进战略性新兴产业集聚发展，构建协调发展新格局。八是推进战略性新兴产业开放发展，拓展合作新路径
2021 年 3 月 11 日	《中华人民共和国国民经济和社会发展第十四个五年规划和2035年远景目标纲要》	在类脑智能、量子信息、基因技术、未来网络、深海空天开发、氢能与储能等前沿科技和产业变革领域，组织实施未来产业孵化与加速计划，谋划布局一批未来产业

同样，当政府考虑到生态、安全、企业规模和价格因素，也会对某些行业实施限制性规定。这既可以通过行政手段直接干预，也可以以法律、法令进行限制，还可运用经济手段进行约束，如提高该行业的贷款利率，限制其融资规模，或提高该行业的税收，降低其利润水平等，其结果都可能使该行业的股票价格下降。

政府对行业的促进或相反作用在目前的市场发展阶段是非常明显的，这也是投资者对政策敏感的原因所在。政策风险已经成为影响我国股票市场投资行为的主要因素之一。

（三）社会习惯的改变

随着人们经济条件的改善和素质的提高以及科学技术的进步，人们的消费心理、消费习惯会发生改变，社会责任感会加强，这会使消费品市场需求发生变化，进而影响行业的兴衰。例如，在人们的物质生活富足之后，出门旅游成了时尚，旅游业随之兴旺起来；手机普及之后，寻呼业受到了很大冲击；电脑普及之后，人们很少使用邮寄信件和发电报这种传统通信工具，这对邮电业是个冲击；随着人们环境保护意识的增强，环保产业应运而生；随着人们文明程度的提高，鞭炮制造业将来可能会退出历史舞台。

近年来，许多西方国家，特别是产品责任法最为严格的美国，在社会公众的强烈要求和压力下，对许多行业的生产及产品作出了种种限制性规定。目前，在工业化国家，防止环境污染、保持生态平衡已成为一个重要的社会趋势，在发展中国家也正日益受到重视。现在发达国家的工业部门每年都要花费几十亿美元的经费来研制和生产与环境保护有关的各种设备，以便使工业排放的废物、废水和废气能够符合规定的标准。其他的环境保护项目包括对有害物质（如放射性废料）和垃圾的处理等。

从上可知，社会倾向对企业的经营活动、生产成本和利润收益等方面都会产生一定的影响。

（四）相关行业变动因素的影响

相关行业变动对某行业股价的影响一般表现在以下几个方面。

（1）如果相关行业是该行业的上游产业，即其产品是该行业生产的投入品，那么相关行业产品价格的上升，就会造成该行业的生产成本提高、利润下降，从而股价出现下降趋势。相反，相关行业产品价格下降，就会使该行业产品的生产成本降低、利润上升，从而股价就会呈上涨趋势。

（2）如果相关行业的产品是该行业产品的替代产品，那么若相关行业产品价格上涨，就会提高对该行业产品的市场需求，从而使市场销售量增加，公司盈利也因此提高，股价上升。相反，相关行业产品价格下降，就会减少对该行业产品的市场需求，从而使其市场销售量减少，公司盈利也会因此下降，股价下跌。

（3）如果相关行业的产品与该行业生产的产品是互补关系，那么，相关行业产品价格上升，就会引起该行业产品的市场需求减少，从而使该行业股价也呈下降趋势。如汽车行业与石油行业有很强的互补性，1973年石油危机爆发后，美国消费者开始偏爱节油型汽车，结果对美国汽车制造业形成相当大的打击，其股价大幅度下跌。相反，如果相关行业产品价格下跌，由于其市场需求增加，该行业产品的市场需求会增加，其股价也会呈上升趋势。

所有影响行业兴衰的因素最终都集中表现于对某一行业产品的供应和需求关系上，投资者通过分析行业的供需关系可以对行业的发展前景有更深刻的了解。

二、行业的选择

从行业与经济周期的关系来说，投资者应选择增长性行业。增长型行业的增长速度快于整个国民经济的增长率，投资者可以分享行业快速增长带来的股价上涨收益和股息增加的收益。当然，如果增长型行业的股票价格已被炒得很高，那就不能追高买这种股票了。在这种情况下，可以选择增长速度与国民经济同步的行业，因为这种行业虽然投资回报不及增长型行业高，但这样的行业发展比较稳定，投资风险较小。

从行业生命周期的角度来说，投资者应首先选择处于成长期和稳定期的行业，因为这些行业的基础逐渐稳定，盈利逐年增加，投资收益比较丰厚和稳定。处于幼稚期的行业，如果投资者经过各方面分析后确认其前途光明，则可投资介入；如果对其前景难以把握，则可回避，因为投资风险太大。至于处于衰退期的行业，初入证券市场的投资者可以不选择其作为主要投资对象，善于进行短期投资的投资者可以根据衰退期行业的股票价位、股票交易的活跃程度和公司资产重组信息，低买高卖，赚取短期差价收益。

课程思政拓展阅读

市场占有率稳步提升 新能源汽车成为稳工业重要力量

2023 年 4 月，新能源汽车产销分别达到 64 万辆和 63.6 万辆，同比均增长 1.1 倍，市场占有率达到 29.5%。工信部发布数据显示，新能源汽车产业发展延续良好势头。

中国汽车工业协会副秘书长陈士华表示，尽管产销同比大幅增长有 2022 年同期低基数效应的影响，但总体看，新能源汽车产业发展仍表现稳健，产业供给能力、供给质量不断提升，成为稳工业重要力量。

一季度，比亚迪累计销售 55.21 万辆，同比增长 92.81%，其中 3 月单月销量突破 20 万辆；宝马纯电动车型销量同比增长 223.6%，其中全新 BMW i3 和 BMW iX3 表现突出；蔚来汽车共交付新车 31 041 辆，同比增长 20.5%……

在代表行业运行的一系列数据中，两个指标很有说服力：从国内市场看，一季度新能源汽车销量 158.6 万辆，同比增长 26.2%，占新车销量比重达 26.1%，这体现了消费市场快速更迭的趋势。从市场占有率看，2023 年 4 月，新能源汽车市场占有率达到 29.5%，这折射了消费者对新能源汽车的认可和接受程度不断提高。

二手车市场的表现，同样印证了产业稳健前行的态势。瓜子二手车数据显示，新能源二手车不仅 4 月线上成交量同比增长超过 100%，而且成交均价处于上升通道。

"我们注意到，一系列稳定市场、提振消费信心的举措陆续推出，有助于拉动市场增长。凭借纯电动产品的带动，我们有望在今年实现业务增长。"宝马集团大中华区总裁兼首席执行官高乐表示。

消费市场热度依旧，产业链布局走深走实。

以动力电池为例，中国汽车动力电池产业创新联盟数据显示，2023 年 1 月至 4 月，我国动力电池累计产量 176.9 亿瓦·时，累计同比增长 28.7%。

东软睿驰和采埃孚集团达成战略合作；哪吒汽车与地平线签署合作协议……在此前的第二十届上海国际汽车工业展览会上，不少本土科技公司与自主品牌、全球汽车配件商签约，国内汽车产业链集成创新、协同发展的趋势明显。

"我对整个行业持乐观态度。"动力电池管理系统制造商力高新能源创始人王翰超说，新能源汽车快速发展对产业链配套提出更高要求，也提供更多机遇。越来越多的零部件企业和全球企业同台竞争，力高和国内自主品牌合作也不断加深，截至 2023 年 4

月，公司营收与去年同比大幅增长。

配套设施进一步健全。中国电动汽车充电基础设施促进联盟数据显示，2023 年 4 月，公共充电桩数量环比增加 6.7 万台。

近日，国务院常务会议部署加快建设充电基础设施，更好支持新能源汽车下乡和乡村振兴。明确适度超前建设充电基础设施，创新充电基础设施建设、运营、维护模式，确保"有人建、有人管、能持续"。

业内人士认为，我国新能源汽车产业进入一个全面市场化的拓展期。但也要看到，国产新能源汽车品牌面临更严峻的市场竞争。电动化领域的车辆低温适应性等能力还需提升，上游资源稳定供应能力有待加强。国内新能源汽车产业链的盈利能力、自主创新能力以及综合竞争力都需要进一步提高。

工信部运行监测协调局局长陶青表示，工信部正会同有关部门研究出台稳定汽车消费、扩大内需增长的相关政策措施，完善"双积分"管理办法，进一步加大新能源汽车推广应用力度。

同时，工信部将围绕技术攻关、基础设施建设等持续发力，加快新体系电池、汽车芯片、车用操作系统等技术突破和产业化应用，持续提升我国新能源汽车产业整体竞争力和发展质量。

资料来源：张辛欣，魏弘毅. 市场占有率稳步提升 新能源汽车成为稳工业重要力量[EB/OL]. (2023-05-16). http://www.news.cn/fortune/2023-05-16/c_1129619426.htm.

即测即练

自学自测　扫描此码

思考题

1. 行业分析包含哪些内容？进行行业分析的目的是什么？
2. 影响行业兴衰的主要因素有哪些？
3. 产业生命周期各阶段的特征主要有哪些？

第七章

证券投资公司因素分析

本章学习要点

（1）掌握上市公司基本情况分析和财务分析的方法；

（2）能够通过上市公司的财务报表分析公司的财务状况，判断上市公司的投资价值；

（3）了解基本面分析在我国的应用。

第一节　公司分析概述

一、公司与上市公司的含义

在不同的国家，由于社会习惯、经济、文化及法律体系的差异，对公司的定义不尽相同。即使在同一国家，随着社会、经济及有关立法的发展，对公司的传统定义也不断被突破。

从经济学角度来看，公司是指依法设立的从事经济活动并以营利为目的的企业法人。

根据《公司法》有关条款所揭示的公司本质特征，我国的公司指全部资本由股东出资构成，股东以其认缴的出资额或认购的股份为限对公司承担责任，公司以其全部财产对公司债务承担责任的依《公司法》成立的企业法人。

根据不同的划分标准，公司可分为不同的类型。其中，按公司股票是否上市流通为标准，可将公司分为上市公司和非上市公司。我国的上市公司是指其股票在证券交易所上市交易的股份有限公司。证券投资分析中公司分析的对象主要是指上市公司。

二、公司分析的意义

就投资者个人而言，公司分析能够帮助投资者了解公司的经营情况、财务状况。除投资市场指数外，对于具体投资对象的选择最终都将落实在微观层面的上市公司分析上。

公司分析包括基本面分析和公司财务分析，其中最重要的是公司财务状况分析，财务报表通常被认为是最能够获取有关公司信息的工具。

第二节　公司基本分析

一、公司行业地位分析

行业竞争地位分析的目的是找出公司在所处行业中的竞争地位，如是否是领导企业、在价格上是否具有影响力、有没有竞争优势等。在大多数行业中，无论其行业平均盈利能力如何，总有一些企业比其他企业获利能力更强。企业的行业地位决定了其盈利能力是高于还是低于行业平均水平，决定了其在行业内的竞争地位。公司只有确立了竞争优势，并不断通过技术进步和管理能力的提升来保持这种竞争优势，才具有长期投资价值。

（一）产品的竞争能力分析

根据波特的竞争理论，产品的三种竞争战略分别为成本优势、差异化、目标集聚。企业一般通过规模经济、专有技术、优惠的原材料和低廉的劳动力实现成本优势。差异化基本上是同强大的技术优势相联系的，企业新产品的研发能力是决定企业竞争成败的关键。创新不仅包括产品技术创新，而且包括管理制度创新。而目标集聚则在前面两者的基础上寻找自己的优势。

（二）产品市场占有率分析

分析上市公司的产品市场占有率，可从两个方面进行：一是公司的产品销售市场的地域分布，看其是属于地区型还是全国型或是世界型的。市场分布越广，说明公司的经营能力越强。二是公司产品销售量占该类产品整个市场销售总量的比例，该比例越高，说明公司的经营能力和竞争力越强。

（三）品牌战略分析

品牌是产品质量、性能、满足消费者效用的可靠程度同其竞争者相区别的综合体现。品牌竞争是产品竞争的深化和延伸。在产业发展进入成熟阶段时，品牌成为决定公司竞争力的重要因素。品牌具有创造市场、联合市场和巩固市场的功能。分析上市公司品牌，主要看其有无品牌战略、其品牌前景如何等。

二、公司的盈利能力分析

衡量公司的盈利能力，对公司未来的盈利能力作出预测是上市公司基本素质分析的重要内容之一。

（1）要对公司所处行业的发展前景进行分析，一般来说，新兴行业的成长性高、发展速度快、获利能力强。

（2）要分析公司的产品形态，是消费品还是生产资料。生产资料的生产受经济周期变动的影响较大，其收益的波动要大于消费品生产企业。

（3）要分析公司的生产形态，通常情况下，技术密集型企业和资金密集型企业相对更具备竞争能力。

（4）还要考虑公司的需求形态，如果公司的产品主要以出口为主，那么还要受国际政治经济环境的影响。

另外，公司所处的经济区位也很重要，区位内的自然条件、基础条件、政府的产业政策和其他相关的经济支持等都对公司发展有着重要影响。

三、公司经营管理能力分析

（一）公司管理人员的素质和能力分析

管理人员的素质是决定公司经营成败的一个重要因素。一般而言，企业的管理人员应该具备如下素质：综合决策能力、人际关系协调能力、良好的道德品质修养以及专业技术能力。公司的经营管理可以分为三个层次，即决策层、管理层和执行层。

决策层主要指公司的董事会，负责制定公司的重大方针和决策方向。作为决策层，需要具备较高的管理技能和丰富的管理经验，以及优秀的组织协调能力，并且具有开拓精神，对新事物和新观念有敏锐的感知能力。

管理层主要是贯彻决策层的意图，完成既定的任务和目标，并进行日常事务的管理。管理层应精通与该企业相关的技术知识和管理经验，并有较强的组织能力，善于与上下级沟通及对外交流合作。

执行层是企业最基础的部门，各项决策和方针的执行最终将落实在执行层。执行层需要熟练掌握本部门或本岗位的操作程序和操作技术，按时完成工作任务并保证产品质量，同时还要积极提出合理化建议，促进本部门工作效率的进一步提高。

（二）公司管理风格及经营理念分析

管理风格是公司在管理过程中遵循的原则、目标、方式等的总称。经营理念是公司发展一贯坚持的核心思想，是公司员工坚守的基本信条，是公司制定战略目标及实施战术的前提条件和基本依据。通过对公司管理风格和经营理念的分析，可以预测公司是否具有可持续发展能力，判断公司管理层制定何种发展战略。

公司的管理风格和经营理念有稳健型与创新型两种。稳健型公司的特点是在管理风格和经营理念上以稳健原则为核心，一般不会改变已形成的管理和经营模式。这种公司不太愿意冒风险，经营比较稳定，但难以获得超额利润。创新型公司的特点是在管理风格和经营理念上以创新为核心，开拓能力较强。管理创新是指管理人员借助系统的观点，利用新思维、新技术、新方法，创造一种新的、更有效的资源整合方式，以促进企业管理系统综合效益的不断提高。如果创新成功，就会在行业中率先崛起，获得超常规发展；如果创新失败，就会遭受重大损失，使企业发展受挫。

（三）公司业务人员的素质和创新能力分析

公司业务人员的素质包括进取意识和业务技能，会对公司的发展起到很重要的作用。公司业务人员的创新能力对公司的意义不可小视。例如，技术创新、新产品的开发要由技术开发人员来完成，市场创新离不开市场营销人员的努力。对公司业务人员的素质进行分析，可以判断该公司发展的持久力和创新能力。

四、公司成长性分析

（一）公司经营战略分析

经营战略是企业面对激烈的竞争与不断变化的环境，为求得长期生存和发展而进行的总体性谋划，是企业战略思想的集中体现。经营战略具有全局性、长远性和纲领性的性质，它从宏观上规定了公司的成长方向、成长速度以及实现方式。

在进行分析时，可以通过收集公开信息、到公司调查走访等途径了解公司的经营战略，考察和评估公司高级管理层的稳定性及其对公司经营战略的可能影响，分析公司的投资项目、财力资源、人力资源等是否适应公司经营战略的要求，对照公司的竞争地位分析公司的经营战略是否适当，结合公司产品所处的生命周期分析和评估公司的产品策略是专业化还是多元化等。

（二）公司规模变动特征及扩张潜力分析

公司规模变动特征和扩张潜力一般与其所处的行业发展阶段、市场结构、经营战略密切相关，它是从微观方面具体考察公司的成长性，需要考察公司扩张的具体原因，从纵、横两个方向比较公司销售、利润、资产规模等数据，并预测公司的发展前景。

第三节　公司财务分析

对上市公司的财务分析，从招股说明书开始，要不断关注公司公布的年报、中报、季报以及临时公告，并据此对公司收益、发展能力进行预测。通过分析资产负债表，可以了解公司的财务状况，对公司的偿债能力、资本结构、流动资金充足性等因素作出判断；通过分析损益表，可以了解公司的营利能力、盈利状况、经营效率，对公司在行业中的竞争地位、持续发展能力作出判断；通过分析财务状况变动表，判断公司的支付能力和偿债能力，以及公司对外部资金的需求情况，了解公司当前的财务状况，并据此预测企业的发展前景。还要注意的是现金流量表。现金流是公司持续经营的基础，经营状况再好的公司，没有足够的现金流也只能陷入瘫痪；相反，亏损的公司如果有正的现金流，就有扭亏为盈的可能。分析财务报表，主要是对财务比率进行分析。

财务比率分析是将财务报表中两个相关项目相比较，以揭示它们之间存在的逻辑关系以及企业的经营状况和财务状况。

上市公司的财务比率分析可分为以下五类。

一、偿债能力分析

偿债能力是指证券发行企业偿还各种短期、长期债务的能力。企业偿债能力的分析主要是看企业的资金占用结构、财务结构是否合理，即企业的资金是否有足够的流动性。

常用的分析指标有以下几个。

（一）流动比率

流动比率是指全部流动资产对全部流动负债的比率，即

$$流动比率 = 流动资产 \div 流动负债$$

流动比率可分析公司的流动资产是否足以偿付流动负债，是衡量公司提供流动资金、偿付短期债务和维持正常经营活动能力的主要指标。流动比率过低，说明公司的偿债能力较差，流动资金不够充足，短期财务状况不佳；而过高的流动比率则表明公司的管理可能过于保守，将资金过多地使用于流动性较强的资产上，而放弃了某些获利机会。实际上，由于各公司的经营能力和筹措短期资金的能力不同，对流动比率的要求也有所不同。对于一个信誉良好、很容易筹措到短期资金的公司来说，即使流动比率较低，也不会影响公司资产的安全性和流动性。

（二）速动比率

速动比率又称酸性比率，是公司速动资产与流动负债的比率。速动比率是一个比流动比率更严格的用以衡量企业流动性状况的指标，它可以更确切地反映企业快速偿付短期债务的能力。其计算公式为

$$速动比率 = 速动资产 \div 流动负债$$

速动比率过低，说明公司在资金使用和安排上不够合理，随时会面临无力清偿短期债务的风险，应立即采取措施调整资产结构，并想方设法筹措到足够资金以备不测。速动比率过高，则表明低收益资产为数过多，或是应收账款中坏账较多，将影响公司的盈利能力。

（三）现金比率

现金比率指公司在会计期末拥有的现金余额和同期各项流动负债总额的比率。其计算公式为

$$现金比率 = 现金余额 \div 流动负债$$

现金比率是衡量公司短期偿债能力的重要指标，因为流动负债期限很短，很快就需要用现金来偿还。现金是流动性最强、盈利能力最低的资产，保持过高的现金比率，虽能提高公司的偿债能力，但同时又降低了公司的获利能力，因此公司不应保持过长时间太高的现金比率。

（四）已获利息倍数

已获利息倍数是指企业支付利息和交纳所得税税前的收益与本期应付利息费用的比率。其计算公式为

$$利息倍数 = 利息及所得税税前收益 \div 利息费用$$

一般认为利息倍数大，公司的偿债能力较强，持有公司中长期债券的投资者的安全系数大，收益较有保证。如果利息倍数较小，说明其利息负担较重，很可能过多地使用债权人资金，财务风险也相应增大。行业不同，对利息倍数的要求也不同。将公司的利息倍数与本行业的平均水平相比，可以看出公司债务的安全程度。

（五）应收账款周转率和周转天数

它是分析和评估企业应收账款的变现速度和企业流动资产周转状况的重要指标。其计算公式为

$$应收账款周转率 = 销售收入 ÷ 应收账款平均余额$$
$$应收账款周转天数 = 360 ÷ 应收账款周转率$$

分析时，可以将分析期的指标与前期或行业平均水平或其他类似企业相比较，以判断分析期指标的高低，然后进一步分析快或慢的原因。要注意以下因素对应收账款周转率和周转天数的影响：季节性经营；大量使用分期付款结算方式；在销售中大量使用现金结算；年末销售额大幅度增加或减少等。

二、资本结构分析

资本结构分析主要是分析企业资产与债务、股东权益之间的相互关系，反映企业使用财务杠杆的程度及财务杠杆的作用。

（一）股东权益比率

股东权益比率是股东权益对总资产的比率，简称权益比率。其计算公式为

$$股东权益比率 = 股东权益 ÷ 资产总额 × 100\%$$

对股东来说，股东权益过高，意味着企业不敢负债经营，没有积极地发挥财务杠杆作用。在企业的资本利润率高于融资的固定利率或费用时，财务杠杆发挥积极有效的作用，股东权益比率偏低些较好。但是，如果企业的资本利润率低于融资成本，股东权益比率过低意味着利息负担过重，财务杠杆发挥消极的负面作用。对债权人来说，股东权益比率高意味着企业资金来源中股东投资的比率大，举债融资的比率小，债权人的权益受到保护的程度大。

（二）负债比率

负债比率是债权人的权益对总资产的比率，简称负债比率。其计算公式为

$$负债比率 = 债务总额 ÷ 资产总额 × 100\%$$

负债比率可反映债权人提供资金的安全程度，对债权人来说，较低的负债比率意味着他们的权益在较大程度上受到保护，在公司发生财务困难或被迫破产清算时，收回本金和利息的可能性较大。如果负债比例过高，则债权人的权益受保护程度下降，风险增大。同时，负债比例过高表示公司融资的能力受到很大限制，除非企业愿意提供比市场利率更高的利率以弥补债权人所承担的较大风险。

（三）长期负债比率

长期负债比率是长期负债占固定资产的比率。其计算公式为

$$长期负债比率 = 长期负债 ÷ 固定资产 × 100\%$$

这一比率反映公司固定资产中长期负债占的比率，如果这一比率较高，说明公司过多地依赖长期债务购置固定资产，由于固定资产流动性较差，债权人的权益受保护程度小；若这一比率较低，说明公司尚未充分利用财务杠杆作用，也说明公司尚有较大的潜在借债能力，特别是在需要用固定资产作抵押时，可为债权人提供安全保障。

（四）股东权益占固定资产比率

股东权益占固定资产比率表明公司固定资产中有多少是用自有资本购置的。其计算公式为

$$股东权益占固定资产比率 = 股东权益 \div 固定资产 \times 100\%$$

由于股东权益主要用于固定资产投资，所以这一比率可反映公司股东投资是过多还是不够充分。该比率越大，说明资本结构越稳定，财务风险越小，因为所有者权益没有偿还期。

三、经营效率分析

经营效率分析可以衡量企业是否实现了资源的优化配置。经营效率分析将资产负债表与损益表有机地结合起来，计算并分析企业的资产利用情况和周转速度，以揭示企业在配置各种经济资源过程中的效率状况。

（一）存货周转率和存货周转天数

存货周转率，即存货周转次数，是销售成本除以平均存货所得到的比率。其计算公式为

$$存货周转率 = 销售成本 \div 平均存货$$

存货周转天数是存货周转一次需要多少天。其计算公式为

$$存货平均周转天数 = 365 \div 存货周转率$$

一般而言，存货周转速度越快，存货的占用水平越低，流动性越强，存货转换为现金或应收账款的速度越快。该指标不但可以反映公司存货管理的水平，还可以反映整个公司的管理水平，同时也反映公司的短期偿债能力。

（二）固定资产周转率

固定资产周转率是销售收入与全部固定资产平均余额的比值。其计算公式为

$$固定资产周转率 = 销售收入 \div 平均固定资产总额$$

固定资产周转率是用来衡量企业利用现存厂房、机器设备等固定资产形成多少销售额的指标，反映了企业固定资产的使用效率。固定资产周转率越高，表明固定资产运用效率越高。

（三）总资产周转率

总资产周转率是销售收入与平均资产总额的比值。其计算公式为

$$总资产周转率 = 销售收入 \div 平均资产总额$$

总资产周转率反映了公司资产总额的周转速度。周转率越高，说明总资产的周转速度越快、销售能力越强。但是总资产周转率在不同行业之间几乎没有可比性，资本密集程度越高的行业总资产周转率越低，因此，一般不将总资产周转率做跨行业的比较。

（四）股东权益周转率

股东权益周转率是销售收入与平均股东权益的比值。其计算公式为

$$股东权益周转率 = 销售收入 ÷ 平均股东权益$$

股东权益周转率反映了公司运用所有者资产的效率。该比率越高，效率越高，表明公司运用资金的能力越高。

四、盈利能力分析

企业盈利能力分析主要反映资产利用的结果，即企业利用资产实现利润的状况，通过对盈利能力指标的长期趋势分析，可判断公司的投资价值。

（一）销售毛利率

销售毛利率，简称毛利，是毛利占销售收入的百分比。其计算公式为

$$销售毛利率 = 毛利 ÷ 销售收入 × 100\%$$

销售毛利率是考核公司经营状况和财务成果的重要指标，一般说毛利率指标越高越好，但不同行业间的毛利率相差很大，而在同一行业中，各企业的毛利率差距不大，通过比较还是可以发现它们的区别。

（二）销售净利率

销售净利率指标反映公司每单位销售收入带来的税后利润的多少，表示销售收入的收益水平。其计算公式为

$$销售净利率 = 税后净收益 ÷ 销售收入 × 100\%$$

各行各业的净利率有时相差很大，可比性很小。在同一行业中，净利率高的企业盈利能力强，股东获利多。

（三）资产收益率

资产收益率是企业净利润与平均资产总额的百分比。其计算公式为

$$资产收益率 = 税后净收益 ÷ 平均资产总额 × 100\%$$

资产收益率又称资产报酬率，用来衡量企业利用资产实现利润的情况，该指标反映了公司资产利用的综合效果。资产收益率越高，说明资产利用效果越好。

（四）股东权益收益率

股东权益收益率又称净资产收益率，是净利润与平均股东权益的百分比。其计算公式为

$$股东权益收益率 = 税后净收益 ÷ 平均股东权益 × 100\%$$

股东权益收益率又称股本收益率或净资产收益率，是反映企业的所有股东，包括普通股股东和优先股股东投入资本的收益状况。该指标反映股东权益的收益水平。股东权益收益率越高，说明投资带来的收益越高。

五、投资收益分析

投资收益分析是将公司财务报表中公布的数据与有关公司发行在外的股票数、股票

市场价格等资料结合起来进行分析，计算出相应的财务指标，以便帮助投资者对不同上市公司股票的优劣作出评估和判断。

（一）普通股每股净收益

普通股每股净收益是本年盈余与普通股流通股数的比值。其计算公式为

每股净收益 =（税后净收益 – 优先股股息）÷ 发行在外普通股股数

每股净收益的高低是发放普通股股息和普通股股票升值的基础，也是评估一家企业经营业绩和比较不同企业运行状况的重要依据，投资者在作出投资决策前都非常重视对这一指标的考核分析。

（二）股息发放率

股息发放率是普通股每股股利与每股净收益的百分比。其计算公式为

股息发放率 = 每股股息 ÷ 每股净收益 × 100%

股息发放率又称股息支付率、派息率，这一指标表明公司派发的普通股股息在其税后净收益中所占的比率，也是投资者非常关心的一个指标。该指标反映普通股股东从每股的净收益中分得多少数额。除非公司将净收益投入好的项目；否则，应该给股东多发放股利。

（三）普通股每股经营活动净现金流量

该指标是指经营活动现金净流量与流通在外的普通股股数之比，用来反映公司支付股利和资本支出的能力。其计算公式为

普通股每股经营活动净现金流量 = 经营活动净现金流量 ÷ 发行在外的普通股股数

一般而言，该比率越大，证明公司支付股息的能力及资本支出的能力越强。

（四）支付现金股利的经营净现金流量

该比率是指经营活动的净现金流量与现金股息的比率，用以反映公司年度内使用经营活动净现金流量支付现金股利的能力。其计算公式为

支付现金股息的经营净现金流量 = 经营活动的净现金流量 ÷ 现金股息

该比率越大，说明公司支付现金股息的能力越强。

（五）普通股获利率

普通股获利率，又称股息实得利率，是每股股息与每股市场价的百分比，是衡量普通股股东当期股息收益率的指标。其计算公式为

普通股获利率 = 每股股息 ÷ 每股市价 × 100%

在每股收益一定的情况下，获利率越低，说明股票价格相对越高；获利率越高，说明股票价格相对越低，投资价值相对越大。

（六）本利比

本利比是获利率的倒数，是每股市场价格与每股股息的比值。其计算公式为

本利比 = 每股市价 ÷ 每股股息

本利比表明目前每股股票的市场价格是每股股息的几倍，以此来分析相对于股息而

言股票价格是否被高估以及股票有无投资价值。

（七）市盈率

市盈率又称本益比，是每股市场价格与每股税后净利的比率。其计算公式为

$$市盈率 = 每股市价 \div 每股净收益$$

市盈率是投资者评估公司股票价值的最常用的依据，它揭示了每股市价相当于每股净利的倍数，表明公司需要积累多少年的净利才能达到目前的股价水平。显然，市盈率越高，说明公司盈利能力相对较低或是股价偏高；相反，市盈率越低，说明公司盈利能力较强或是股价相对偏低。因此，投资者一般都偏好市盈率低的股票，而在股票市盈率高时出货。但是，这并不是绝对的，当投资者预期公司盈利将增加时会争相购买该公司股票，市盈率会迅速上升，因此，经营前景好、有发展前途的公司的股票，市盈率会趋于升高；而发展机会不多、前景黯淡的公司的股票市盈率经常处于较低水平。

（八）投资收益率

这一比率是市盈率的倒数，比率越大，说明股权资本的盈利率越高，对潜在投资者越有吸引力，是投资者作出投资决策的重要参数。其计算公式为

$$投资收益率 = 每股净收益 \div 每股市价 \times 100\%$$

（九）每股净值

每股净值计算公式为

$$每股净值 = 股东权益 \div 发行在外普通股股数$$

如果公司的股本除了普通股外还有优先股，则要从股东权益中减去优先股权益，则

$$每股净值 = （股东权益 - 优先股面额总和）\div 发行在外普通股股数$$

这一指标反映了每股普通股票代表的公司净资产价值，是支撑股票市场价格的物质基础。每股净资产的数额越大，表明公司内部积累越雄厚，抵御外来因素影响和打击的能力越强。

（十）净资产倍率

净资产倍率是每股市场价格与每股净值的比值。其计算公式为

$$净资产倍率 = 每股市价 \div 每股净值$$

表明股价以每股净值的若干倍在流通转让，评价股价相对于净值而言是否被高估。净资产倍率越小，说明股票的投资价值越高，股价的支撑越有保证，反之则投资价值越低。这一指标同样是投资者判断某股票投资价值的重要指标。

第四节　其他重要因素分析

一、投资项目分析

股价的高低很大程度上取决于企业的报酬率和风险水平。投资项目正是决定企业报酬率和风险水平的首要因素。因此，投资项目分析对于判断公司的发展前景和投资价值至关重要。分析公司的投资项目，可以考虑以下几点：首先，分析投资项目与公司目前

产品的关联度，看其是进一步扩大生产规模，降低生产成本，还是技术创新，提高产品竞争力，或是延长产品线，向上游或下游延伸，或者是向其他行业进军。其次，分析其投资项目的实施可能给公司带来的影响。例如，向其他行业进军，公司在新行业的竞争地位如何；投资于新产品，该产品的市场前景如何；扩大原有产品的生产规模，原产品的市场变动趋势怎样等。最后，判断公司的资金量能否满足投资项目的需要。如果投资者能够收集足够多的与投资项目有关的信息，则可按照投资项目评估方法进行比较全面的定量分析以计算投资项目的净现值、内部收益率、投资回收期等。

二、资产重组

从理论上讲，资产重组可以促进资源的优化配置，但从我国已发生的资产重组实际来看，许多上市公司进行资产重组后，其经营和业绩并没有得到持续显著的改善。究其原因，最关键的是重组后的整合不成功。如果资产重组后不能进行顺利的整合，则难以取得预期的效果。不同类型的重组对公司业绩和经营的影响也是不一样的。

对于扩张型资产重组而言，通过收购、兼并，对外进行股权投资，公司可以拓展产品市场份额，或进入其他经营领域。但这种重组方式的特点之一就是其效果受被收购兼并方生产及经营现状影响较大，磨合期较长，产生效果较慢。

对于调整型资产重组而言，分析资产重组对公司业绩和经营的影响，首先须鉴别实质性重组和报表性重组。区分报表性重组和实质性重组的关键是看有没有进行大规模的资产置换或合并。实质性重组一般要将被并购企业 50%以上的资产与并购企业的资产进行置换，或双方资产合并；而报表性重组一般都不进行大规模的资产置换或合并。

因此，证券投资者在分析资产重组对公司经营业绩的影响时，应该区分资产重组的不同类型，鉴别资产重组的性质，并密切关注重组后企业的整合情况。产业政策范围内的资产重组题材尤其是外资参股的，将会成为投资热点。

三、关联交易

（一）关联交易的方式

关联交易，是指公司与其关联方之间发生的交换资产、提供商品或劳务的交易行为。为了规范关联交易，避免上市公司为了少数大股东的利益，利用关联交易侵害中、小股民利益，财政部发布了《企业会计准则——关联方关系及其交易的披露》及指南，并规定于 1997 年 1 月 1 日起在上市公司中施行。

按照交易的性质，关联交易可划分为经营往来中的关联交易和资产重组中的关联交易。前者符合一般意义上的关联交易概念，包括关联购销、费用负担转嫁、资产租赁、资金占用、信用担保等形式；后者则具有鲜明的中国特色，是在目前法律法规环境下使用频率较高的关联交易形式，如资产转让和置换、托管经营和承包经营。此外，还包括上市公司与关联公司间的合作投资、相互持股等。

（二）关联方交易对公司业绩和经营的影响

从理论上说，关联方交易有其存在的理由，这种交易可以降低企业的交易成本，促进生产经营渠道的畅通，提供扩张所需要的优质资产，有利于实现利润的最大化。

从我国上市公司的实际操作情况看，关联方交易往往成为上市公司快速调节利润的有效手段。例如，当上市公司业绩不理想时，其母公司就会调低上市公司应缴纳的费用标准，或者承担上市公司的相关费用，或上市公司以高于市场价格的租金水平将资产租赁给母公司使用，或者由上市公司低价收购母公司的优质资产，或者把上市公司的劣质资产同母公司的优质资产进行置换，或者上市公司把自己的资产托管或发包给母公司经营以收取稳定的托管费和承包费收入，或者上市公司把大量商品或资产出售给关联方，实际上是卖方不交货、买方不付款、卖方增加应收账款等。关联方交易的交易价格可以由关联双方协商确定，而且关联方交易的透明度不高，这就为上市公司通过关联方交易增加利润提供了便利。

关联方交易也会给上市公司带来风险。例如上市公司为关联企业提供信用担保，如果关联企业不能偿还债务，上市公司作为担保人就要承担连带责任。因此，在分析关联交易对公司业绩和经营的影响时，要注意交易价格的公平性、关联交易资产的质量及该资产占公司资产的比重、关联交易的利润占公司利润的比重、关联交易利润产生的持久性、关联交易的披露是否规范、关联交易可能给上市公司带来的隐患等。

四、会计和税收政策的变化及其对公司业绩的影响

企业的会计政策发生变更将影响公司年末的资产负债表和利润表。如果采用追溯调整法进行会计处理，则会计政策的变更将影响公司年初及以前年度的净资产、未分配利润等数据。1999 年底，财政部要求各类股份公司均参照《股份有限公司会计制度》中对境外上市公司、H 股、B 股公司计提四项准备，同时将计提准备的范围扩大到其他应收款，并要求对计提四项准备采用追溯调整法来处理。企业采取这一新的会计政策后，上市公司 1999 年度及以前年度的报表都受到了一定的影响。

税收政策的变更也会对上市公司的业绩产生一定的影响。如 2000 年国务院发布了《国务院关于纠正地方自行制定税收先征后返政策的通知》，明确要求各级地方政府一律不得自行制定税收先征后返政策。各地区自行制定的税收先征后返政策从 2000 年 1 月 1 日起一律停止执行。这意味着多数企业在利润保持不变的情况下，收益要减少 18%，因此取消先征后返对上市公司的收益形成了较大的冲击。

第五节　基本面分析在我国的应用

基本面分析方法与技术面分析方法，单独使用都存在明显的局限性，从辩证观点看，在两者的应用中如果坚持相互印证分析原则，对提升分析效果非常有效。

一、基本面分析的局限性

基本面分析方法自身存在一些局限性，这些局限性包括信息利多和信息利空角色转换的影响、信息收集局限的影响、研究主体经济学理论能力差异的影响等。这些局限性影响，使某些时候基本面分析结果的不确定性大大增加，需要与技术分析结果相互印证，

以提高其可信程度。

（一）基本面信息角色转换过程的影响

基本面信息角色是指基本面分析中多空因素的主导地位。基本面信息角色的转换过程是多空因素由积累、主导到削减的循环转换过程。在多空因素角色转换过程中，多头因素的消减期和空头因素的积累期，以及空头因素消减期和多头因素积累期，是多空因素交织时期，是基本面分析的复杂时期。这时基本面分析结果的不确定更为明显，需要与技术分析结果相互印证，其结果才更具可信度。

（二）基本面信息收集局限性的影响

市场基本面是指影响市场价格的基本面信息的总和。但是无论如何，市场分析机构或分析师，都无法做到毫无遗漏地收集影响市场价格的所有信息，这就是基本面信息收集的局限性。信息收集遗漏越多，基本面分析的效果就越差。尤其是，如果影响市场价格的主要信息被遗漏掉，对基本面分析的影响将会更加严重。

一般来说，有实力的专业研究机构，基本面信息收集能力比较强，其分析结果可信度较高；而个人分析师和业余分析机构的信息收集能力较低，一般情况下，他们分析结果的可信度会受到一定影响。

（三）经济学理论能力差异的影响

经济学理论能力差异是指不同市场分析主体，由于人才投入差异带来人才队伍素质差异而产生的经济理论能力差异。一般来说，分析主体经济理论能力强的，其信息收集能力、信息的研究手段和研究能力也强，其分析结果的可信度也高；相反，可信度也降低。

二、技术面分析印证基本面分析结果的方法

基本分析程序如下。

第一步：收集目标市场的基本面信息，并进行信息整理，去伪存真。

第二步：用经济学理论和掌握的基本面信息，对相关市场进行解释和预测，得出市场分析结论。

第三步：对目标市场进行必要的技术分析，得出目标市场的技术面分析预测结论。

第四步：对照技术面分析与基本面分析，看结论是否一致。如果一致，说明基本面分析结果得到了技术面分析的印证，可以把基本面分析的成果提供给用户使用。如果不一致，说明基本面分析结果得不到技术面分析印证，基本面分析结果暂不提供给用户，需要进一步提升研究程度。

三、技术面分析印证基本面分析结果的实例

2008 年 4 月 23 日，中国政府批准证券交易印花税降低至千分之一，政府开始了救市政策，市场展开一波反弹，上证指数从 2 990.79 点反弹到 3 786.02 点以后，又回落到 3 300～3 400 点一带。

此时，某分析师用基本面分析方法分析，认为上证指数 2 990.79 点是政策底，市场调整结束后反弹将继续，反弹目标可能到 4 000～4 200 点。

为了让分析结论更可靠，该分析师又用技术分析方法对市场进行分析。技术分析的结论是：波浪形态和技术指标都显示，上证指数仍然处于弱市中，继续反弹的结论并不可靠，反弹可能已经结束。印证的结果是，分析师的基本面分析结果可信度不高，如果投资者采纳，必须做好止损计划。

后来上证指数果然反弹结束，继续下跌，跌破 2 990 点，继续漫漫"跌途"。

课程思政拓展阅读

京沪高铁月赚 4 亿多，离巅峰时刻还差 5 个"小目标"

世界高铁看中国，中国高铁看京沪。

2022 年 4 月 23 日，京沪高铁发布 2021 年成绩单。2021 年实现营收 293.05 亿元，实现归母净利润 48.16 亿元，营收、净利润双双恢复增长，其中归母净利润同比增速近 50%。

受到疫情冲击，2020 年京沪高铁营收、利润一度大幅下滑。京沪高铁的"盈利神话"暂时终结。

进入 2021 年，随着疫情好转，京沪高铁业绩明显回暖。不过，2021 年公司月均 4.01 亿元的净利润，距离 2019 年该数据 9.95 亿元的高光时刻，依然存在不小的差距；从毛利率来看，距离 2016 年的数据也有较大差距。

投行人士侯大玮对《财经》记者表示，京沪高铁拥有优势资源，在疫情结束及经济恢复后，业绩将再现高增长，相对于巅峰时刻，有望更进一步。

在 2020 年拿下定价权后，京沪高铁曾对票价进行调整，但效果还未明显呈现。公司管理层在 2022 年 1 月至 2 月投资者交流会上称，因疫情因素，浮动票价机制还没有经过正常市场环境的检验，还在摸索规律中。

曾被寄予厚望的京福安徽公司，其控股权被京沪高铁收购后，仍处于持续大幅亏损状态，成为公司业绩的拖累。

就在京沪高铁上市的第二年，公司股东也拉开了减持序幕。2021 年，公司前十大股东中，共计有 4 位股东减持了公司股份，减持数量超 2 亿股。

业绩重回增长

2021 年度，京沪高铁实现营业收入 293.05 亿元，同比上升 16.11%；归属于上市公司股东的净利润、扣非后净利润分别为 48.16 亿元、48.12 亿元，同比增速分别为 49.15%、44.55%。

2020 年业绩基数较低，是京沪高铁 2021 年业绩增长的原因之一。受疫情影响，公司营收、净利润在 2020 年分别出现了 27.59%、70.83% 的下降，业绩较为低迷。

"2021 年度收入增长，主要系疫情防控形势总体同比向好。"京沪高铁在年报中表示，京福安徽公司合杭高铁肥湖段 2020 年 6 月开通运营，旅客运量、列车开行数量均较同期增加，相应旅客运输服务收入和路网服务收入增加。

调整运力结构，投运"复兴号"17 辆长编组列车的同时，京沪高铁亦适时减停客座率较低列车、降低运营成本，压缩财务成本。上述措施，提升了公司 2021 年毛利率与利润表现。

虽然营收、归母净利润同比均实现增长，但京沪高铁 2021 年上述两项财务数据，与 2019 年 329.42 亿元营收、119.37 亿元的净利润（调整前）相比，依然差距甚大。其中，当期公司归母净利润亦低于 2016 年的 79.03 亿元。

从盈利能力来看，公司 2021 年 34.84% 的毛利率虽然优于 2020 年，但远远落后于 2019 年的 50.7% 数据表现。

在疫情背景下，担当列车因为旅客流量不够充沛，减停列车数量比较多，影响了公司业绩表现。分时段来看，疫情对公司 2021 年一季度影响较大，3 月下旬后有所好转，4—7 月客流量快速恢复。

然而 8 月后，京沪高铁本线上南京市出现疫情，加之台风、暴雨等因素叠加影响，公司三季度后半段运力处于低潮。

此外，受到进京管控严格影响，2021 年四季度，公司营业收入同比、环比降幅分别为 21.9%、20.6%，归母净利润同比降 66%、环比降 70.8%。

"四季度业绩低迷，主要受到进京管控严格影响。北京冬奥举办加强进京管控以及因疫情各地提倡就地过年，或对公司客流造成一定负面影响。"中金公司指出，统计数据显示，京沪高铁 2 月平均排班 61 列（常态化运行下 80～90 列排班），公司 2022 年一季度业绩或仍受疫情影响。

有券商指出，长期看，京沪高铁可以通过加长列车编组、缩小发车间隔等措施提升运能，而且京沪高铁新的浮动票价机制已从 2020 年实行，预计在客运量恢复常态后，调价将为公司带来较大业绩弹性。

京沪高铁在 2020 年底的售价调整中，第一步实行 5 档票价。2021 年中，公司对票价又进行了一定的优化，形成了目前 7 档票价的结构。

"调价后，因为疫情因素，浮动票价机制对营收的贡献还不是特别明显。"公司管理层坦言，总体来说，票价机制改革是一个有待发挥作用的亮点。

收购公司何时盈利

影响京沪高铁盈利水平的因素，还包括公司耗费巨资收购控股权的公司，目前仍处于大幅亏损状态。

京沪高铁在《招股书》中称，公司募集资金在扣除发行费用后，拟用于收购京福安徽公司 65.0759% 股权，对价为 500 亿元。京沪高铁计划借此收购，形成以京沪通道为骨架、区域连接线衔接的高速铁路网。

作为安徽省最主要的高铁公司，京福安徽公司建设运营了 4 条设计时速 350 千米的高速铁路，包括合蚌客专、合福铁路安徽段、郑阜铁路安徽段、商合杭铁路安徽段。

京沪高铁上市前，京福安徽公司就处于亏损状态。2018 年及 2019 年前三季度，该公司净利润亏损金额分别为 12 亿元、8.84 亿元。

彼时，京沪高铁称，京福安徽公司尚处于亏损状态，主要是由于相关铁路"开通时间尚短，仍然处于市场培育期"。

京沪高铁曾对《财经》记者表示，由于铁路建设前期固定资产投资较大，市场培育期内线路运营收入难以完全弥补建设期借款资金利息支出、固定资产折旧以及委托运输管理费等支出，因此京福安徽公司尚处于亏损状态。

京福安徽公司本身不提供列车，而是通过向过往的高铁列车收取必要的线路、接触网使用等费用所营利。

2020年1月，上述收购股权变更完成。当期，京沪高铁将京福安徽公司并表。

然而，被收购后的京福安徽公司，业绩远不如预期。公司招股书显示，经评估机构中企华预测，京福安徽公司2020年、2021年净利润亏损金额分别为11.93亿元、1.75亿元，2022年净利润7.26亿元，实现盈利。

京沪高铁曾告诉《财经》记者，随着完善区域路网结构、严控成本费用支出等举措，京福安徽公司有望实现盈利水平的逐步提升。

而在2020年，京福安徽公司营收35.32亿元，但净利润亏损高达20.85亿元。2021年，该公司营收增至45.44亿元，净利润亏损金额仍高达17.19亿元。

"资产收购时给出的盈利预测，通常未能考虑到后续重大事件影响因素。"在侯大玮看来，京福安徽公司何时盈利，仍要视疫情和经济恢复情况而定。

"京福安徽公司在列车开行量上一直在增长，但受疫情影响，整体增幅低于预期。"京沪高铁管理层表示，从全国范围来看仍然是很好的标的，其管辖的线路都处于几大干线的交汇区。

公司管理层补充道，收购京福安徽公司，对于京沪高铁来说是更大的一盘棋，核心的目的还是解决运输能力问题，通过募资做行业内横向扩张，实现与京沪高铁的路网协同效应。

多名股东减持

业绩有所增长的京沪高铁，在2021年度遭遇多名股东减持。

截至2022年3月4日，平安资管-建设银行-京沪高铁股权投资计划（简称"京沪计划"），减持公司1.17亿股股份，减持总金额5.62亿元。

上述减持计划实施后，京沪计划持有京沪高铁47.83亿股无限售流通股，持股比例为9.74%。

资料显示，京沪计划牵头发起人为平安资管，持有39.375%份额。其共同发起人为太平洋资产管理有限责任公司、泰康资产管理有限责任公司、太平资产管理有限公司，份额比例分别为25%、18.75%、12.5%。

值得注意的是，减持京沪高铁的股东，还有产业资本。2020年增持京沪高铁3.48亿股的江苏省铁路集团有限公司，在2021年减持公司1亿股股份，持股比例降至4.77%，仍为公司第四大股东。

此外，京沪高铁第六大股东南京铁路建设投资有限责任公司，以及第七大股东天津铁路建设投资控股（集团）有限公司，在2021年均不同程度减持公司股份。

"机构减持，可能出于市场热点切换及业绩排名考虑。"侯大玮对《财经》记者分析，上述产业股东减持，或因投资需要资金回笼，毕竟基础建设是拉动经济增长的主要推手，上述股东减持并不代表对公司长期价值的判断。

资料来源：张建锋. 京沪高铁月赚4亿多，离巅峰时刻还差5个"小目标". [EB/OL]. (2022-04-23). https://baijiahao.baidu.com/s?id=1730894155886201486&wfr=spider&for=pc.

即测即练

思考题

1. 如何分析公司流动比率指标？
2. 如何对公司财务报表进行分析？
3. 哪些财务指标可以反映公司的投资收益？

第八章

证券投资技术分析

本章学习要点

（1）技术分析的理论基础；

（2）掌握技术分析主要流派的特点；

（3）掌握K线理论、波浪理论、切线理论、形态理论和技术分析指标；

（4）能够运用技术分析方法进行证券的操作。

第一节 证券投资技术分析概述

一、技术分析的基本假设与要素

（一）技术分析的含义

技术分析是从证券的市场行为来分析，应用统计和逻辑的方法，探索市场变化的规律，并据此预测证券价格未来变化趋势的方法。市场行为包括四个方面的内容：①证券的市场价格；②成交量；③价和量的变化；④完成这些变化所经历的时间。通过技术分析，目的是预测证券价格涨跌的趋势，解决何时买卖证券的问题。

（二）技术分析的基本假设

作为一种投资分析工具，技术分析是以一定的假设条件为前提的。没有这些假设，就没有技术分析的发展和演变。技术分析包含三大假设：市场行为涵盖一切信息；证券价格沿趋势移动；历史会重演。

1. 市场行为涵盖一切信息

这是进行技术分析的基础。其主要思想是：任何一个影响证券市场的因素，最终都体现在股票价格的变动上。外在的、内在的、基础的、政策的和心理的因素，以及其他影响股票价格的所有因素，都已经在市场行为中得到了反映。技术分析人员只需关心这些因素对市场行为的影响效果，而不必关心具体导致这些变化的原因究竟是什么。这一假设有一定的合理性，因为任何因素对证券市场的影响都必然体现在证券价格的变动上，所以它是技术分析的基础。

2. 证券价格沿趋势移动

这一假设是进行技术分析最核心的条件。研究图表的意义就在于证券价格是有趋势的，通过揭示价格的趋势，从而达到顺着趋势交易的目的。其主要思想是：证券价格的变动是有一定规律的，即保持原来运动方向的惯性。这是因为证券价格的运动反映了一定时期的供求关系，如果供求关系不变，则证券价格的趋势就会一直持续下去。当供求关系发生改变时，证券价格的趋势就会发生改变。正是因为证券价格具有趋势，对证券价格的预测才有意义，技术分析方法才有存在的价值。

"顺势而为"是股票市场上的一句"名言"，如果股价没有调头的内部因素和外部因素，没有必要逆大势而为。

3. 历史会重演

这条假设是从人的心理因素方面考虑的。市场中进行具体买卖的是人，是由人决定最终的操作行为。这一行为必然要受到心理学中某些规律的制约。在证券市场上，一个人在某种情况下按一种方法进行操作，那么以后遇到相同或相似的情况，就会按同一方法进行操作；如果失败了，以后就不会按前一次的方法操作。

历史会重演，但却以不同方式进行"重演"，现实中没有完全相同的两片树叶，投资者面对的市场更是变幻无穷，正确理解技术分析才能更好地应用。

技术分析的三个假设有合理的一面，也有不尽合理的一面：第一，市场行为涵盖一切信息，但市场行为反映的信息会产生信息损失。第二，证券价格有趋势，影响证券价格趋势的因素发生变化，趋势就会发生反转。影响证券价格的因素众多，是趋势的延续还是反转，在很多时候也难以判断。第三，历史会重演，但历史不会以完全相同的情况重现，甚至会产生很大的差异。

因此技术分析的方法在理论界和实践界一直存在很大的争议，同时存在"技术有用论"和"技术无用论"，关于技术分析的争论一直存在。但技术分析的各种理论和技术指标都经过几十年甚至上百年的实践检验，在今天看来仍然具有参考意义。

（三）技术分析的四个基本要素

技术分析的四个最基本要素是价格、成交量、时间和空间，简称为"价、量、时、空"。

1. 价

价格是四个要素的首要因素，市场行为直接反映在价格上，证券市场的交易基础也是价格。

（1）价格首先反映了证券的交易价格。市场最基本的表现就是价格，技术分析就是通过价格在市场中的位置来反映证券是高价区、合理区还是低价区。根据个股历史价格和目前的价格，判断目前价位与历史价位的关系，并据此判断股票上涨的概率是大还是小。根据价格所处的位置，判断证券是处于买入时机还是处于卖出时机。

（2）股票本身具有价值，股票的价值由基本面决定。短期看，股票价格常常会脱离价值，但长期来看，股票的价格是围绕价值波动的。

2. 量

市场行为的另一个最基本的表现就是成交量。对成交量的分析是仅次于价格分析的。有时候，成交量分析的价值更甚于价格分析，因为很多时候市场的行为并非完全理性，股价受到人为控制的因素多，这时候，就要提高对成交量分析的重视，因为对某一个价格的是否认同，需要成交量来体现。

（1）当市场对价格认同度越高，往往成交量越小。而成交量越小的时候，越容易成为底部的先兆，但这需要观察个股最近的调整幅度才能判定，当然是调整幅度越大时成交量缩小越可靠，不过这里有个前提，此时价格停止创新低。

（2）当市场对价格分歧越大时，成交量会持续放大或突然放大。成交量大幅放大一般会出现在三个位置：市场价格经历低位缩量横盘后反转时、对重要价格进行向上突破时、经过一定上涨后引发市场抛售时。以上三个位置的放量是标志性的、易于把握的，但在有些位置的放量也带有欺骗性，需要谨慎对待。一般来说，成交量越大，越能说明市场主力比较活跃其中，可以通过观察成交量的放大来判断是否有主力资金进入。

3. 时

时间一个方面是指股票上涨或下跌持续的时间，突破趋势的时间；第二个方面是指股票价格波动呈有规律的波动的周期。

（1）当市场价格在一个区域持续时间越久，市场的成本就会集中于这个区域，当向上或者向下突破该区间时，突破就越有效。

（2）当个股下跌所花的时间越少而跌幅越大时，说明该个股下跌动力充足，在短暂反弹后还会继续探底。同时也要结合具体情况，如果在股票下跌初期，则向下探底的概率越大。但如果股票已经经过长期阴跌，再出现加速下跌，有可能是重要底部的征兆。

（3）当个股上涨所花的时间越少，涨幅越大时，它将来的调整幅度和速度也会越大。同时结合股票基本面，如果股票大幅上涨后没有出现大幅度的成交量，或者在大成交量之后仍能以不高的换手率创新高，则该股成为长期牛股的希望很大。如果经过大幅上涨后，成交量放大，换手率达到 25% 以上，则应该立即撤退。

（4）价格运动过程中会形成一些规律性的周期，可以利用这种周期运动对股价进行分析。例如江恩时间法则里阐述了江恩循环周期，江恩认为较重要的循环周期有：

短期循环：1 小时、2 小时、4 小时……18 小时、24 小时、3 周、7 周、13 周、15 周、3 个月、7 个月；

中期循环：1 年、2 年、3 年、5 年、7 年、10 年、13 年、15 年；

长期循环：20 年、30 年、45 年、49 年、60 年、82 年或 84 年、90 年、100 年。

从时间周期看，股票价格的运动具有一定的周期性，根据时间来判断变盘的时间和股票运行的周期。

4. 空

空指的是空间，是股票价格上涨或下跌的空间。

（1）股票上涨和下跌的空间参考历史最高价和历史最低价，在一段运行空间内，一些关键的位置成为股票价格反转的关键位，比如关键的百分比、黄金分割线、整数位等。在这些位置形成支撑或者压力位。

（2）当个股价格创出历史新高或新低时，应对股票进行重新认识。历史新高或新低可能会成为新的低点或者高点。

重要高点和低点以及经过盘整的位置会构成阻力或支撑。

（3）移动平均线对于股价有吸引、支撑和阻力作用，吸引作用在股价距离均线系统越远时发生越有效，而支撑、阻力作用则在股价调整幅度越大时越有效。这也是判断股价涨跌空间的一个重要工具。

二、技术分析的理论基础——道氏理论

（一）道氏理论

道氏理论是技术分析的理论基础，创始人是查尔斯·道，为了反映市场总体趋势，他与爱德华·琼斯创立了著名的道-琼斯平均指数。他们在《华尔街日报》上发表有关证券市场的文章。1902 年，查尔斯·道去世后，威廉姆·皮特·汉密尔顿和罗伯特·雷亚对其在《华尔街日报》上发表的文章进行整理和归纳，从而得到道氏理论，并出版了《股市晴雨表》和《道氏理论》，这两本著作成为道氏理论的经典著作。

查尔斯·道声称其理论并不是用于预测股市，甚至不是用于指导投资者，而是一种反映市场总体趋势的晴雨表。道氏理论的伟大之处在于其宝贵的哲学思想，道氏理论在设计上是一种提升投机者或投资者知识的工具，并不是可以脱离经济基本条件的严格的技术理论。

（二）道氏理论的核心思想

道氏理论的核心思想是：三重运动原理、相互验证原则和投机原理。

三重运动原理是核心。这个原理源自自然法则，在股市中把股价的运动分为三个级别，分别是基本运动、次级运动以及日常波动。大级别的基本运动规律能够为我们所把握，而日常波动这样小级别的运动具有很强的随机性，不能为我们所把握。这个原理告诉我们市场的主趋势是可以被预测的，但具体运动轨迹又是测不准的。

相互验证原则是道氏理论的第二个核心，尽管基本运动能够为我们所把握，但是基本运动趋势通过一种方式得出的结果，需要用另一种方式得出的结果来验证，两个指标一致，通过它们的一致性来验证正确的市场走势，只有被证明是正确的，结论才是正确的。

道氏理论的第三个核心是投机原理。市场之所以可以被我们预测是由于市场中具有投机性，投机性是市场的基本属性之一，如果没有投机性，市场也就不存在了。也就是说，投机也是具有市场属性的。

1. 三重运动原理

道氏理论的三重运动是指基本的上升或下降运动、次级下跌或反弹运动以及永不停歇的日常波动，在股票市场上，三种运动同时存在，彼此的方向可能相同也可能相反。其中，基本运动是最重要的，次级运动和日常波动可以被认识，但难以准确把握。任何市场中，这三种趋势必然同时存在。

三种运动的表现见图 8-1。

图 8-1 中表示了三种趋势：基本趋势、次级趋势和日常波动。点 1、2、3、4 表示主要上升趋势。2-3 表示上升趋势中的次级调整。同时，每一个次要的趋势也可以划为更短的趋势，如 *A-B-C*。

如图 8-1 所示，股价第一级的波动，即主要趋势，表现为向上的趋势，是最为重要

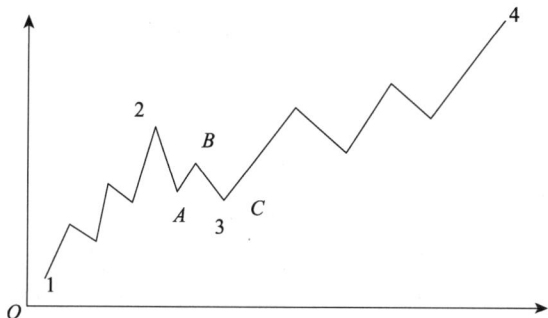

图 8-1　道氏的三种趋势

的价格波动形式，是投资者获取利润的基础，这也正是我们通常所说的牛市或熊市。第二级波动，即次级下降趋势，是最具虚假性的欺骗性波动，是市场得以存在的基础，也是绝大部分投资者亏损失败的陷阱，是在基本趋势中的调整或反弹。第三级波动，即日间波动，是最无意义的价格波动，是诱惑投资者不断参与的诱饵，也是我们通常所说的盘中走势。日间波动走势是随机的、不确定的、可被操纵的，无法找到规律。

道氏理论的着眼点是股市运动的基本趋势。因为次级运动和日常波动的随机色彩很浓，不易预测和捕捉，而且持续时间往往都不会太久。当股市主要趋势形成之后，尽管也会受到次级运动的干扰，出现日常波动的噪声，但其总体趋势仍会继续延伸下去，直到整个趋势受到根本性事件的影响，从而发生根本性的逆转。这种对于股市运动的多层次理解和剖析具有极其重要与深远的影响。

2. 相互验证原则

相互验证原则是指两种市场指数必须相互验证——"道琼斯工业指数"与"道琼斯铁路运输指数"的走势应该一起考虑。一种指数的走势必须得到另一种指数的确认，才能确认基本趋势。仅根据一种指数的趋势判断，另一种指数并未确认，有可能得到错误的结论。

在此基础上，雷亚从 1932 年根据上述原则进行多项观察，认为目前除了"道琼斯工业指数"与"道琼斯铁路运输指数"以外，还有 S&P500 指数、"价值线指数"、"主要市场指数"、债券指数、美元指数、商品指数等，因此上述原则经过更新之后，"两种市场指数必须相互确认"可以改为"多种的相关指数都必须相互确认"。

相互验证原则通过相关性来验证结论的正确性，通过认识市场以及再认识市场，不断重复理论和实践的循环来验证市场与预测之间的关系。用验证来说明预测的正确性，并非仅仅依靠一个指标或一个工具将市场的预测绝对化。

对于两个有较强相关性的品种或指数，当它们的走势一致的时候，其中一个品种或指数的走势可以得到另一个品种或指数的验证，这意味着趋势还将继续，当它们的走势背离的时候，则其中一个品种或指数的走势不能得到另一个品种或指数的验证，这意味着趋势难以继续。

道氏理论所指的相互验证原理并非现象之间简单的验证，它既包括不同相关制约要素间的相互验证关系，也包含不同要素、不同指标间的相互验证。投资者在进行验证时应把多种技术分析的方法或指标加以比较，从而保证它们中的大部分相互验证，指向共同方向。当出现某一市场指数呈一种趋势的走势而另外一种指数呈相反方向的走势时，这种现象称为背离。出现背离后，原有趋势往往很难持续。

3. 投机原理

投机原理是投资者的预期能否在市场得到体现，或者说市场中包含了投资者的预期，预期是市场中不可分割的一部分，投机也是市场的重要组成部分。

道氏理论的一个原则是："任何人所了解、希望、相信和预期的事都可以在市场中得到体现。"这和技术分析的三大假设之一"市场行为包容并消化一切"相一致，即影响价格的任何因素都反映在市场行为中。所以，市场行为也必然包含投机行为。投机为市场带来最活跃的因素，也是市场可以被预测的重要因素。

（三）道氏理论的五大定理

1. 道氏的三种走势——短期、中期和长期

道氏认为任何市场都有三种趋势：短期趋势、中期趋势和长期趋势，即市场运动的三重运动。短期趋势持续数天至数个星期，中期趋势持续数个星期至数个月，长期趋势持续数个月至数年。这三种趋势同时存在，彼此的方向可能相同也可能相反。长期趋势最为重要，也是可以被掌握的，是投资者应该去考量的，但对于投机者较为次要。中期趋势包含在长期趋势之内，它与长期趋势的方向可能相同，也可能相反。如果中期趋势严重背离长期趋势，则被视为次级的折返走势。次级折返走势必须谨慎评估，它只是长期趋势中的调整，不可误认为是长期趋势的改变。中期趋势对于投资者较为次要，但是投机者主要的考量因素。短期趋势是最难预测的，短期交易者才会随时考虑它，在短期趋势中寻找适当的买进或卖出时机以追求最大的获利。投资者仅有在少数情况下才会关心短期趋势。

2. 主要走势——多头或空头市场

主要走势代表整体的基本趋势，通常称为多头或空头市场，持续时间可能在 1 年至数年。正确判断主要走势是投资者成功的最起码条件。

市场的主要走势可以根据历史资料，用统计的方法进行归纳和预测。雷亚将道琼斯指数历史上的所有价格走势根据类型、幅度大小与期间长短分别归类，他当时仅有 30 年的资料可供运用。令人惊讶的是，他当时归类的结果与目前 100 多年的资料几乎没有什么差异。例如，次级折返走势的幅度与期间，不论就多头还是空头市场的资料分别或综合归类，目前正态分布的情况几乎与雷亚当时的资料完全相同。这个现象说明，虽然现在的科技与知识有了突破性的发展，但驱动市场价格走势的心理性因素基本上仍相同。其重大的意义在于：目前面临的价格走势，幅度与期间都非常可能落在历史对应资料平均数的有限范围内。如果某个价格走势超出对应的平均数水准，介入该走势的统计风险便与日俱增。若经过适当的权衡与应用，可以显著提高未来价格预测在统计上的精确性。

3. 主要的空头市场

主要的空头市场是长期向下的走势，它来自各种不利的经济因素。

空头市场会历经三个主要的阶段：第一阶段，市场参与者不再期待股票可以维持过度膨胀的价格；第二阶段的卖压是反映经济状况与企业盈余的衰退；第三阶段是来自股票的失望性卖压，不论股票价值如何，许多人急于变现至少一部分的股票。空头市场中夹杂着重要的反弹，但指数绝对不会穿越多头市场的顶部，两个不同指数也不会同时穿越前一个中期走势的高点。

4. 主要的多头市场

主要的多头市场是一种整体性的上涨走势，其中夹杂次级的折返走势，平均的持续期间长于两年。在此期间，由于经济情况好转与投机活动转盛，所以投资性与投机性的需求增加，推高股票价格。多头市场有三个阶段：第一阶段，人们对于未来的景气恢复信心；第二阶段，股票价格的上涨反映公司盈余情况的改善。第三阶段，投资热情明显提升，股价出现泡沫，这阶段的股价上涨是基于期待与希望。

多头市场的特点是所有主要指数都持续走高，折返走势不会跌破前一个次级折返走势的低点，然后再继续上涨而创新高价。在次级的折返走势中，指数不会同时跌破先前的重要低点。

5. 次级折返走势

次级折返走势是多头市场中重要的下跌走势，或空头市场中重要的上涨走势，持续的时间通常在 3 个星期至数个月；大多数次级修正走势的折返幅度，约为前一个主要走势波段（介于两个次级折返走势之间的主要走势）的 1/3 至 2/3 之间。通过对于历史修正走势的统计，大约 60% 的折返幅度为前一个主要走势波段的 30%～70%，65% 的折返期间介于 3 个星期和 3 个月之间，而其中 98% 介于两个星期和 8 个月之间。

雷亚在对次级折返走势的定义中，有一个关键的形容词"重要"。如果任何价格走势起因于经济基本面的变化，而不是技术面的调整，而且其价格变化幅度超过前一个主要走势波段的 1/3，就称得上是重要。例如，如果美联储将股票市场融资自备款的比率由 50% 调高为 70%，这会造成市场上相当大的卖压，但这与经济基本面或企业经营状况并无明显的关系。这种价格走势属于不重要的走势。而如果发生严重的地震而使一半的加州沉入太平洋，股市在 3 天之内暴跌 600 点，这是属于重要的走势，因为许多公司的盈余将受到影响。

但要注意的是小型折返走势与次级修正走势之间的差异未必非常明显，因此道氏理论中在对折返走势的判断上具有主观成分。

雷亚将次级折返走势比喻为锅炉中的压力控制系统。在多头市场中，次级折返走势相当于安全阀，它可以释放市场中的超买压力。在空头市场中，次级修正走势相当于为锅炉添加燃料，以补充超卖流失的压力。

（四）道氏理论应用中的缺陷

1. 信号太迟

道氏理论强调两种指数互相验证，在实际操作中，当两种指数互相印证后，往往主要的走势已经持续了一段时间，从而导致出现买卖的信号太迟，从而影响交易的决策和质量。

2. 对次级别趋势判断帮助小

道氏理论对大形势的判断有较大的作用，但对于每日每时都在发生的小波动则显得无能为力。道氏理论甚至对次要趋势的判断作用也不大。

3. 不能用于个股的判断

道氏理论对指数的判断有较大的作用，但在个股的选择上未能提供具有可操作性的方法。而投资者在投资时，需要选择具体的对象，并形成重要的投资战术体系，在这一点上道氏理论无能为力。

尽管道氏理论存在某些缺陷，有的内容对当今的投资者来说已过时，但它仍然是技术分析的理论基础。近几十年来出现的新的技术分析方法，有相当一部分是道氏理论的延伸。

三、技术分析的主要方法

（一）K 线类

K 线又叫蜡烛图，是根据 K 线的实体、影线和 K 线的组合，来判断证券市场多空双方力量的对比，进而来判断证券市场行情的方法。K 线图是各种技术分析的基础图标，通过对 K 线不同形态的组合，发现具有买卖意义的组合，从而指导投资者进行买卖。

（二）波浪类

波浪类主要是把股票的上下波动和不同时期的持续上涨、下跌分成不同的波浪的上下起伏，认为股票的价格运动遵循波浪起伏的规律。波浪理论是艾略特提出的，他认为不管是多头市场还是空头市场，每个完整循环都会由 8 个波浪组成。在多头市场中，一个循环由 5 个推动浪和 3 个调整浪组成，前 5 个波浪是推动的，其中第一、三、五，即奇数是推动上升的，第二、四，即偶数，属于调整下跌。在空头市场中，前 5 个波浪是下跌的，后 3 个浪是反弹。

波浪理论就是根据股票价格的波浪来确定是上升浪还是下跌浪，数清楚了各个浪就能预见是涨势还是跌势。波浪理论与其他的技术分析理论相比最大的区别就是能提前很长时间预计到行情的底和顶，而别的流派往往要等到新的趋势已经确立之后才能看到。

（三）切线类

切线类是按一定方法和原则，根据股票价格数据所绘制的图表中画出一些直线，这些直线就叫切线。切线有压力线和支撑线两类。切线类技术分析方法就是依据切线来进行分析的方法，根据这些直线的情况推测股票价格的未来趋势。切线的画法最为重要，画得好坏直接影响预测的结果。常见的切线有趋势线、轨道线、黄金分割线、甘氏线、角度线等。

（四）形态类

形态类是根据股票价格运动中形成的各种形态进行分析，根据价格形态来预测股票价格趋势会继续延续还是发生反转。价格形态可分为反转形态和持续形态，从价格形态中来推测证券市场处在一个什么样的大环境之中，由此对投资给予一定的指导。主要的形态有头部形态、底部形态、持续形态、反转形态等。

（五）指标类

指标类是根据价、量的历史资料，通过建立一定的数学模型，得到一个体现证券市场的某个方面的指标值。通过指标值来反映股市所处的状态，为投资者的操作提供指导。指标反映的内容大多是无法从行情报表中直接看到的，是依据一定的数理统计方法和复杂的计算公式计算得到的。常用的指标有趋势类指标、均线型指标、大盘类指标、路径型指标等。

四、技术分析应用时应注意的问题

（一）基本分析与技术分析结合使用

尽管技术分析法和基本分析法的观点与出发点都不同，基本分析是通过对经济状况、经济政策、经济周期、行业发展状况、公司经营状况及影响因素等各种因素的分析来判断股票价格波动。基本分析是事前分析，是在基本因素变动对证券市场和股票价格发生影响之前，投资者已经在分析、判断市场的可能走势，从而作出顺势而为的买卖决策。技术分析是通过数据、图形、统计方法来说明问题，是根据历史数据进行分析，是事后分析。

基本分析和技术分析都有其缺陷，基本分析依赖于人的主观判断，难以量化，技术分析不依赖于主观判断，但依赖于历史数据。因此在进行分析时，可以将技术分析和基本分析相结合，以弥补两种方法的不足。

（二）不要迷失在技术分析中

自道氏理论创立以来，技术分析的方法层出不穷，在技术分析中不断加入新的变量，用新的方法来试图找到能更准确预测市场未来走向的方法。但要注意，技术分析归根结底都是解决市场行为的问题。过多的技术分析方法会导致界限混乱、自相矛盾、无所适从，因此不要迷失在技术分析中，找到适合自己的方法借助其看清图表价格的未来走势，帮助实现投资的目标。

（三）把技术分析作为一种投资管理技术

任何的技术分析方法都是有缺陷的，没有一种方法是可以预测未来的。投资者在利用技术分析方法时，要反复演练和实战，逐步培养自己的交易意识，形成自己的交易习惯、交易风格，构建自己的交易系统，进而具备独立的投资管理能力。因此，从广义的技术分析视角看，应该全面培养自己的投资管理能力，而不是仅仅局限于狭义的技术分析层面。

（四）技术分析有很大的局限性

通过技术分析来预期未来价格并付诸行动，是一件冒险的事情。在应用技术分析时，必须有严明的纪律与科学的管理方法来弥补认识上的不足，尽可能地去化解投资风险，实现盈利目标。

第二节 K线理论

K线图又称"蜡烛图",是早期日本米商记录研判大米行情的简单符号,后因其细腻独到的标画方式而被引入股市及期货市场。由于用这种方法绘制出来的图表形状颇似一根根蜡烛,加上这些蜡烛有黑白之分,因而也叫阴阳线图表。通过K线图,我们能够把每日或某一周期的市场状况表现完全记录下来,股价经过一段时间的盘档后,在图上即形成一种特殊区域或形态,不同的形态显示出不同意义。K线图不仅具有直观、立体感强、携带信息量大的特点,还蕴含着丰富的东方哲学思想,能充分显示股价趋势的强弱、买卖双方力量平衡的变化,是用于预测后市走向的一种重要方法。

一、K线图的绘制方法

K线图是选取价格单位周期内波动的四个关键位置:开盘价、收盘价、最高价、最低价绘制而成的柱线图,并按先后顺序连续排列反映行情的演变过程的图表。K线图的单位周期可以以年、季、月、日、小时、30分钟、5分钟、1分钟等为单位来绘制,其简称分别为年线、季线、月线、日线、小时线、30分钟线、5分钟线、1分钟线。

一根K线由影线和实体组成。影线在实体上方的部分叫上影线,下方的部分叫下影线。上影线的上端顶点表示一日的最高价,下影线的下端顶点表示一日的最低价。实体表示一日的开盘价和收盘价。根据开盘价和收盘价的关系,K线又分为阳线和阴线两种,收盘价高于开盘价时为阳线,收盘价低于开盘价时为阴线(图8-2)。

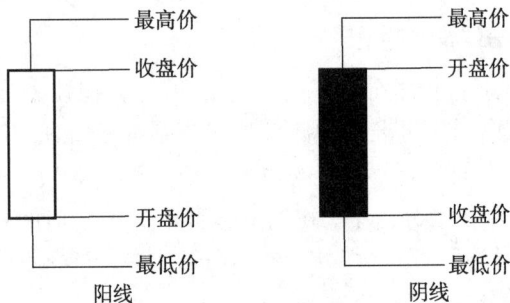

图 8-2 K线的两种基本形态

根据开盘价与收盘价的波动范围,可将K线分为极阴、极阳、小阴、小阳、中阴、中阳和大阴、大阳等线型。

极阴线和极阳线的波动范围在0.5%左右;小阴线和小阳线的波动范围一般在0.6%~1.5%;中阴线和中阳线的波动范围一般在1.6%~3.5%;大阴线和大阳线的波动范围在3.6%以上。

在K线的4个价格中,收盘价是最重要的,很多技术分析方法只关心收盘价。人们在说到目前某只股票的价格时,说的往往是收盘价。一条K线记录的是某一种股票一天的价格变动情况。将每天的K线按时间顺序排列在一起,就可反映该股票自上市以来每天的价格变动情况，这就叫日 K 线图。根据不同的时间参数绘制出的 K 线图是不同周期的 K 线图，可以用短期、中期和长期趋势的分析。

二、K 线图的基本形态

一根 K 线由 4 个价格绘制而成，根据不同的价格范围，会产生其他形状的 K 线形态（图 8-3）。

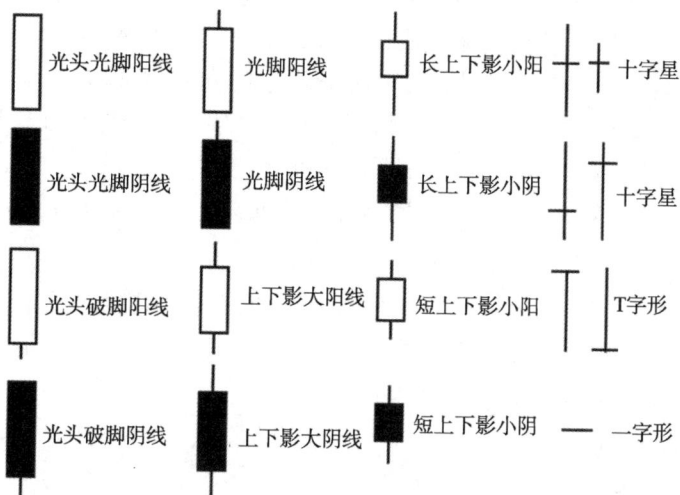

图 8-3　K 线基本形态

（1）光头光脚的阳线和阴线：这种 K 线既没有上影线也没有下影线。当收盘价和开盘价分别与最高价和最低价相等时，就会出现这种 K 线。

（2）光头阳线和光头阴线：这是没有上影线的 K 线。当收盘价或开盘价正好与最高价相等时，就会出现这种 K 线。

（3）光脚阳线和光脚阴线：这是没有下影线的 K 线。当开盘价或收盘价正好与最低价相等时，就会出现这种 K 线。

（4）十字形：当收盘价与开盘价相同时，就会出现这种 K 线，它的特点是没有实体。

（5）T 字形和倒 T 字形：当收盘价、开盘价和最高价三价相等时，就会出现 T 字形 K 线图；当收盘价、开盘价和最低价三价相等时，就会出现倒 T 字形 K 线图。它们没有实体，也没有上影线或者下影线。

（6）一字形：当收盘价、开盘价、最高价、最低价 4 个价格相等时，就会出现这种 K 线图。在存在涨跌停板制度时，当一只股票一开盘就封死在涨跌停板上，而且一天都不打开时，就会出现这种 K 线。同十字形和 T 字形 K 线一样，一字形 K 线同样没有实体。

三、K 线分析方法

K 线记录的是交易双方多头与空头较量的过程及结果，反映了双方多空博弈的结果。当多头力量强大时，价格不断攀升，出现较大的阳线；当空头力量强大时，价格不断下跌，出现较大的阴线；当多空力量平衡的时候，出现小阴或小阳。K 线分析是根据每根 K 线所处的位置、实体大小、上下影线的长短显示的是多空双方博弈的过程。根据多空双方力量的对比，进行市场行情的研判和对市场走势进行预判。

（一）单根 K 线的应用

应用单根 K 线研判行情时，主要从实体的长短、阴线、阳线、上下影线的长短以及实体的长短与上下影线长短之间的关系等几个方面进行。

（1）阳线反映买方占优势，阳线实体越长，说明买方力量越强。

（2）阴线反映卖方占优势，阴线实体越长，说明卖方力量越强；

（3）影线反映买卖双方短兵相接的情况，上影线越长，说明上档卖压越重；下影线越长，说明下方支撑越强。上下影线都长，说明多空力量相当。

单根 K 线的种类很多，下面就几种具有典型意义的单根 K 线进行分析。

1. 大阳线

大阳线表示最高价与收盘价基本相同，最低价与开盘价基本相同，上下没有影线或影线短而忽略不计。大阳线代表了强烈的涨势，股市高涨，买方疯狂地买进，卖方看到买气旺盛，也不愿意抛售，市场出现供不应求。

大阳线所处位置不同，含义不同，在上涨的末端出现表示最后一搏，在下跌已久出现表示价格可能要反转。

2. 大阴线

大阴线表示最高价与开盘价基本相同，最低价与收盘价基本相同，上下没有影线或影线短而忽略不计。卖方占有优势，市场处于低潮，持有股票的人不限价疯狂卖出，市场恐慌情绪严重。同样，所处位置不同，含义不同，上涨末端出现表示价格将要转势。

3. 先跌后涨型（光头阳线）

光头阳线是带下影线的阳线。最高价与收盘价相同或上影线短可以忽略不计。这种 K 线表示买方力量比较强。开盘后，卖气较足，价格下跌，但在低价位上得到买方的支撑，卖方受挫，价格向上推过开盘价，一路上扬，直至收盘，收在最高价上。

总体来讲，买方力量较大，但实体部分与下影线长短不同，买方与卖方力量对比不同。实体部分比下影线长。价位下跌不多，即受到买方支撑，价格上推。破了开盘价之后，还大幅度推进，买方实力很大；实体部分与下影线相等，买卖双方交战激烈，但大体上，买方占主导地位，对买方有利；实体部分比下影线短。买卖双方在低价位上发生激战。遇买方支撑逐步将价位上推。但实体部分较小，说明买方所占据的优势不太大，如卖方次日全力反攻，则买方的实体很容易被攻占。

判断时也要根据所处的位置来分析，若股价已涨到高位，表示买方优势不大，次日可能下跌；若股价下跌已久，表示买方力量开始积聚，次日可能上涨。

4. 下跌抵抗型（光头阴线）

光头阴线是带下影线的阴线，开盘价是最高价。该阴线出现表示一开盘卖方力量就特别大，价格下跌，但在低价位上遇到买方的支撑。后市可能会反弹。实体部分与下影线的长短不同也可分为三种情况。

实体部分比影线长，表示卖压比较大，一开盘，大幅度下压，在低点遇到买方抵抗，买方与卖方发生激战，影线部分较短，说明买方把价位上推不多，从总体上看，卖方占了比较大的优势。

实体部分与影线同长，表示卖方把价位下压后，买方的抵抗也在增加，但卖方仍占优势。

实体部分比影线短，卖方把价位一路压低，在低价位上，遇到买方顽强抵抗并组织反击，逐渐把价位上推，最后虽以阴线收盘，但可以看出卖方只占极少的优势。后市很可能买方会全力反攻，把小黑实体全部吃掉。

判断时，结合位置进行分析：若股价已经涨到高位，表示买方优势不大，可能出现下跌；若股价下跌已久，表示买方力量开始集聚，上涨的可能性变大。

5. 上升阻力型（光脚阳线）

这是一种带上影线的红实体。开盘价即最低价。一开盘买方强盛，价位一路上推，但在高价位遇卖方压力，使股价上升受阻。卖方与买方交战结果为买方略胜一筹。具体情况仍应观察实体与影线的长短。

红实体比影线长，表示买方在高价位时遇到阻力，部分多头获利回吐。但买方仍是市场的主导力量，后市继续看涨。

实体与影线同长，买方把价位上推，但卖方压力也在增加。二者交战结果，卖方把价位压回一半，买方虽占优势，但显然不如其优势大。

实体比影线短。在高价位遇卖方的压力、卖方全面反击，买方受到严重考验。大多短线投资者获利回吐，在当日交战结束后，卖方已收回大部分失地。买方一块小小的堡垒（实体部分）将很快被消灭，这种 K 线如出现在高价区，则后市看跌。

6. 先涨后跌型（光脚阴线）

光脚阴线是一种带上影线的阴线。收盘价即是最低价。卖方力量强。一开盘，买方与卖方进行交战。买方占上风，价格一路上升。但在高价位遇卖压阻力，卖方组织力量反攻，买方节节败退，最后在最低价收盘，卖方占优势，并充分发挥力量，根据实体和影线的长短，分为以下三种。

黑实体比影线长，表示买方把价位上推不多，立即遇到卖方强有力的反击，把价位压破开盘价后乘胜追击，再把价位下推很大的一段。卖方力量特别强大，局势对卖方有利。

黑实体与影线相等，买方把价位上推；但卖方力量更强，占据主动地位。卖方具有优势。

黑实体比影线短，卖方虽将价格下压，但优势较少，明日入市，买方力量可能再次反攻，黑实体很可能被攻占。

7. 反转试探型（纺锤线，长上下影小阳）

这是一种上下都带影线但实体较小的阳线。开盘后价位下跌，遇买方支撑，双方争斗之后，买方增强，价格一路上推，临收盘前，部分买者获利回吐，在最高价之下收盘。这是一种反转信号，表示多空双方力量对比的不可靠性。

如果纺锤线出现在大涨之后，表示高位震荡，如果成交量大增，则后市下跌的可能性变大，出现在大跌后，后市可能反弹。

8. 反转试探型（纺锤线，长上下影小阳）

这是一种上下都带影线但实体较小的阳线。开盘后价位下跌，遇买方支撑，双方争斗之后，买方增强，价格一路上推，临收盘前，部分买者获利回吐，在最高价之下收盘。这是一种反转信号，表示多空双方力量对比的不可靠性。

如果纺锤线出现在大涨之后，表示高位震荡，如果成交量大增，则后市下跌的可能性变大，出现在大跌后，后市可能反弹。

9. 弹升试探型二（纺锤线，长上下影小阴）

这是一种上下都带影线但实体较小的阴线。股价在开盘后，有时会力争上游，随着卖方力量的增加，买方不愿追逐高价，卖方渐居主动，股价逆转，在开盘价下交易，股价下跌。在低价位遇买方支撑，买方力量转强，不至于以最低价收盘。有时股价在上半场以低于开盘价成交，下半场买意增强，股价回至高于开盘价成交，临收盘前卖方又占优势，而以低于开盘价之价格收盘。这也是一种反转试探。如在大跌之后出现，表示低档承接，行情可能反弹。如大涨之后出现，后市可能下跌。

10. 十字线型

十字线型是开盘价等于收盘价，表示在交易中，股价出现高于或低于开盘价成交，但收盘价与开盘价相等。买方与卖方几乎势均力敌。十字星分为两种：一种上下影线很长，另一种上下影线较短。上下影线较长的称为大十字星，表示多空争斗激烈，最后，回到原处，后市往往有变化。多空双方优势由上下影线的长度决定。上下影线较短的称为小十字星，表明窄幅盘整，交易清淡，买卖不活跃。

11. T字型和⊥字型

T字型又称蜻蜓线，表示有强烈的上升含义，对买方有利，如果出现在低价区，则行情将会回升。

⊥字型又称墓碑线，代表有强烈的下降含义，卖方占优势，如果出现在高价区，则行情可能会下跌。

12. 一字型

一字型是开盘价、收盘价、最高价、最低价在同一价位，全天交易只有一档价位成交。

（二）两根 K 线组合的应用

单根 K 线对于行情趋势的变化具有较大的局限性，对多根 K 线的组合形态进行分析，可以更好地把握股价运行的趋势，其中两根 K 线组合分析是 K 线组合的基础，下面是几种主要的两根 K 线组合形态。

1. 包线型

包线是指后一根 K 线最高价大于前一根 K 线最高价，以及最低价又比前一根 K 线最低价低。也就是后一根 K 线的价格区间包住了前一根 K 线的价格区间。包线种类一般有四种，分别是阳包阳、阳包阴、阴包阳和阴包阴（图 8-4）。

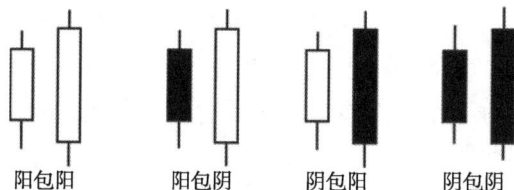

图 8-4　包线种类

包线后一根 K 线的价格区间将前一根 K 线完全包住，其价格变化幅度比前根 K 线宽，表明形成后一根 K 线当日，多空双方争斗较前一日激烈，争斗结果取决于后一根 K 线的阴阳情况。后一根 K 线为阳线，多方取胜占优势，行情看涨；相反，后一根 K 线为阴线，空方获胜占优势，行情看跌。所以，在行情波段的高点出现阴包阳或低点出现阳包阴时，常预示趋势的反转。

包线在应用时注意：

后一根 K 线包住前面的 K 线根数越多，表示力度越强。阳包型，上涨力度大。阴包型，下跌力度大。

结合成交量放大或缩小情况，对确定包线的意义有较大的指导作用。在高位出现阴包阳，伴随着成交量增大，空头力量强大，表明高位反转强烈。同样，在低位出现阳包阴，成交量放出，多头力量强大，是底部反转的强烈信号。

包线也可能是主力刻意制线。主力为达到某种目的，经常会刻意制造 K 线形态，如在顶部和下跌中途制造阳包阴、阳包阳等多头 K 线组合形态，以诱惑散户跟进。在底部或上升中途制造阴包阳、阴包阴等恐怖 K 线组合形态，进行震仓洗盘。因此在分析时要特别注意。

2. 孕线型

孕线是指后一根 K 线最高价小于前一根 K 线最高价，以及最低价大于前一根 K 线最低价。也就是后一根 K 线的价格区间被前一根 K 线的价格区间包住。而且前一根 K 线的实体较长，上下影线较短，后一根 K 线的实体、上下影线都较短。

孕线有四种，分别是阳孕阳、阳孕阴、阴孕阳和阴孕阴（图 8-5）。

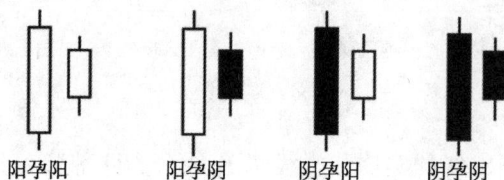

图 8-5　孕线型

孕线 K 线组合的出现，通常预示着市场已经进入多空平衡状态，市场上升或下跌的力量已趋衰竭，随之而来的很可能就是转势。

（1）上升中途阳孕阴。股价持续上行后拉出一根实体较大的阳线，第二天出现一根包孕在前一阳线实体内的小阴线，这是股价将加速上行的迹象。

（2）上升中途阳孕阳。股价持续上行后拉出一根实体较大的阳线，第二天出现一根包孕在前一阳线实体内的小阳线，是股价上升受挫的迹象，其上升趋势将有所减缓。

（3）孕育组合。实体间为阴阳两性，但与包容组合形式相反，它是今日的小实体被昨日的大实体所包容，称为孕育组合。这种孕育组合预示后市的方向往往为母体的方向，即阳孕阴生阳、阴孕阳生阴。

（4）十字孕线。十字孕线是第二天的 K 线为十字线。这类形态出现在市场高位时，反转意愿强烈。

孕线通常代表趋势的反转。阳孕阳或阳孕阴形态在相对高位，表明多方不能乘胜追击，显示上涨动能不足，在空方反扑下，行情将反转；在相对低位，表明空方已不能将价格再次打低，显示下跌动力不足，股价将止跌回升。阴孕阴或阴孕阳形态在相对高位，表明空方大举进攻，多方已无声收复失地，预示行情将反转；在相对低位，表明股价理应继续下跌，但股价并没有创出新低，显示下跌幅度有限，在多方反攻下，会导致行情反转。

3. 入线型

入线型是指前后两根 K 线的最高价至最低价的价格区间有且仅有部分交叉重叠。入线是两根 K 线关系中数量最多的一种。从入线后一根 K 线看，多空双方经过争斗的结果，既攻击了前一根 K 线的部分价格区，又攻击了前一根 K 线不包括的部分价格区。

入线种类有八种，分别是阳上入阳、阳上入阴、阴上入阳、阴上入阴、阳下入阳、阳下入阴、阴下入阳和阴下入阴（图 8-6）。

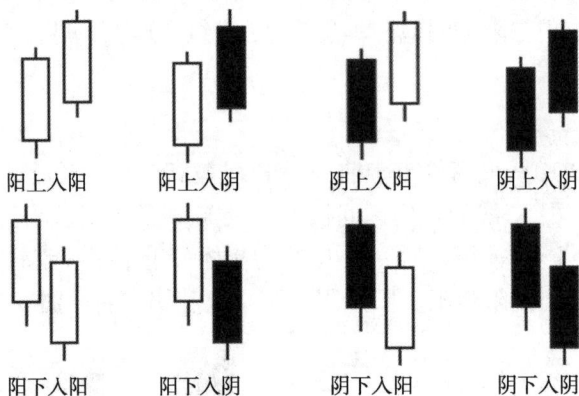

阳上入阳　　阳上入阴　　阴上入阳　　阴上入阴

阳下入阳　　阳下入阴　　阴下入阳　　阴下入阴

图 8-6　入线型

入线研判法：根据 K 线的实体和影线将 K 线分为四部分，分别是上影区、上实体区、下实体区和下影区。研判的方法是按照后一根 K 线收盘价所处前一根 K 线的位置进行研判，其原则有如下五点。

（1）当后一根 K 线收盘价位于前一根 K 线上影区时，多头强势，空头弱势。

（2）当后一根 K 线收盘价位于前一根 K 线上实体区时，多头略强，空头略弱。

（3）当后一根 K 线收盘价位于前一根 K 线中心点时，多空双方暂时处于平衡状态。

（4）当后一根 K 线收盘价位于前一根 K 线下实体区时，多头略弱，空头略强。

（5）当后一根 K 线收盘价位于前一根 K 线上影区时，多头弱势，空头强势。

4. 跳线型

跳线是指前后两根 K 线的价格区间没有交叉重叠的部分，K 线之间存在一个无成交行为的真空区域，即有缺口。跳线是对市场状态异常活跃甚至极端化的反映。跳线种类有八种，分别是阳上跳阳、阳上跳阴、阴上跳阳、阴上跳阴、阳下跳阳、阳下跳阴、阴下跳阳和阴下跳阴（图 8-7）。

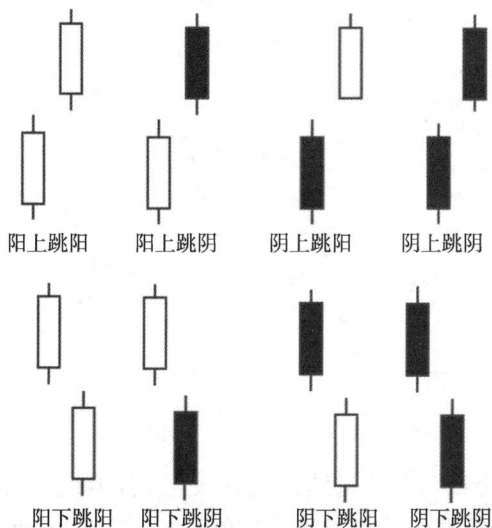

阳上跳阳　　阳上跳阴　　阴上跳阳　　阴上跳阴

阳下跳阳　　阳下跳阴　　阴下跳阳　　阴下跳阴

图 8-7　跳线型

跳线的研判主要是对跳线的缺口进行研判，通过对缺口的分类、作用的认识，判断跳线的含义。

缺口按其性质分为突破缺口、中继缺口、衰竭缺口和普通缺口。

（1）突破缺口。突破缺口表示一个旧趋势的结束和一个新趋势的开始。突破缺口是指在密集的反转或整理形态完成后，股价以一个很大的空缺跳空远离前期形态的缺口（图 8-8）。

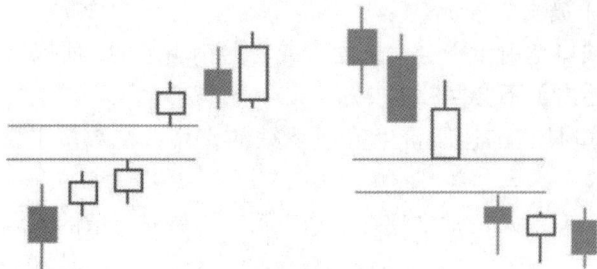

图 8-8　突破性缺口

突破性缺口在使用时，应注意以下几点。

第一，突破缺口出现表示行情真正的突破已经形成，且突破缺口越大，股价未来的变动就会越强烈。

第二，如果在上升行情中放量出现该形态，则股价将继续向上运行。

第三，如果在下跌行情中出现该形态，即使无量配合股价也会继续下跌，若成交量放量，则会加速股价下跌。

第四，如果在发生突破缺口前成交量放量，而缺口形成后成交量反而缩量，则该缺口可能很快会被填补。

第五，如果在发生突破缺口后成交量不断放量，则短期内该缺口不会被填补。

上证指数 2000 年 2 月 14 日大幅跳空，形成突破性缺口（图 8-9），展开了长达一年半的大牛市。此突破性缺口对后续价格的上扬起到了极好的支撑作用。

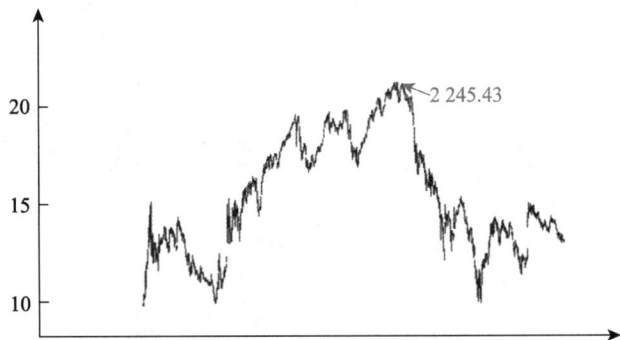

图 8-9　上证指数突破性缺口

（2）中继缺口。中继缺口也叫持续性缺口，是在涨升或下跌过程中出现的缺口，持续性缺口常在股价剧烈波动的开始与结束之间一段时间内形成。此类跳空反映出市场正以中等的交易量顺利地发展。在上升趋势中，中继缺口的出现表明市场坚挺；而在下降趋势中，则显示市场疲软。正如突破跳空的情况一样，在上升趋势中，持续跳空在此后的市场调整中将构成支撑区，它们通常也不会被填回，而一旦价格重新回到中继跳空之下，那就是对上升趋势的不利信号。

中继缺口使用要点：

第一，缺口出现的位置离趋势启动点较远，股价涨跌幅度一般不超过 50%。

第二，上升趋势当中，持续型缺口出现当日成交量大增，但不是天量，下降趋势当中对成交量的要求不高。

第三，持续型缺口是由于资金大量涌入或者抛销引起的，所以这样的缺口形成之后短期（5 个交易日之内）不会回补。

第四，中继缺口具有加速股价上升或下跌的作用，在数量上常会有 1～3 个缺口出现。

（3）衰竭缺口。衰竭缺口常出现在急速上升（下跌）行情的末期，市场情绪出现极端化，多方（或空方）最后一搏，并伴随巨大的成交量，预示趋势将反转。

衰竭缺口使用要点：

第一，缺口出现位置离趋势启动点很远，涨跌幅度已经超过 50%，甚至更多。

第二，上涨途中衰竭型缺口出现当日或者次日往往伴随着天量的出现，下降途中缺口出现时，成交不再萎缩，放量更好。

第三，完全回补所用时间通常较短，这是因为原来动力已经耗尽，而另一方力量开始增强，所以股价很快会朝相反方向运动开来。

（4）普通缺口。普通缺口常出现在盘整形态内，并在短期内得以回补，它强调整理形态的有效性。

缺口具有以下作用。

（1）确定趋势。缺口是市场在综合市场的基本面、技术面等诸多因素，并集中多方面量能的强大合力后形成的，它有力地打破了原有的旧趋势，建立了新的运行趋势。如果缺口是向上突破，将形成上升趋势。相反，若缺口是向下突破，将形成下跌趋势。

（2）支撑及阻力作用。缺口是在得到市场认同，并集中了多方面的合力形成的，在缺口处积累了较大能量，对价格具有较大的支撑或阻力作用。当价格由上向下运行到缺口处时，缺口将对价格产生支撑作用。相反，价格由下向上运行到缺口处时，缺口将产生阻力作用。不同性质的缺口的支撑或阻力强弱不同，一般来讲，突破性缺口支撑或阻力作用最强，中继缺口次之，衰竭缺口最弱。

（3）涨（跌）幅度测定作用。缺口是价格异常波动的典型表现，它对未来价格涨（跌）幅会产生较大影响，同时，能够对未来股价涨（跌）幅进行一定程度的测定。不同性质的缺口对未来涨（跌）幅的影响有所不同：突破缺口影响最大，未来涨（跌）幅一般能达到从缺口至突破前波段低（高）点之间的距离的 2 倍以上；中继缺口影响次之，未来涨（跌）幅一般能达到从中继缺口至前一个缺口的距离的 1 倍左右；衰竭缺口影响最小，股价涨（跌）幅不大，甚至形成单日反转，如图 8-10 所示。

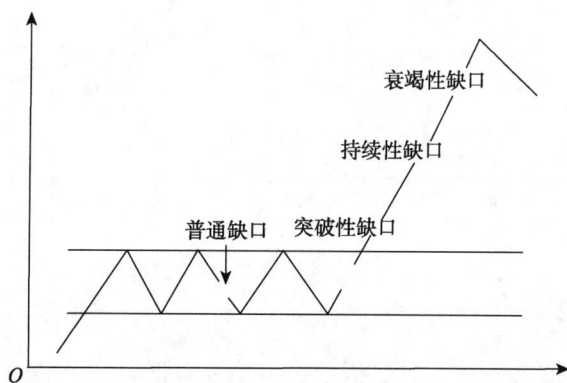

图 8-10　缺口理论图解

（三）多根 K 线组合的应用

由于 K 线的组合形态多，组合复杂，K 线组合要结合 K 线的位置来进行判断，不同位置会得出相反的结论。多根 K 线的组合比两根 K 线的组合包含更多的信息，得出的结论更可靠。由于 K 线组合形态很多，下面就几种典型的 K 线组合进行分析。

1. 早晨之星和黄昏之星

早晨之星是由 3 根 K 线组成的 K 线组合形态，是一种行情见底转势的形态 ［图 8-11（a）］。意味着黎明前最黑暗的时刻，一颗的启明星指引着那些走向光明的夜行人。这种形态如果出现在下降趋势中，常常是比较明确的反转信号，是一个非常好的买入时机。

黄昏之星也称"暮星"，其形态形成过程和形态含义正好与早晨之星相反 [图 8-11（b）]，意味着黄昏即将到来，是股价回落的反映，是卖出信号。

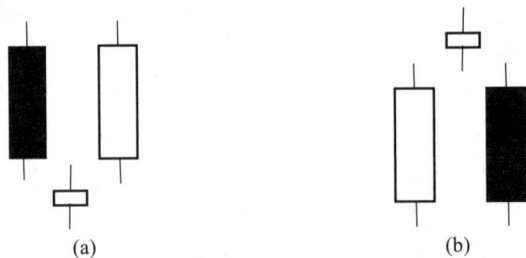

图 8-11　早晨之星和黄昏之星
(a) 早晨之星；(b) 黄昏之星

2. 双飞乌鸦

股价涨升末期，出现一支高开低走的阴线。阴线的开盘价与上一日收盘价出现跳空高开，构成起飞的形状，只可惜后继无力，出现低收的情形，形成第一只"黑乌鸦"。次日股价继续跳空高开后，仍旧收阴，形成第二只腾空而起后又向下滑落的"黑乌鸦"，市场行情看淡，如图 8-12 所示。

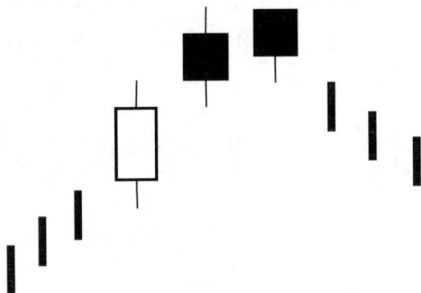

图 8-12　双飞乌鸦

3. 黑三兵和红三兵

黑三兵由 3 根小阴线组成，其最低价一根比一根低 [图 8-13（a）]。

黑三兵的特点是：

（1）连续 3 支小阴线实体大小类似；

（2）每日收盘价都向下跌，并创出前日新低；

（3）3 天都是在接近每日的最低价位收盘；

（4）每日的开盘价，都在上日 K 线的实体之内；

（5）第一支阴线的实体部分，最好低于上日的最高价位；

（6）黑三兵出现在高位或横盘震荡过程中，是股价即将破位下行的征兆，其体现的是空方步步为营，向下不断推进的结果。

黑三兵在行情上升时，尤其是股价有了较大升幅之后出现，暗示行情快要转为跌势。

红三兵是 3 根阳线依次上升形成的形态 [图 8-13（b）]。

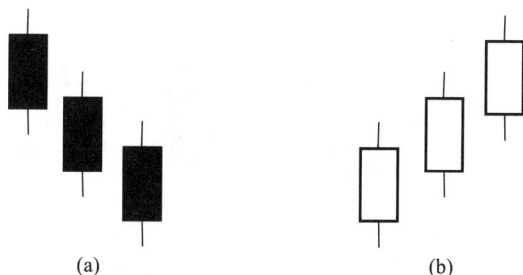

图 8-13　黑三兵和红三兵

(a) 黑三兵；(b) 红三兵

这是一种很常见的 K 线组合，这种 K 线组合出现时，后势看涨的情况居多。红三兵的特点是：

（1）在股票运行过程中连续出现 3 根阳线，每天的收盘价都高于前一天的收盘价；

（2）每天的开盘价都会在前一天的阳线宽实体之内开盘（即低开）；

（3）每天的收盘价都会在当天的最高点或接近最高点处报收，即 3 根阳烛都没有上影线或上影线很短。

4. 上升三部曲与下降三部曲

上升三部曲是股价经过一段时期的上涨，在一根大阳线或是中阳线之后，连续出现了 3 根小阴线，但 3 根小阴线都没有跌破前面这根大阳线的开盘价，并且成交量也开始减少，随后就出现了一根大阳线［图 8-14（a）］。

上升三部曲的特点如下：

（1）上升三部曲中，其中二部曲调整期的走势标准形态与三只乌鸦类似，中段以连续 3 支阴线出现，但并不具有 3 只乌鸦看淡的意义。同时二部曲的调整也可以是以横向整理来完成，或者略微向上突出。

（2）二部曲也可以以小阴小阳交错出现来完成，即小阴线、小阳线、十字星等都可以出现。

（3）二部曲的调整中，K 线数量不一定是 3 根，可以由多支蜡烛线构成，但不能少于 3 根。无论几根判定原则都必须要求调整期收盘价不创一部曲大阳线的实体新低。

（4）三部曲中最后这支高开高走的长阳必须收盘价创出第一日大阳收盘的新高，甚至超过首日大阳的最高点，收盘价超出得越高，形态上攻的动力越强，但同时要注意最后的这支大阳的上影线不宜过长，最为理想的是以当日最高价或近乎当日最高价收盘。

（5）三部曲中最后这支大阳的成交量在整个形态形成过程中是最大的。

上升三部曲说明多方在积蓄力量，伺机上攻。见到这种情况不要以为三连阴后股价就会转弱，开始做空。而是要注意观察股价的下一步走势，如果股价向上运行并伴随成交量的放大，可以跟进做多。

下降三部曲是在形态和走势上和上升三部曲相反的［图 8-14（b）］。意味着空方的力量在积蓄，多方虽然想做反抗，但是最终在空方的打击下显得不堪一击，表明股价还会进一步向下滑落，应该减持手里的仓位。

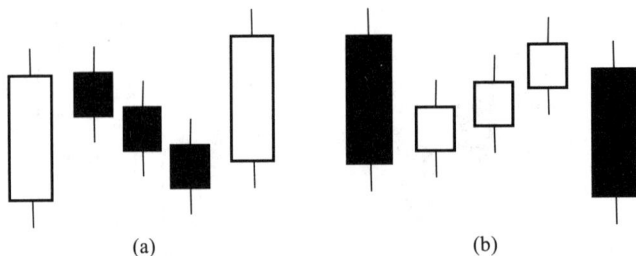

图 8-14　上升三部曲与下降三部曲

(a) 上升三部曲；(b) 下降三部曲

四、K 线使用时应注意的问题

在实际应用中，无论是一根 K 线，还是两根或者 3 根 K 线以及多根 K 线，都是对多空双方的争斗作出的描述。K 线组合得到的结论都是相对的，不是绝对的。面对千变万化的 K 线及 K 线组合，投资者在应用时，应注意有时同一种组合在不同的情况下，会得到相反的结论。因此在引用 K 线分析时，不能僵化地认为出现某种 K 线组合时，一定会上涨或者下跌。K 线组合的应用应结合大周期 K 线组合进行综合判断。在应用的时候，还要结合量价关系，对分析结果进行进一步确认。在应用时要注意以下问题。

（1）K 线分析的错误率是比较高的。市场的变动是复杂的，而实际的市场情况可能与我们的判断有距离。实践证明，K 线组合来研判后市的成功率不是很高。从 K 线的使用原理上看，K 线理论只涉及短时间的价格波动，容易被某些非市场行为所操纵。

（2）K 线分析在应用时要与其他分析方法相结合。在用其他分析方法已经作出战略性决策的基础上，决定了投资什么，该买还是该卖的之后，才用 K 线组合选择具体的采取行动的时间和价格。K 线分析可作为辅助择时的工具，而非择股的工具。

（3）为了更深刻地了解 K 线组合形态，应该了解每种组合形态的内在和外在的原理。在实际应用中，要根据实际情况，不断"修改、创造和调整"组合形态。要理解 K 线组合知识总结经验的产物，不能一味照搬组合形态。K 线分析是靠人类的主观印象而建立，并且是基于对历史的形态组合进行表达的分析方法之一，因此 K 线分析中人为的因素也非常重要。

第三节　量　价　关　系

在技术分析中，成交量和价格同样重要，要进行完整、有效的技术分析，必须同时考虑股价和成交量。这是因为成交量是推动价格的原动力，技术分析的基础是应用公开市场中买卖力量的强弱来判断趋势。当多头力量强于空头时，价格趋于上升，反之亦然。

当市场中的技术形势改变时，买卖双方的力量将会发生改变。例如，在一个上升趋势中，多方力量占据优势，由上升趋势反转到一个下降的趋势过程中，空头力量逐渐变得活跃，并逐渐超过多头力量，当空头占有优势时，趋势将发生发展。在这个过程中，成交量的变化是：每个空头都需要一个多头才能完成交易，随着空头力量的增加，多头交易会逐渐停滞，保持比较稳定的成交量。此时，要发生反转，需要大量的卖出，成交量会放大，交易变得活跃。

逆时钟曲线是利用股价与成交量变动的各种关系，观测市场供需力量的强弱，从而研判未来的走势方向的一种方法。

一、古典量价关系理论——逆时钟曲线

（一）逆时钟曲线应用

逆时钟曲线含有量价关系，在波段操作上有特殊意义，该指标的"理想"旋转轨迹，只要满足"价升量增，价跌量缩"的逻辑，指标轨迹就呈现圆形，呈逆时针方向运动。而在实际走势中出现不完美的圆形轨迹，是遇到了"价涨量缩"或者"价跌量增"的情况。

绘制逆时钟方向曲线，垂直纵轴代表股价，水平横轴代表成交量。在时间周期上，通常采用 25 日或 30 日为一个周期。

逆时钟曲线可构成完整的八角形，有八个阶段的运用原则，具体见图 8-15。

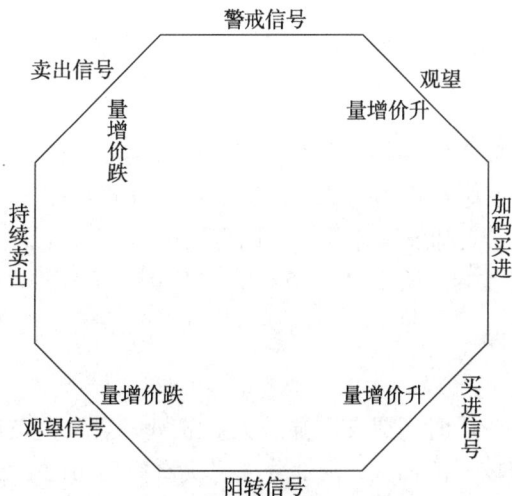

图 8-15 逆时钟曲线

（1）阳转信号：股价经一段跌势后，下跌幅度缩小，甚至止跌转稳，在低档盘旋，成交量明显地由萎缩而递增，表示低档接手转强，此为阳转信号。

（2）买进信号：成交量持续扩增，股价回升，量价同步走高，逆时钟方向曲线由平转上或由左下方向右转动时，进入多头位置，为最佳买进时机。

（3）加码买进：成交量扩增至高水准后，维持于高档后，不再急剧增加，但股价仍继续涨升，此时逢股价回档时，宜加码买进。

（4）观望：股价继续上涨，涨势趋缓，但成交量不再扩增，走势开始有减退的迹象，此时价位已高，宜观望，不宜追高抢涨。

（5）警戒信号：股价在高价区盘旋，已难再创新的高价，成交量无力扩增，甚至明显减少，此为警戒讯号，心理宜有卖出的准备，应出脱部分持股。

（6）卖出信号：股价从高档滑落，成交量持续减少，量价同步下降，逆时钟方向曲线的走势由平转下或右上方朝左转动时，进入空头倾向，此时应卖出手中持股。

（7）持续卖出：股价跌势加剧，呈跳水状，同时成交量均匀分布，未见萎缩，此为出货行情，投资者应果断抛货，不要犹豫、心存侥幸。

（8）观望信号：成交量开始递增，股价虽下跌，但跌幅缩小，表示谷底已近，此时多头不宜再往下追杀，空头也不宜放空打压，应伺机回补。

（二）逆时钟曲线的不足

（1）尽管逆时针曲线简单易懂，但对于复杂的K线量价关系无法作出有效诠释。

（2）股价剧烈波动，时常发生单日反转，若刻板地应用，常常会出现滞后的信号，不易掌握良好的买卖点。

（3）高位时价跌量增、量价背离形态未能呈现出来，无法掌握绝佳卖点；低位时的价稳量缩也无法呈现出来，不易抓住绝佳买点。

（4）在观望阶段，容易与高位价跌量增、杀盘沉重观念相混淆。

二、成交量的基本形态

成交量在市场中表现出来的形态有缩量、放量、堆量和量不规则放大或缩小。

（一）缩量

缩量是指市场成交极为清淡，代表大部分人对市场后期走势十分认同，意见十分一致，因此多方和空方都不愿意卖出与买进。这里面又分两种情况：一是市场人士都十分看淡后市，造成只有人卖，却没有人买，所以急剧缩量；二是市场人士都对后市十分看好，只有人买，却没有人卖，所以又急剧缩量。缩量代表大家对后市认同。下跌缩量，可等待缩量到一定程度后，等放量上攻时买入。上涨缩量时，应坚决买进，坐等获利。

（二）放量

放量是成交量比前一段时间成交明显放大。放量一般发生在市场趋势的转折点处，市场各方力量对后市分歧逐渐加大，一部分人坚决看空后市时，另一部分人对后市坚决看好。看空的这部分大量卖出，看好后市的大笔吸纳。但要注意的是，放量有虚假的成分，控盘主力可利用手中的筹码大手笔对敲而放量，在应用时，应注意分析主力的意图。

（三）堆量

堆量是指成交像一个堆起的土堆，高出周边的成交量。堆量一般出现在三个阶段，即底部期（主力吸筹期）、上升期（主力拉升期）、顶部期（主力派发期）。

股价处于底部时，市场中看多的投资者会逐步买入建仓，从而出现底部成交相对活跃、成交量明显放大的现象，因此形成底部堆量。当主力资金在底部吸纳筹码完毕后，在拉升股价时，成交量会缓慢放大，股价被慢慢推高。当股价上涨到高位后，各种利好频传，引来场外的追涨资金，主力趁机大量派发手中的筹码，从而造成成交量放大，形成高位的堆量。

（四）量不规则放大或缩小

量不规则放大或缩小，一般是庄所为，如果是在风平浪静时突然放出历史巨量，随后又没了后音，一般是实力不强的庄家在吸引市场关注，以便出货。

三、成交量与价格的关系

（一）确认当前价格运行趋势

成交量可作为当前价格趋势运行的确认信号，市场上行或下探，其趋势可以用较大的成交量或日益增加的成交量进行确认。逆趋势而行可以用成交量日益缩减或清淡成交量进行确认。

（二）趋势呈弱势的警告

如果市场上成交量一直在萎缩，则是目前趋势弱化的警告。尤其是在市场清淡的情况下，成交量创新高或者创新低，应值得注意。

（三）区间突破的确认方法

当市场没有明显的运行趋势，处于区间波动时。此时，如果价格突破区间，创新高或者创新低，同时伴随着成交量的放大，则认为是区间突破的确认。

（四）成交量是价格涨跌的催化剂

成交量催化股价涨跌，一只股票成交量的大小，反映的是该股票对市场的吸引程度。当更多的人或更多的资金对股票未来看好时，多头就会投入资金；当更多的人或资金不看好股票未来时，就会卖出手中的股票，从而引起价格下跌。但是成交量和股价的变化是一个相对的过程，也就是说，不会所有的人对股票"一致地"看好或看坏。成交量和股价的变化，更深层的意义在于：股票处于不同的价格区域，看好的人和看淡的人数量会产生变化。比如市场上现在有 100 个人参与交易，某股价格在 10 元时可能有 80 个人看好，认为以后会出现更高的价格，而当这 80 个人都买进后，果真引起价格上升；股价到了 30 元时，起先买入的人中可能有 30 个人认为价格不会继续上升，因此会卖出股票，而最初看跌的 20 个人可能改变了观点，认为价格还会上升，这时，价格产生了瞬间不平衡，卖出的有 30 人，买入的只有 20 人，则价格下跌。看好、看淡的人数会重新组合并决定下一步走势。

需要注意的是，股票成交量越大价格就越涨的观点并不严谨。事实上，无论在任何价格，一个买入者就必然对应一个卖出者。如果一个区域成交量异常放大，只能说明在这个区域产生了巨大的分歧，从而有大量的卖出者和买入者。如果成交量非常清淡，则说明分歧的人很少或者对该股票毫不关心。比如 5 个人看张，5 个人看跌，90 个人无动于衷或在观望。

可以从成交量变化分析某股票对市场的吸引程度。成交量越大，说明越有吸引力，以后的价格波动幅度可能会越大。可以从成交量变化分析某股票的价格压力和支撑区域。在一个价格区域，如果成交量很大，说明该区域有很大的压力或支撑，趋势将在这里产生停顿或反转。可以观察价格走出成交密集区域的方向。当价格走出成交密集区，说明多空分歧得到了暂时的统一，如果是向上走，那价格倾向于上升；若向下走，则价格倾向于下跌。

仅仅根据成交量，并不能判断价格趋势的变化，至少还要有价格来确认。成交量是价格变化的重要因素之一，但是在大多数时候，只起到催化剂的作用。

第四节　波　浪　理　论

一、波浪理论的基本思想

波浪理论是美国证券分析家拉尔夫·纳尔逊·艾略特利用道琼斯工业平均指数作为研究工具而创建的一种理论，因此又称为艾略特波浪理论。

波浪理论的形成经历了一个较为复杂的过程。最初由艾略特发现并应用于证券市场，但是他的这些研究成果没有形成完整的体系，直到 20 世纪 70 年代，柯林斯的专著 *Wave Theory* 出版后，波浪理论才正式确立。

波浪理论的基本思想是：

艾略特认为，由于证券市场是经济的晴雨表，而经济发展具有周期性，所以股价的上涨和下跌也应该遵循周期发展的规律。艾略特的波浪理论以周期为基础。他把大的运动周期分成时间长短不同的各种周期，并指出，在一个大周期之中可能存在一些小周期，而小的周期又可以再细分成更小的周期。每个周期无论时间长短，都是以一种模式进行，即每个周期都是由上升（或下降）的 5 个过程和下降（或上升）的 3 个过程组成。这 8 个过程完结以后，才能说这个周期已经结束，将进入另一个周期。新的周期仍然遵循上述的模式。这是波浪理论最核心的内容，也是艾略特对波浪理论最为突出的贡献。

二、波浪理论的基本原理

（一）波浪的基本形态

波浪理论具有三个重要方面：形态、比例和时间。

形态，是指波浪的形态或构造，这是波浪理论最重要的部分。艾略特认为，股票市场遵循一种周而复始的节律，先是 5 浪上涨，随后是 3 浪下跌［图 8-16（a）］。一个完整的循环周期包含 8 浪：5 浪上升，3 浪下降。图中 1 浪、3 浪、5 浪、a 浪、c 浪为推

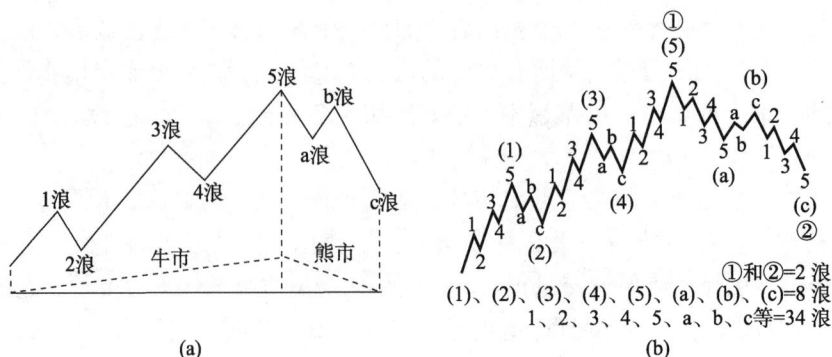

图 8-16　波浪的基本形态和延伸形态
(a) 波浪的基本形态；(b) 波浪的延伸形态

动浪，而 2 浪、4 浪、b 浪为调整浪。推动浪与趋势的方向一致，调整浪与趋势的方向相反。1 浪、3 浪、5 浪与上升趋势一致，a 浪、c 浪与下跌趋势方向一致，都是推动浪；而 2 浪和 4 浪与上升趋势相反，b 浪与下跌趋势相反，都是调整浪。

趋势的完成是一个复杂的过程，具有很多层次。每一浪都可以向下一层次划分成小浪，而小浪同样可以进一步向更下一层次划分出更小的浪。反之，每一浪本身也是上一层次波浪的一个组成部分。最大规模的循环①浪和②浪可以划分成中等规模 8 个基本浪：（1）、（2）、（3）、（4）、（5）、（a）、（b）、（c）。然后，这 8 个基本浪再细分得到 34 个小浪［图 8-16（b）］。对 34 个小浪可再细分到其下层次的 14 个微浪（图 8-17）。

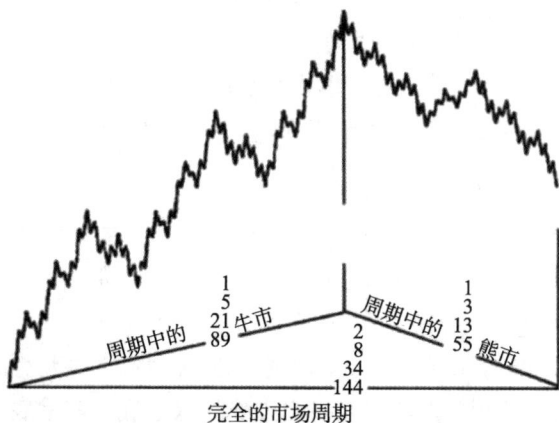

图 8-17　波浪里的微浪

比例是通过测算各个波浪之间的相互关系，来确定回撤点和价格目标。波浪与波浪之间的比例，经常出现的数字，包括 0.236、0.382、0.618 以及 1.618 等，这些数字中的 0.382 和 0.618 我们称为黄金分割比率。

时间是各波浪之间在时间上的相互关联，利用这种关系来验证波浪形态和比例。艾略特波浪理论用到了数字 2、3、5、8、13、21、34……例如：多头市场可以由一个上升浪代表，亦可以分为 5 个小浪，或者更进一步分为 21 个次级浪及 89 个次次级浪；对于空头市场阶段，则可以由一个大的下跌浪代表，同样也可以划分为 3 个次级修正浪；或者可以进一步再划分出 13 个低一级及 55 个更低一级的细浪。一个完整的升跌循环，可以划分为 2、8、34 或 144 个浪。这些数字，全部都属于神奇斐波那契数列，都来自斐波那奇数列。这个数列是数学上很著名的数列，是波浪理论的数学基础。斐波那契数列是由 1、1、2、3、5、8、13、21、34、55、89、144……直至无限组成的数列。这个数列具有以下特点。

（1）任何相列的两个数字之和都等于后一个数字，例如：1 + 1 = 2；2 + 3 = 5；5 + 8 = 13；55 + 89 = 144……

（2）除了最前面 3 个数（1、2、3），任何一个数与后一个数的比率接近 0.618（黄金分割），而且越往后，其比率越接近 0.618。

（3）除了首 3 个数外，任何一个数与前一个数的比率接近 1.618，有趣的是，1.618

的倒数是 0.618。

在应用波浪理论时，应当把某一浪划分成 5 浪结构还是划分成 3 浪结构，这取决于其上一层次波浪的方向。例如，在图 7-17 中，（1）浪、（3）浪、（5）浪、（a）浪和（c）浪被细分成 5 浪结构，这是因为它们组成的上一层次的方向一致。而因为（2）浪、（4）浪和（b）浪的方向与这个大趋势相反，所以，它们被细分为 3 浪结构。辨识 3 浪结构和 5 浪结构，具有决定性的重要意义。因为 5 浪结构和 3 浪结构各自具有不同的预测意义。5 浪结构通常意味着其更大一层次的波浪仅仅完成了一部分，好戏还在后头（除非这是第 5 浪的第 5 个小浪）。调整绝不会以 5 浪结构的形式出现。例如：在牛市上，如果我们看到一组 5 浪结构的下跌，那么可能意味着这只是更大一组 3 浪调整（a-b-c 调整）的 a 浪，市场的下跌尚未有穷期。在熊市中，一组 3 浪结构的上涨过后，接踵而来的是下降趋势的恢复（5 浪下跌）。而出现 5 浪结构的上涨，则说明要变天了，将会出现更大的向上运动，其本身甚至可能构成新的牛市的第一浪。

（二）波浪理论的基本特征

1 浪：第 1 浪差不多有一半处于市场的底部过程中，常常貌似从非常压抑的水平发生的小小的反弹。第 1 浪在 5 浪中通常也是最短的一浪。但有时候 1 浪也可能很剧烈，特别是在主要的底部形态过程中。

2 浪：第 2 浪通常回撤（或吐还）1 浪的全部或大部分的上涨进程。但是，正是因为 2 浪能够在 1 浪的底部上方止跌，构成了传统的双重底、三重底、倒头肩形底等图表形态。

3 浪：通常是最长的也是最猛烈的一浪，称为主升浪，3 浪即使不是最长的一段，也绝不会是推动波中最短的波。3 浪向上穿越了 1 浪之顶，各种传统的突破信号，以及买入信号都将出现。实际上，所有的追踪趋势系统都发出了进入牛市的强烈信号。在这一浪中，交易量通常是最大的，价格也不断跳升，往往使第 3 浪出现延伸的现象。市场进入这个阶段，即使是从基本面上来看，也肯定是一片欣欣向荣的景象。

4 浪：第 4 浪通常是一个复杂的形态。同 2 浪一样，它也是市场的调整巩固阶段，但其构造通常与 2 浪不同。4 浪绝不能重叠 1 浪的顶部，这是艾略特理论的中心法则之一。

5 浪：在股市中，5 浪通常比 3 浪平和得多。但是在商品期货市场上，5 浪常常是最长的一浪，而且最可能延伸。正是在 5 浪中，许多验证性的指标发出背离信号，警示市场顶部就要出现。

a 浪：当上升趋势进入调整阶段后，a 浪通常被误解成只是寻常的回撤。如果 a 浪具备了 5 浪结构，那事情就严重得多了。在前一轮上涨中，警觉的分析者已经发现了摆动指数的背离现象，到这时，也许又看出交易量的形态苗头不对。现在较大的交易量或许是伴随着向下的动作出现的（不过这并非必要条件）。

b 浪：b 浪是新趋势中的向上反弹，通常伴随着较小的交易量，并且通常是旧有的多头头寸"侥幸脱逃"的最后机会，也是建立新的空头头寸的第二个机会。根据调整的所属类型，这一浪上冲或许会试探旧的高点，甚至先越过旧的高点，然后才掉头向下。

c 浪：当 c 浪出现时，上升趋势无疑已告结束。根据当前调整所属的类型，c 浪常常会跌过 a 浪的底，形成了在所有传统技术工具上的卖出信号。

三、波浪理论在应用时应注意的问题

虽然从理论上看，波浪理论近乎完美，但是在实际操作中，波浪理论仍有很多不足。在使用的时候不要过分机械、教条地应用。

（一）应用上的困难

波浪理论最大的不足是应用上的困难，从理论上讲，8 浪结构完成一个完整的过程，但是，主浪的变形和调整浪的变形会产生复杂多变的形态，波浪所处的层次又会产生大浪套小浪、浪中有浪的多层次形态，这些都会使应用者在具体数浪时发生偏差。浪的层次的确定和浪的起始点的确认是应用波浪理论的两大难点。

（二）形态确认的困难

面对同一个形态，不同的人会产生不同的数法，而不同的数浪法产生的结果可能相差很大。例如：一个下跌的浪可以被当成第 2 浪，也可能被当成 a 浪。如果是第 2 浪，那么紧接而来的第 3 浪将是很诱人的；如果是 a 浪，那么这之后的下跌可能是很深的。这种现象主要是由两方面因素引起的：第一，价格曲线的形态通常很少按 5 浪加 3 浪的 8 浪简单结构进行，对于不是这种规范结构的形态，不同的人有不同的处理方法，主观性很强。对于有些小波动，有些人可能不计入波浪，有些人可能又计入波浪。由于有延伸浪，5 浪可能成为 7 浪或者 9 浪或者更多。波浪在什么条件下可以延伸、什么条件下不可以延伸，没有明确的标准。第二，波浪理论中的大浪小浪是可以无限延伸的，长的可以是好多年，短的可能仅几天。上升可以无限制地上升，下跌也可以无限制地下跌，因为总是可以认为目前的情况不是最后的浪。

（三）忽略了成交量的影响

波浪理论只考虑了价格形态上的因素，而忽视了成交量方面的影响。波浪理论的这个不足给人为制造形状提供了机会。

在实际应用时，波浪理论可以很好地解释已经走过的图形，并且能够很完美地将波浪划分出来。但是，在形态形成的途中，对其进行波浪的划分是一件很困难的事情。在应用时，最好仅仅把它当成一种参考工具，而以别的技术分析方法为主。

第五节　形　态　理　论

形态理论是通过对市场横向运动时形成的各种价格形态进行分析，并且配合成交量的变化，推断出市场现存的趋势将会延续或反转。价格形态可分为反转形态和持续形态。反转形态意味着市场趋势发生重要的转变。在上涨趋势中的反转称为顶部形态，如头肩顶、双重顶、三重顶、V 字顶、圆弧顶等；下跌趋势的反转称为底部形态，如头肩底、双重底、三重底、V 字底、圆弧底等。

持续形态又称为中继形态，表示市场在经过一段时间的休整后，仍保持原有趋势。

持续形态包括矩形、三角形、旗形、楔形、钻石形等。

一、顶部形态

（一）头肩顶

头肩顶是在上涨行情接近尾声时的看跌形态，图形以左肩、头部、右肩及颈线构成（图 8-18）。在头肩顶形成过程中，左肩的成交量最大，头部的成交量略小些，右肩的成交量最小，成交量呈递减现象。

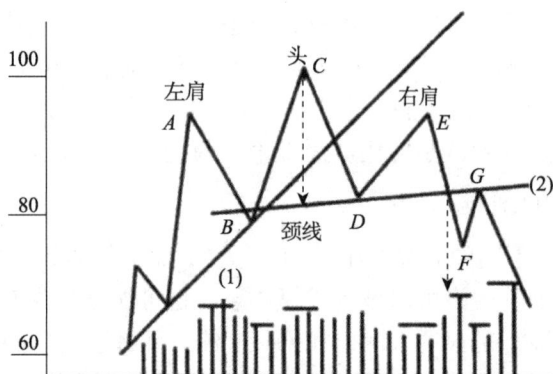

图 8-18　头肩顶

股票价格从左肩处开始上涨至一定高度后跌回支撑位，然后重新上涨超过左肩的高度形成头部后再度下跌回支撑位；经过整理后开始第三次上涨，当涨幅达到左肩高度形成右肩后开始第三次下跌，这次下跌的杀伤力很大，很快跌穿整个形态的底部并不再回头。头肩顶为典型的熊态出货信号。

股价在上冲失败向下回落时形成的两个低点又基本上处在同一水平线上。这同一水平线，就是通常说的颈线，当股价第三次上冲失败回落时，这根颈线就会被击破。于是头肩顶正式宣告成立。

（二）双重顶

双重顶又称"M"头，是 K 线图中较为常见的反转形态之一，由两个较为相近的高点构成，其形状类似于英文字母"M"（图 8-19）。

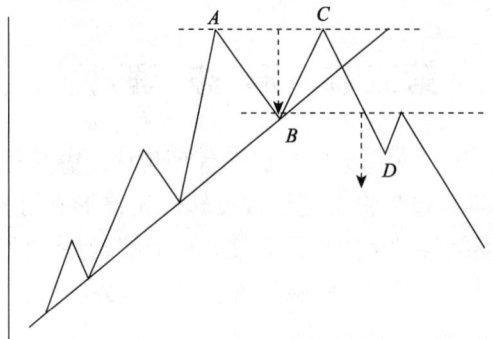

图 8-19　双重顶

双顶形态是在股价上涨至一定阶段之后形成，形态出现两个顶峰，分别成为左锋、右锋。在第一个高峰（左锋）形成回落的低点，在这个位置画水平线形成颈线，当股价再度冲高回落并跌破这根水平线（颈线）支撑，双顶形态形成。在双顶形成过程中，左锋成交量较大，右锋成交量次之。成交量呈现递减现象，说明股价在第二次反弹过程中资金追涨力度越来越弱，股价有上涨到尽头的意味。双顶形态形成后，股价在下跌过程中往往会出现反抽走势，但是反抽力度不强，颈线位置构成强阻力。

双重顶在使用时，应注意：

（1）双重顶有两处卖点，第一处卖点是"M 头"的右顶转折处，此处是"M 头"的最佳卖点，在此卖出的人，称得上"先知先觉者"。"M 头"的第二处卖点是颈线位，股价跌破颈线后，表明一轮较大的下跌行情即将来临，此时将手中的货全部卖出，为最明智的操作。

（2）"M 头"如果出现在底部的调整行情中，下跌的空间有限，卖出后，应密切关注其走势，一旦调整到位，应及时买回。因为"M 头"处在复合形"W 底"的颈线位处，会出现较大的上涨行情，如不补回，容易"踏空"。

（三）三重顶

三重顶形态是双重顶形态的扩展形式，也是头肩顶形态的变形，由 3 个一样高的顶组成（图 8-20）。与头肩顶的区别是头的价位回缩到与肩部差不多相等的位置，有时甚至低于或高于肩部一点。

三重顶是在股价上升一段时间后投资者开始获利回吐，市场在他们的沽售下从第一个峰顶回落，当股价落至某一区域即吸引了一些看好后市的投资者的兴趣，另外以前在高位沽出的投资者亦可能逢低回补，于是行情再度回升，但市场买气不是十分旺盛，在股价回复至与前一高位附近时即在一些减仓盘的抛售下令股价再度走软，在接近前一低点时，前一次回档的低点被错过前一低点买进机会的投资者及短线客的买盘拉起，于是行情再度回升，但由于高点二次都受阻而回撤，令投资者在股价接近前两次高点时都纷纷减仓，股价逐步下滑至前两次低点时一些短线买盘开始止损，此时若越来越多的投资者意识到大势已去均卖出，令股价跌破上两次回落的低点即颈线，于是整个三重顶形态便告形成。

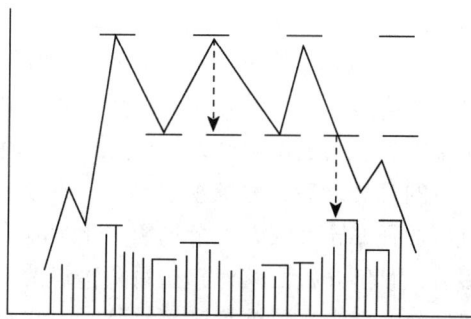

图 8-20　三重顶

出现三重顶形态的原因是由于没有耐心的投资者在形态未完全确定时，便急于跟进，走势不尽如人意时又急于杀出；等到大势已定，股价正式反转上升，仍照原预期方向进行时，投资者却犹豫不决，缺乏信心，结果使股价走势比较复杂。

（四）V 形顶

V 形顶通常出现在失控的牛市环境中，价格或指数经过连续的急速上涨后，突如其来的某个因素扭转了整个趋势，在顶部伴随大成交量形成十分尖锐的转势点，一般需要两三个交易日,随后价格或指数以上升时同样的速度下跌,出现近乎垂直的急挫,从高点快速下跌到底点附近,成交量逐渐减小,整个移动轨迹就像倒写的英文字母 V。

V 形顶形态并没有明确的买卖点,经常出现在高价区,出落初期是长阴杀跌,出现此种信号时投资者应果断离场;V 形顶一旦转折则势不可挡,是一个杀伤力极大的顶部形态(图 8-21)。

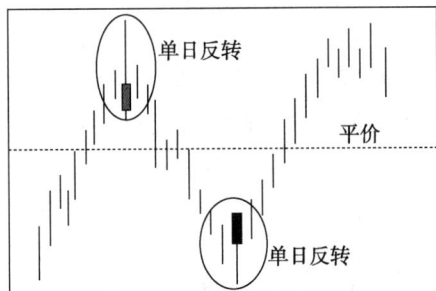

图 8-21　V 形反转

(五)圆弧顶

圆弧顶指 K 线在顶部形成的圆弧形状(图 8-22)。代表着趋势的很平缓的、逐渐的变化。在顶部交易量随着市场的逐步转向而收缩。最后,当新的价格方向占据主动时,又相应地逐步增加。

在圆弧顶形态中股价呈弧形上升,虽然顶部不断升高,但每一个高点微升即回落,先是出现新高点,而后回升点略低于前点,如果把短期高点相连接,就可形成一个圆弧顶状。同时在成交量方面也会成圆弧状。多方在维持一段股价或指数的升势之后,力量逐步趋弱,难以维持原来的购买力,使涨势缓和,而空方力量却有所加强,导致双方力量均衡,此时股价保持平台整理的静止状态。一旦空方力量超过多方,股价开始回落,起初只是慢慢改变,跌势不明显,但后来空方完全控制市场,跌势转急,表明一轮跌势已经来临,先知先觉者往往在形成圆弧顶前抛售出局,不过在圆弧顶形成后,出局也不算太迟。

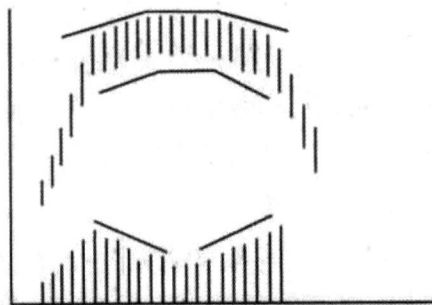

图 8-22　圆弧顶

圆弧形态形成后往往具有如下特征。

(1)形态完成股价反转后,行情多属暴发性,涨跌急速,持续时间也不长,一般是一口气走完,中间极少出现回档或反弹。

(2)在圆弧顶的形成过程中,成交量的变化都是两头多、中间少。越靠近顶或底,成交量越少,到达顶或底时,成交量达到最少。在突破后的一段,都有相当大的成交量。

(3)圆弧形态形成所花的时间越长,今后反转的力度就越强,越值得注意。

(六)钻石顶

钻石顶是一种杀跌力度非常大的形态(图 8-23)。它的前半部分类似于扩大三角形,后半部分类似于对称三角形。当下侧的上倾趋势线被向下突破后,本形态完成。

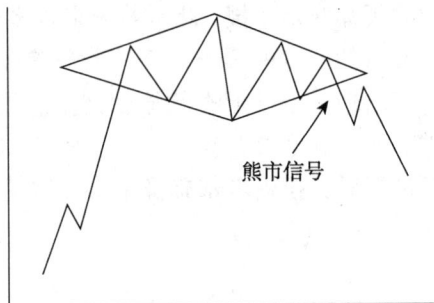

图 8-23　钻石顶

二、底部形态

（一）头肩底

头肩底是头肩顶的镜像（图 8-24）。其中，最重要的区别是在形态后半部分的交易量形态上。在头肩底形成过程中，自头部弹起的上冲，应当具有较大的变易量，而当颈线被突破时，交易量进一步扩张。回向颈线的反扑在底部过程中也很多见。

（二）双重底

双重底是双重顶的镜像（图 8-25）。对这里的向上突破来说，交易量因素更有分量。在底部形态中，回向突破点的反扑现象较多见。

（三）三重底

三重底是三重顶的镜像（图 8-26）。它与头肩形底类似，只是其中每个低点均处于同一个水平上。与头肩底类似，在向上突破时，交易量因素非常重要。

（四）V 形底

V 形底是下降趋势极快地反转为上升趋势，事先毫无征兆，中间也没有转换阶段。这可能是最难以识别和交易的价格形态（图 8-27）。

（五）圆弧底

圆弧底是圆弧顶的镜像（图 8-28）。应注意的是圆弧底的交易量，在底部形态的中点稍后，交易活动会突然增加。在右侧，通常会形成平台。底部形态的完结既可以以点 A 的峰被向上突破为标志，也可以以点 B 处向上突破平台为标志。

三、持续形态

持续形态是指经过一段时间的快速变动之后，就不再前进，而在一定区域内上下窄幅度变动，等时机成熟后再继续以往的走势。这种运行所留下的轨迹称为整理形态。著名的整理形态有三角形、矩形、旗形和楔形。

（一）三角形

三角形整理形态主要分为三种：对称三角形、上升三角形和下降三角形。

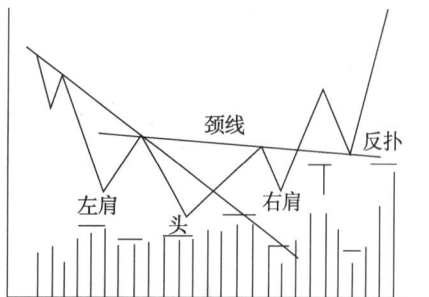

图 8-24　头肩底

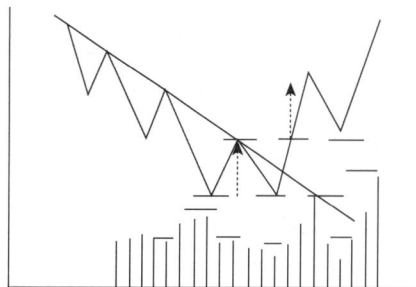

图 8-25　双重底

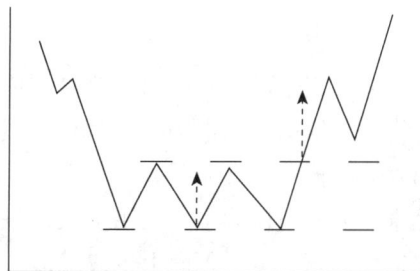

图 8-26　三重底

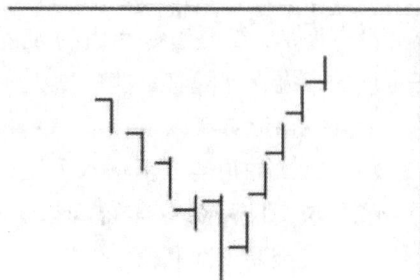

图 8-27　V 形底

1. 对称三角形

对称三角形由一系列的价格变动所组成，其变动幅度逐渐缩小，即每次变动的最高价低于前次的水准，而最低价比前次水准高，呈一压缩图形，把短期高点和低点分别以直线连接起来，形成对称的三角形（图 8-29）。

对称三角形的成交量随着波动幅度越来越小的股价，成交量也递减。当股价跳出三角形时，成交量变大。

对称三角形是原有趋势运动的中途休整，持续时间不会太长，股价突破三角形后将沿原来的趋势运行。

根据对称三角形进行股价向上或者向下突破时间的预测时，可在图上根据两条直线找出三角形的横向宽度，标出 1/2 和 3/4 的位置，这个位置可能就是股价未来可能要突破，保持原来趋势的位置。

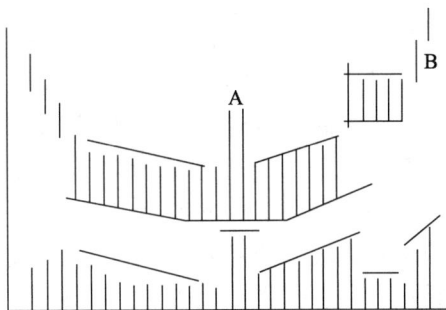

图 8-28　圆弧底

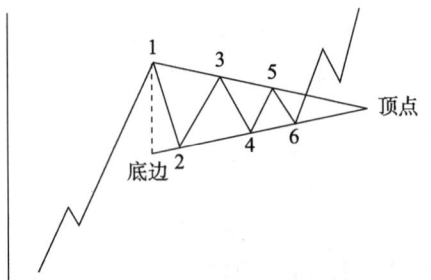

图 8-29　对称三角形

2. 上升三角形

上升三角形是在价格上升趋势中遇到卖压，价格开始回落，但市场购买力仍然很强，价格未回到上次低点便开始反弹，每次波动的高点连接起来，呈一条接近水平的阻力线，每次波动的低点连接起来，呈一条向上的支撑线。成交量在形态形成的过程中不断减少（图 8-30）。

上升三角形代表抛压逐渐减弱，看淡后市的人并没有增加，倒是看好后市的人越来越多，在三角形的末端，伴随着量能的增大，向上突破的机会较大。

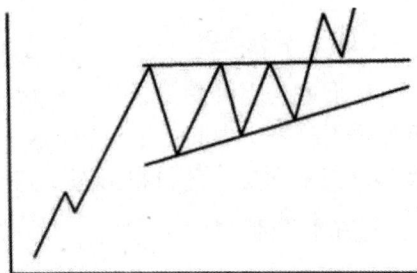

图 8-30　上升三角形

上升三角形具有以下特征：

（1）几次冲顶连线呈一水平线，几次探底连线呈上升趋势线；

（2）成交量逐渐萎缩在整理的尾端时才又逐渐放大，并以巨量冲破顶与顶的连线；

（3）突破要干净利落；

（4）整理至尾端时，价格波动幅度越来越小。

上升三角形多发生在多头行情中的整理阶段，突破后，仍然沿原来的上升趋势，在向上突破压力确立后，可采取买进策略。指数未来最小涨幅为三角形第一个低点至水平压力线的垂直距离。

3. 下降三角形

下降三角形的形状与上升三角形恰好相反，在下降趋势中，价格在某特定的水平出现稳定的购买力,因此每回落至该水平便告回升,形成一条水平的支撑线。但市场的卖空力量却不断加强,价格每一次波动的高点都较前次为低,于是形成一条下倾斜的供给线(图 8-31)。

下降三角形属于弱势盘整。卖方显得较为积极,抛出意愿强烈,不断将价格压低,从图形上就造成了压力颈线从左向右下方倾斜,买方只将买单挂在一定的价格之上,造成在水平支撑线抵抗,从而形成下降。

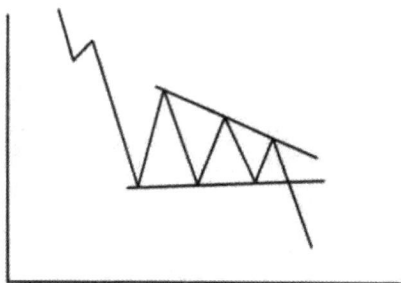

图 8-31　下降三角形

(二)矩形

矩形又叫箱形,是一种典型的整理形态。股票价格在两条水平直线之间上下波动,做横向延伸的运动(图 8-32)。

矩形在形成之初,多空双方全力投入,各不相让。空方在价格涨到某个位置就抛出,多方在股价下跌到某个价位就买入,时间一长就形成两条明显的上下界线。随着时间的推移,双方的战斗热情会逐步减弱,市场趋于平淡。经过一段矩形整理后,如果原来的趋势是上升,那么会继续原来的趋势,多方会占优势,股价向上突破矩形的上界;如果原来是下降趋势,则空方占优势,突破矩形的下界。

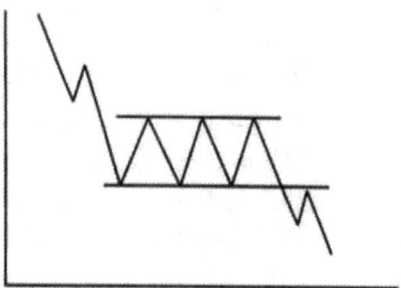

图 8-32　矩形

需要注意的是,矩形在其形成的过程中极可能演变成三重顶(底)形态,因为这两个形态今后的走势方向完全相反。一个是持续整理形态,要维持原来的趋势;一个是反转突破形态,要改变原来的趋势。因此,在进行操作时,要等到突破之后才能采取行动。矩形的突破也有确认问题,当向上突破时,需要大成交量的确认,而向下突破则不必有成交量增加;当矩形突破后,其涨跌幅度通常等于矩形本身宽度,这是矩阵形态的测算功能。

(三)旗形

旗形和楔形是两个著名的持续整理形态。在股票价格的曲线图上,这两种形态出现的频率很高,一段上升或下跌行情的中途,可能出现好几次这样的图形。它们都是一个趋势的中途休整过程,休整之后,还要保持原来的趋势方向。这两个形态的特殊之处在于,它们都有明确的形态方向,如向上或向下,并且形态方向与原有的趋势方向相反。例如,如果原有的趋势方向是上升,则这两种形态的方向就是下降。

旗形分为上升旗形和下降旗形两种形态(图 8-33)。

旗形大多发生在市场极度活跃、股价急速上升或下降的情况下,在经过短期的波动后,形成一个稍微与原有趋势呈相反方向倾斜的长方形,旗形走势的形状就如同一面挂在旗杆顶上的旗帜,故此得名。旗形的上下两条平行线起着压力和支撑作用,这两条平行线的某一条被突破是旗形完成的标志。

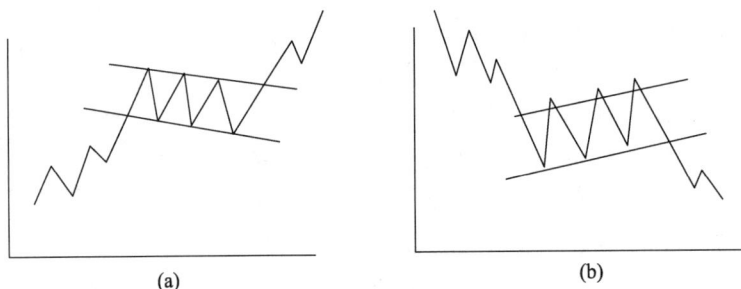

图 8-33　上升旗形和下降旗形
(a) 上升旗形；(b) 下降旗形

旗形被突破后，股价将至少走到形态高度的距离，大多数情况是走到旗杆高度的距离。

应用旗形时，有几点要注意。

（1）旗形出现之前，一般应有一个旗杆，这是由于价格的直线运动形成的。

（2）旗形持续的时间不能太长，时间一长，保持原来趋势的能力将下降。

（3）旗形形成之前和被突破之后，成交量都很大。在旗形的形成过程中，成交量从左向右逐渐减少。

（四）楔形

楔形形态是由两条相互聚拢的趋势线构成，但它们均向当前趋势的相反方向倾斜（图 8-34），有上升楔形和下降楔形两种形态。上升楔形看跌，下降楔形看涨。

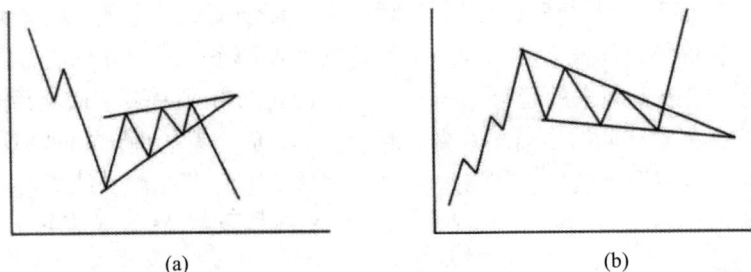

图 8-34　上升楔形和下降楔形
(a) 上升楔形（看跌）；(b) 下降楔形（看涨）

上升楔形是指股价经过一段时间的下跌后产生强烈技术性反弹，价格升至一定水平后又掉头下落，但回落点比前次高，然后又上升至新高点，再回落，总体上形成一浪高于一浪的势头，把短期高点相连，则形成一条向上倾斜的直线，且两者呈收敛之势。下降楔形则正好相反，股价的高点和低点形成一浪低于一浪之势。

同旗形一样，楔形也有保持原有趋势方向的功能。上升楔形表示一个技术性反弹渐次减弱的行情，常在跌市中的回升阶段出现，显示股价尚未见底，只是一次跌后技术性的反弹。下降楔形则出现于中长期升市的回落调整阶段。

楔形的三角形上下两条边都是朝着同一方向倾斜，具有明显的倾向，这是该形态与前面三角形整理形态的不同之处。与旗形和三角形不同的地方是，楔形偶尔也会出现在顶部或底部呈现反转形态。这种情况一定是发生在一个趋势经过了很长时间、接近于尾声的时候。

在楔形形成过程中，成交量渐次减少；在楔形形成之前和突破之后，成交量一般都很大。楔形形成的时间比旗形长，一般需要 2 周以上的时间完成。

四、形态理论应用应注意的问题

形态分析是一种应用比较成熟的方法，但在应用的时候也应该注意，站在不同角度对形态的理解会不同。例如，头肩形是反转形态，但有时从更长的周期去观察，有可能是长周期中的中途持续整理形态。另外，进行实际操作时，形态理论要求形态完全明朗才能行动，从某种意义上，有错过机会的可能。

价格形态的市场影响很大，市场参与者对其重视程度仅次于趋势。价格运动大部分时间是在构筑各种价格形态，识别形态，在形态中高效地完成交易是降低持仓成本、消除持仓风险的必由之路。形态理论在应用时重要的是预判形态，跟随形态变换完成交易，而不是等待形态的破坏。

第六节　切　线　理　论

一、切线和趋势

切线理论是在道氏理论基础上，遵循顺势而为的交易思想而发展起来的技术分析方法之一，运用直线在 K 线图上表明当前股票运行的趋势，并预测未来股票可能的走势，从而指导投资者具体的买卖操作。

切线是按一定方法和原则根据股票价格的数据所绘制的图表中画出一些直线，然后根据这些直线的情况推测股票价格的未来趋势，这些直线就叫切线。切线的作用主要是起支撑和压力的作用，支撑线和压力线的往后延伸位置对价格趋势起一定的制约作用。目前的切线主要有趋势线、轨道线、黄金分割线、百分比线等。

趋势是股票价格的波动方向趋势的方向有三个（图 8-35～图 8-38）。上升方向、下降方向、水平方向，也就是无趋势方向。按道氏理论，趋势又可以分为主要趋势、次要趋势和短暂趋势。

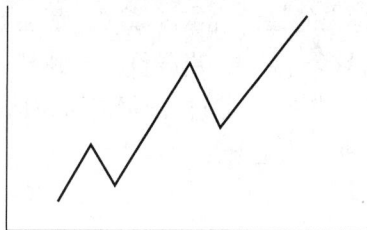

图 8-35　上升趋势　　　　　　　　　　图 8-36　下降趋势

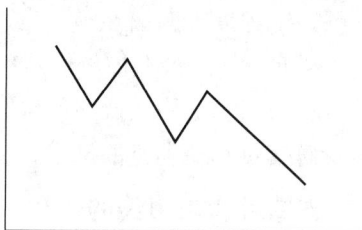

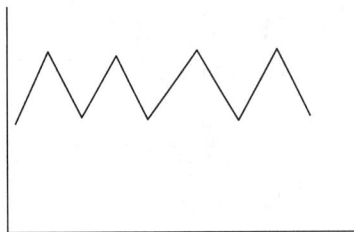

图 8-37　水平趋势

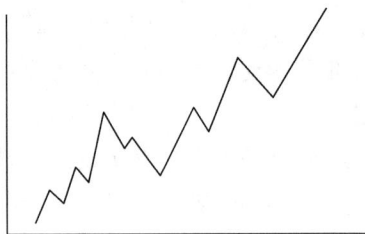

图 8-38　趋势的三种规模

二、支撑线和阻力线

（一）支撑和阻力的概念

支撑：是指股价下跌到某个价位附近时，会出现买方增加、卖方减少的情况，从而使股价停止下跌，甚至有可能回升。支撑线起阻止股价继续下跌的作用。这个起着阻止股价继续下跌的价格就是支撑线所在的位置。

阻力：又称压力线，是指当股价上涨到某价位附近时，会出现卖方增加、买方减少的情况，股价会停止上涨，甚至回落。阻力线起阻止股价继续上升的作用。这个起着阻止股价继续上升的价位就是阻力线所在的位置。

具体见图 8-39。

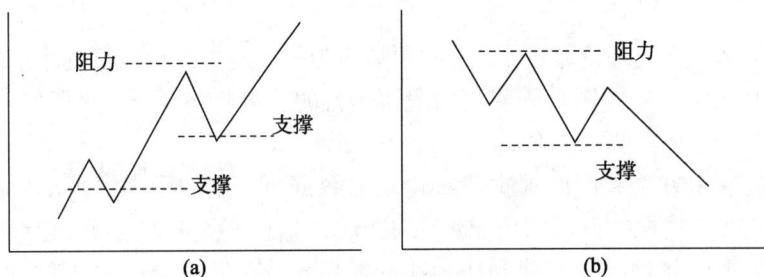

图 8-39　支撑与阻力
(a) 支撑与阻力（1）；(b) 支撑与阻力（2）

支撑和压力的形成主要由投资者的筹码分布、持有成本以及投资者的心理因素所决定。当股价下跌到投资者（特别是机构投资者）的持仓成本价位附近，或股价从较高的价位下跌一定程度（例如 50%），或股价下跌到过去的最低价位区域时，都会导致买方大量增加买盘，使股价在该价位站稳，从而对股价形成支撑。当股价上升到某一历史成交密集区，或当股价从较低的价位上升一定程度，或上升到过去的最高价位区域时，会导致大量解套盘和获利盘的抛出，从而对股价的进一步上升形成压力。

（二）支撑线和阻力线的作用

支撑线和阻力线是阻止或暂时阻止股价朝一个方向继续运动。也就是当股价下跌时遇到支撑线反弹，当股价上升时，遇到阻力线下跌。由于股票价格的运行是有趋势的，要维持下跌的趋势，就必须突破支撑线，创造出新的低点。要维持上升行情，就必须突破上升压力线，创造出新的高点。当支撑线或阻力线被突破后，就会发生转化，原来的支撑线变为下一个趋势的阻力线。

同时，支撑线和阻力线又有彻底阻止股价按原方向变动的可能。当一个趋势终结，它就不可能创出新的低价或新的高价，这时的支撑线和压力线就显得异常重要。在上升趋势中，如果下一次未创新高，即未突破阻力线，这个上升趋势就已经处在关键位置，如果股价又向下跌破了这个上升趋势的支撑线，就产生了比较强烈的变盘信号，通常意味着这一轮上升趋势的结束，股价运行趋势将由上升趋势转为下降趋势。

同样，在下降趋势中，如果下一次未创新低，即未跌破支撑线，这个下降趋势就已经处于很关键的位置。如果下一步股价向上突破了这次下降趋势的压力线，就发出了这个下降趋势将要结束的强烈信号，股价的下一步将是上升的趋势（图 8-40）。

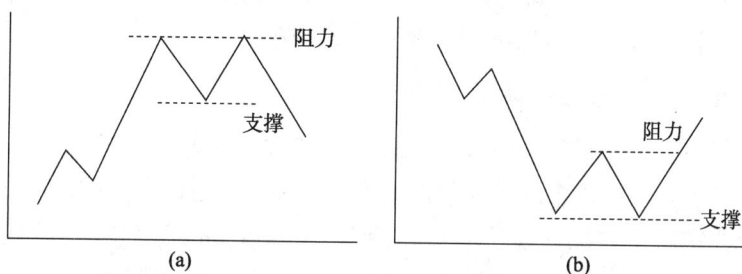

图 8-40　上升趋势中的阻力和下降趋势中的支撑
(a) 上升趋势中的阻力；(b) 下降趋势中的支撑

（三）支撑线和阻力线的转换

当支撑或阻力水平被有效地击破，它们就会互换角色，原来的支撑线就变成了阻力线，或原来的阻力线变成支撑线（图 8-41）。价格从支撑或阻力水平弹开的距离越大，则该支撑或阻力的重要程度也就越强。

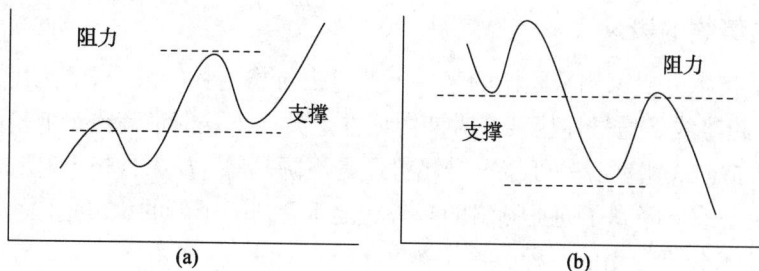

图 8-41　上升趋势中的阻力和下降趋势中的支撑
(a) 上升趋势中的阻力；(b) 下降趋势中的支撑

支撑线和阻力线之所以能起支撑与阻力作用，两者之间能够互相转换，很大程度上也是受心理因素的影响。这也是支撑线和压力线理论的依据。证券市场有三种投资者：多头、空头和旁观者。旁观者又可以分为持股者和持币者。如果股价在一个区域停留了一段时间后突破压力区域开始向上移动，在此区域买入股票的多头认为自己判断对了，并对自己没有多买入股票而感到后悔。在该区域卖出股票的空头也认识到自己弄错了，他们希望股价再跌回他们卖出的区域时，将他们原来卖出的股票补回来。而旁观者中的持股者的心情和多头相似，持币者的心情同空头相似。无论哪一种投资者，都有买入股票成为多头的愿望。这样，原来的压力线就转化为支撑线。

由于投资者决定要在下一个买入的时机买入，所以股价稍一回落就会受到大家的关心，他们会或早或晚地进入股市买入股票，这就使价格根本还未下降到原来的位置，新的买入者自然就会把价格推上去，从而使得这个区域成为支撑区。在该支撑区发生的交易越多，就说明很多的投资者在这个支撑区有切身利益，这个支撑区就越重要。压力线的原理也是一样的，只是结论正好相反。

一条支撑线如果被跌破，那么这一支撑线将成为阻力线；同理，一条阻力线被突破，这个阻力线将成为支撑线。这说明支撑线和阻力线的地位不是一成不变的，而是可以改变的，条件是它被有效的、足够强大的股价变动突破。

（四）支撑线和阻力线的确认与修正

一条支撑线或阻力线的重要性一般从以下三个方面考虑：一是股价在这个区域停留时间的长短；二是股价在这个区域伴随的成交量大小；三是这个支撑区域或压力区域发生的时间距离当前这个时期的远近。在支撑或压力区域，股价停留的时间越长、伴随的成交量越大、离现在越近，则这个支撑或压力位置对当前的影响就越大；反之就越小。

由于股价的变动，支撑线和阻力线有可能不具备支撑或者压力的作用，这时就需要对支撑线和阻力线的进行修正。对支撑线和阻力线的修正过程其实是对现有各个支撑线和阻力线重要性的确认。每条支撑线和阻力线在人们心中的地位是不同的，股价到了这个区域，被突破的可能性大，到了另一个区域，就不一定被突破，投资会根据不同区域的情况进行判断，从而为买卖提供依据。

三、趋势线

（一）趋势线的概念

趋势线是技术分析家用来绘制的某一证券过去价格走势的线，目的是用来预测未来的价格变化。趋势线是通过连接某一时期内证券上升或下跌的最高或最低价格点而成的直线，直线的指向表明证券是处于上升趋势还是下降趋势。如果价格上升到了向下倾斜的趋势线之上，或下降到了向上倾斜的趋势线之下，则一个新的价格走向可能出现。趋势线分析是技术分析常用的一种方法（图 8-42）。

由于价格波动经常变化，可能由升转跌，也可能由跌转升，甚至在上升或下跌途中转换方向，因此，反映价格变动的趋势线不可能一成不变，而是要随着价格波动的实际情况进行调整。在某一个方向的趋势线不只是一条，而是若干条。不同的趋势线反映了不同时期价格波动的走向，通过研究趋势线的变化方向和变化特征，就能把握住价格波动的方向和特征。

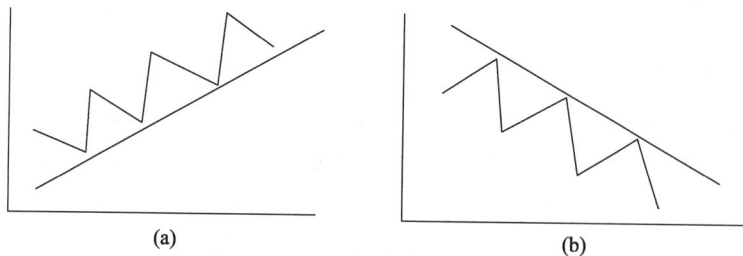

图 8-42　上升趋势和下降趋势
(a) 上升趋势；(b) 下降趋势

（二）趋势线的画法

连接一段时间内价格波动的高点或低点可画出一条趋势线。在上升趋势中，将两个低点连成一条直线，就得到上升趋势线；在下降趋势中，将两个高点连成一条直线，就得到下降趋势线。需要注意的是，趋势线的确认需要第三个点触及该线，并在触及该线时再次反弹上去。趋势线被触及的次数越多，则其作为趋势线的有效性越能得到确认，用于进行预测越准确有效。此外，这条直线延续的时间越长，越具有有效性。

趋势线有两种作用。

第一，对价格的变动起约束作用，使价格总保持在这条趋势线的上方（上升趋势线）或下方（下降趋势线）。也就是起到支撑和压力的作用。

第二，当趋势线被突破后，股价下一步的走势将要反转。越重要、越有效的趋势线被突破，其转势的信号越强烈。被突破的趋势线原来所起的支撑和压力作用，现在将相互交换角色（图 8-43）。

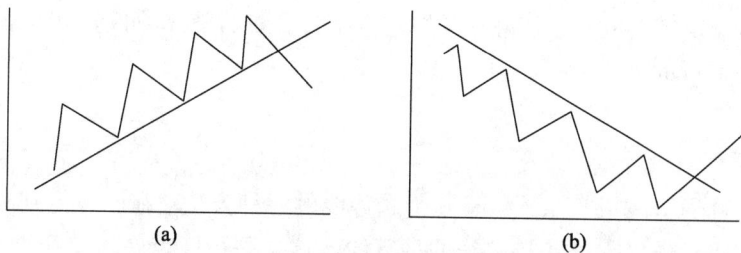

图 8-43　上升趋势被破坏和下降趋势被破坏
(a) 上升趋势被破坏；(b) 下降趋势被破坏

四、扇形原理

扇形原理是依据三次突破趋势将反转的原则来判断股价变动趋势的一种方法。扇形线与趋势线有很紧密的联系，看起来很像趋势线的调整。扇形线丰富了趋势线内容，给出了趋势反转（不是局部短暂的反弹和回档）的信号。

趋势要反转必须突破层层阻止突破的阻力。要反转向上，必须突破很多条压在头上的阻力线；要反转向下，必须突破多条横在下面的支撑线。稍微的突破或短暂的突破都不能被认为是反转的开始，必须消除所有的阻止反转的力量，才能最终确认反转的来临。

扇形线是当上升趋势线被突破后，价格先是有所下跌，然后再度上弹，回到原上升趋势线的下边（此时，该趋势线由支撑线转变为阻力线）（图 8-44），价格跌破 1 线后，再度弹升到 1 线下边，但是未能向上穿越 1 线。此时，可以画出一条新的趋势线（2 线）。随后 2 线也被向下突破，之后价格又一次弹回，向上试探 2 线未果，于是得到第三条趋势线（3 线）。当第三条趋势线再次被突破，通常就意味着价格将下跌了，是趋势反转的信号。同样，在下降趋势中第三条下降趋势线（3 线）的突破构成了新一轮上升趋势出现的信号。由上述两例来看，原先的支撑线被突破后均变成了阻力线，原先的阻力线被突破后均变成了支撑线。第三条趋势线被突破是趋势反转的有效信号。

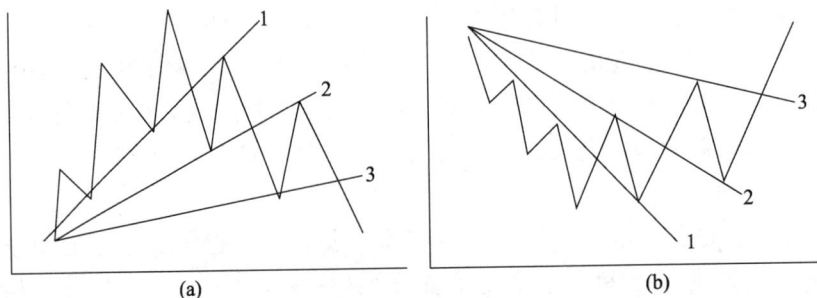

图 8-44　扇形线
(a) 扇形反转（1）；(b) 扇形反转（2）

技术分析的各种方法中，有很多关于如何判断反转的方法，扇形原理只是从一个特殊的角度来考虑反转的问题。实际应用时，应结合多种方法来判断反转是否来临，单纯用一种肯定是不行的。

五、轨道线

轨道线又称通道线或管道线，是基于趋势线的一种方法。在已经得到趋势线后，通过第一个峰和谷可以画出这条趋势线的平行线，这条平行线就是轨道线（图 8-45）。轨道向上的称为上升轨道，轨道向下的称为下降轨道。

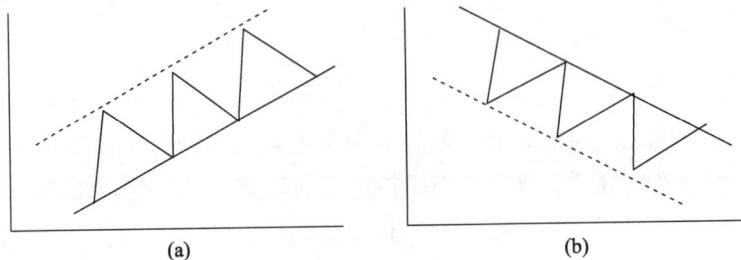

图 8-45　轨道线
(a) 上升轨道；(b) 下降轨道

轨道的作用是限制股价的变动范围，当股价沿道趋势上涨到某一价位时，会遇到阻力，回档至某一水准价格又获得支撑，轨道线就在接高点的延长线及接低点的延长线之间上下来回，当轨线确立后，股价就非常容易找出高低价位所在，投资者可依此判断来操作股票。

与趋势线的突破不同的是，对轨道线的突破并不是趋势反转的开始，而是趋势加速的开始，即原来的趋势线的斜率将会增加，趋势线的方向将会更加陡峭（图 8-46）。

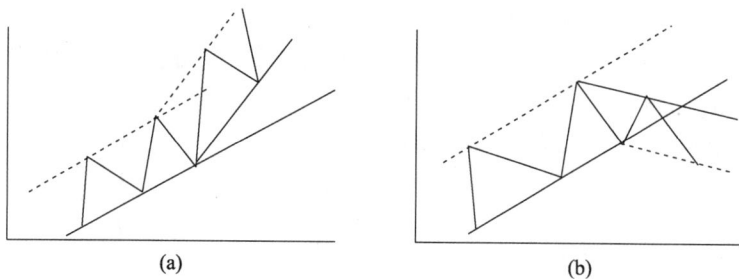

图 8-46 趋势的加速和趋势的减速
(a) 趋势的加速；(b) 趋势的减速

轨道线在应用时应注意以下几点。

（1）股价向上突破中轨是短线买入信号，股价向下突破中轨是短线卖出信号。当股价持续下行或上行后突破中轨的压力或支撑，这时的信号准确度较高。

（2）股价向上突破上轨是短线的买入时机。如果此后股价快速上升，那么当股价跌破上轨时是短线的卖出时机；如果此后股价只是缓慢上行，那么就选择跌破中轨作为卖出信号。

（3）股价向下突破下轨是短线强烈的卖出信号。如果此后股价快速下跌，那么当股价向上突破下轨时是短线极佳的买入时机；如果此后股价只是缓慢下行，那么就选择向上突破中轨作为买入信号。

（4）轨道线收敛预示股价的突变，这时应密切注意中轨的变动方向。

（5）轨道线的买卖信号以短线为主。如果中轨的趋势明显，可按照趋势来操作；如果中轨的趋势不明显，应该采取快进快出的操作。

六、百分比回撤

（一）百分比回撤原理

百分比回撤是指在一波上涨或下跌趋势中出现的次级趋势对主要趋势的调整。回撤百分比是指在上升或下跌趋势中次级趋势行进的距离占主要上涨或下跌的比例。

在股市中，价格经过一波上涨趋势后，价格总是要回撤一部分。这是因为，经过一轮上涨趋势后，多方已经获取了相当的收益，多方进入市场变得犹豫（害怕获利盘的抛售，且行情已经走了很远，等待回调买入机会），买盘的力量逐渐减弱，同时获利盘开始卖出，所以价格出现了下跌，展开了次级调整趋势。但是多头趋势已经形成，大部分长线投资者持有多头仓位（在下跌趋势中不仅不卖出，反而加仓买入），随着下跌的进行，意志不坚定或者短线投资者已经大部分卖出，卖盘减少，而更多的长线或短线投资者开始进入，买盘增大，因而次级趋势停止，主要趋势延续。这一段过程的前提是主要趋势得到了市场的大部分认可。

（二）百分比回撤类型

1. 50%回撤

50%回撤是一个历史悠久且受到投资者喜爱的比例，是主要趋势的次级调整趋势通常会在50%比例附近停止。但是这一比例并不是绝对的。确切地说，50%回撤是市场的一种倾向性，而不是一条精确、严格的规则。

2. 三等分回撤

三等分回撤是指将主要上涨趋势分为三等分，回撤的停止会出现在中间的等分即 33%～66%，具体见图8-47。

3. 斐波那契回撤

斐波那契回撤是指主要趋势的次级回撤停止通常会出现在38.2%～61.8%。与其他回撤处比例不同的是，斐波那契回撤通常讲究准确性。也就是说，0.382、0.50、0.618这三个位置特别重要，斐波那契回撤更加强调的是这三个位置，而不是范围。

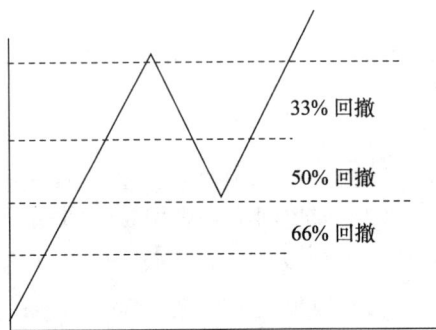

图8-47   百分比回撤

七、应用切线应注意的问题

百分比回撤的应用比较简单，在回撤范围内买入或卖出。但百分比回撤的最大意义在于：它告诉我们，市场需要调整，要么是空间，要么是时间，我们需要耐心。

市场时刻在变化，百分比回撤并不是一条铁律，而是一种参考。在实际应用中也不能生搬硬套，只凭回撤做买卖决定，需要结合其他技术方法综合应用。

案例分析： 切线理论应用——上证指数趋势研判

在技术分析中，切线技术简单明了，被广泛应用。趋势线要以重要的低点、顶点画包络线。上证指数1990年的95点与2005年的998点连线为中国股市的超级牛市线，可支撑中国股市几十年甚至百年以上的超级牛市行情。其通道（虚线）所形成的上升阻力也不容忽视。支撑阻力线要找到重要的顶点、底点或缺口画线。上证指数1993年牛市1 558顶点被突破后成为一个重要的支撑点，而2005年牛市高点2 245点却是阻挡进入下一个牛市的重要阻力点。图8-48展示了上证指数的季线走势图，暗示了中国股票市场发展的基础与未来。

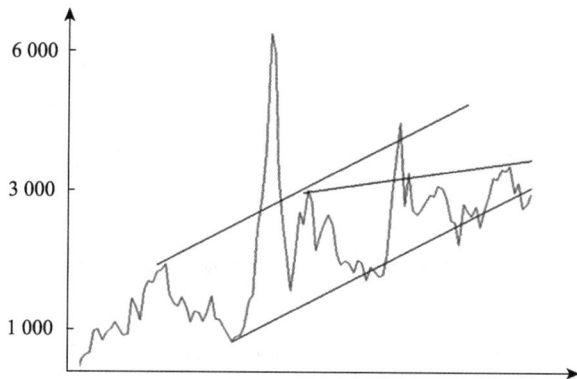

图 8-48　上证指数的重要切线

第七节　技术分析指标

一、技术分析指标简述

（一）技术分析指标

技术指标法，就是应用一定的数学公式，对原始数据进行处理，得出指标值，将指标值绘成图表，从定量的角度对股市进行预测的方法。

技术指标法的本质是通过数学公式产生技术指标。这个指标反映了股市的某一方面深层次的内涵，这些内涵仅仅通过原始数据是很难看出的。技术指标是一种定量分析方法，它克服了定性分析方法的不足，极大地提高了具体操作的精确度。尽管这种分析不是完全精确，但至少能在投资者采取行动前从数量方面给予帮助。

（二）技术分析指标的种类

技术分析指标的种类很多，本书以技术指标的功能为划分依据，将常用的技术指标分为趋势型指标、超买超卖型指标、人气型指标和大势型指标四类。

（三）技术分析指标的应用

技术指标在使用的时候要知道任何技术指标都有自己的适应范围和应用条件，得出的结论也都有成立的前提和可能发生的意外。因此，不管这些结论成立的条件，不能盲目地相信技术指标，技术指标在很多时候是会出错的。但从另外一个角度看，也不能认为技术指标无用或者完全否定技术指标的作用。

当应用一种指标容易出现错误时，可以结合多个具有互补性的指标，这样能够提高技术指标预测的精度。

二、主要的技术分析指标

（一）移动平均线

移动平均线是将若干天的统计数据加以移动平均求出若干平均数后连接成的曲线。

价格经过移动平均之后其变动状况相对平稳，反映出的变化趋势也较为明显，属于趋势型指标。一般来说，若目前价格位于平均数之上，说明市场的买力较强；若目前价格位于平均数之下，说明市场的卖力较强。价格的变化直接影响移动平均线的变化趋势，而根据移动平均线的变化趋势也可以推断预测价格的变化趋势。

1. 移动平均的计算方法

移动平均的计算方法可分为简单算术移动平均、加权移动平均和指数平滑移动平均三种。

简单算术移动平均以收盘价连续地计算 n 日算术平均数，简称移动平均（MA），公式表示如下：

$$MA = (c_1 + c_2 + \cdots c_n) / n$$

加权移动平均（WMA）：一般以期数作为权重而后进行加权平均计算。期数总和 $X = 1 + 2 + 3 + \cdots + n$；由远及近的收盘价依次为 c_1，c_2，$\cdots$，c_n，价格计算权重依次为 $W_1 = 1/X$，$W_2 = 2/X$，$W_3 = 3/X$，$\cdots$，$W_n = n/X$，则加权移动平均价格计算公式为

$$WMA = w_1 c_1 + w_2 c_2 + \cdots w_n c_n$$

指数平滑移动平均（EMA）：在计算时首先计算出当期的简单移动平均 MA，而后再以指数平滑移动公式计算出指数平滑移动平均数，其计算公式为

$$EMA = 当期MA \cdot 2 / (n+1) + 上期EMA \cdot (n-1) / (n+1)$$

式中，$2/(n+1)$ 为平滑系数，n 一般取值 12。

2. 移动平均线的种类

移动平均线根据计算的期数分为短期移动平均线、中期移动平均线和长期移动平均线。

1）短期移动平均线

短期移动平均线是指被平均的项数在 10 项及以下的移动平均线，如 5 日、10 日移动平均线等。短期移动平均线由于选用的数据期数比较小，受目前价格变动影响程度大，曲线波动程度较灵敏，短期移动平均线有时又称为快速移动平均线。短期移动平均线能较为准确地反映短期内价格平均成本的变动情形与趋势，常作为短线交易的依据。

2）中期移动平均线

中期移动平均线是指被平均的项数在 10 项以上、120 项以下的移动平均线，如 20 日线、30 日线、60 日移动平均线等。它能预先显示价格未来变动方向，其波动幅度较短期移动平均线平滑且有轨迹可循，又较长期移动平均线敏感度高，是中短线交易者的重要参考依据。

3）长期移动平均线

长期移动平均线是指被平均的项数在 120 项及以上的移动平均线，如 120 日（半年线）、250 日（年线）移动平均线。长期移动平均线由于采用了较多的统计数据，具有曲线波动程度缓慢的特点。因此，长期移动平均线有时也被称为慢速移动平均线，是长期投资或超级资金交易的重要参考依据。

3. 移动平均线的特点

移动平均线最基本的思想是消除价格随机波动的影响，寻求价格波动的趋势。它具有以下几个特点。

（1）追踪趋势。移动平均线能够表示价格的波动趋势，并追随这个趋势，不轻易改变。

（2）滞后性。在价格原有趋势发生反转时，移动平均线的变动往往过于迟缓。

（3）稳定性。要较大地改变移动平均线的值，无论是向上还是向下，都比较困难。这种稳定性既是优点也是缺点，在应用时应多加注意。

（4）支撑线和阻力线的特性。在价格走势中起支撑线和阻力线的作用，移动平均线被突破，意味着支撑线和阻力线的突破。

4. 移动平均线的运用原则

1）葛兰威尔法则

葛兰威尔法则是美国著名股票分析家葛兰威尔根据 200 日移动平均线与每日价格平均值的关系提出的买卖股票的八条法则，葛兰威尔法则的具体应用如下（图 8-49）。

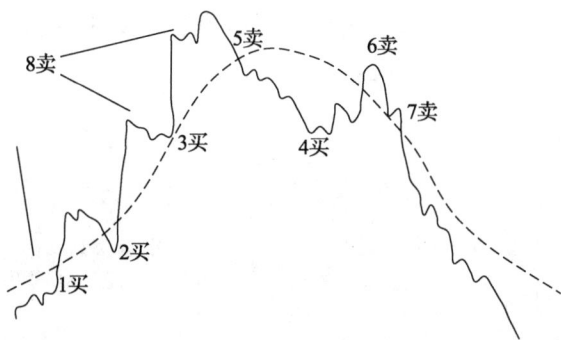

图 8-49　葛兰威尔法则

（1）当移动平均线持续下滑后，逐渐转为平滑，并有抬头向上的迹象；另外，每日价格平均值线也转而上升，并自下方突破了移动平均线，这是买进信号。因为移动平均线止跌向平，表示价格将转为上升趋势，而此时价格平均线突破移动平均线向上延伸，则表示当天价格已经突破卖方压力，而买方已处于相对优势地位。

（2）价格线开始仍在移动平均线之上，但呈急剧下跌趋势，在跌破移动平均线后，忽而转头向上，这也是买进信号。这是因为移动平均线较为缓慢，当移动平均线持续上升时，若价格平均线急速下跌且跌穿平均线，在多数情况下，这种下跌只是一种表象，过几天后，价格又会回升至移动平均线之上。

（3）与上述情况类似，但价格线尚未跌破移动平均线，只要移动平均线依然呈上升趋势，就应买进。这是因为在这种情况下，往往是表示投资者获利回吐，但由于承接力较强，价格在短期内经过重整后，又会强劲上升。

（4）价格平均线与移动平均线都在下降，如果价格线狠狠下挫，远离了移动平均线，表明反弹指日可待，但切忌不可恋战，因为大势依然不妙，久战势必套牢。

（5）移动平均线从上升转为平缓，并有向下趋势，且价格线也从其上方下落，跌破了移动平均线，则宜卖出。因为，此时表明价格将继续下跌。

（6）价格平均线和移动平均线持续下滑，这时价格平均线自下方上升，并突破了仍在下落的移动平均线后，又掉头下落，宜卖出。因为，此时表明价格大势将继续下跌。

（7）价格平均线在移动平均线的下方，并朝着移动平均线的方向上升，但在未到达或未突破移动平均线而再次降落时，表明价格疲软而看跌。

（8）价格一路暴涨，远远超过了正在上升的移动平均线，暴涨之后必有暴跌，所以此处宜卖出，以防止暴跌带来的不必要的损失。

2）均线系统的运用原则

在葛兰威尔法则中，由于价格变动曲线的灵敏性，价格曲线经常会发生从上向下穿过移动平均线（从下向上穿过移动平均线）后，又返回移动平均线之上（下）的各种假突破情况，使交易者难以把握买入、卖出时机。为避免产生上述问题，可利用移动平均线中短期移动平均线的变动速度快、反应灵敏的特点，长期移动平均线变动速度缓慢、曲线较平滑的特点，根据移动平均之间的关系来确定价格变动趋势。其主要有四种确定方法。

（1）当短期移动平均线从下向上突破长期移动平均线时，此时形成的交叉点称为黄金交叉点，是最佳的买入时机（图8-50）。

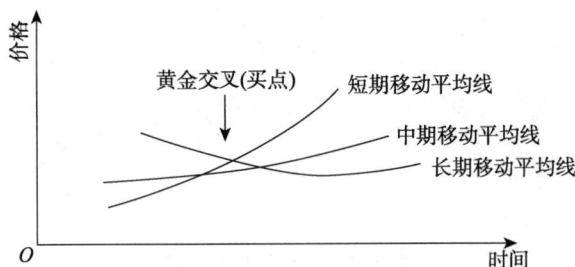

图8-50 移动平均线——买入时机

（2）当黄金交叉形成后一般可形成多头市场，各移动平均线呈多头排列，即短期移动平均线位于中期移动平均线上方，中期移动平均线位于长期移动平均线上方，仍为做多时机（图8-51）。

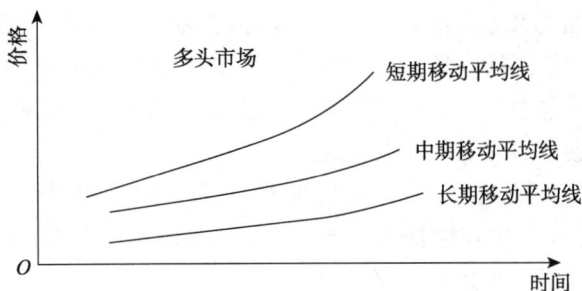

图8-51 多头排列

（3）当多头市场形成一段时期以后，长期移动平均线呈上升趋势，中期移动平均线呈走平趋势，短期移动平均线开始呈向下变动趋势。这时，若出现短期移动平均线从上向下突破长期移动平均线，则形成死亡交叉点，形成最佳卖出时机。死亡交叉点一经形成，一般都将宣告多头市场结束，空头市场开始（图 8-52）。

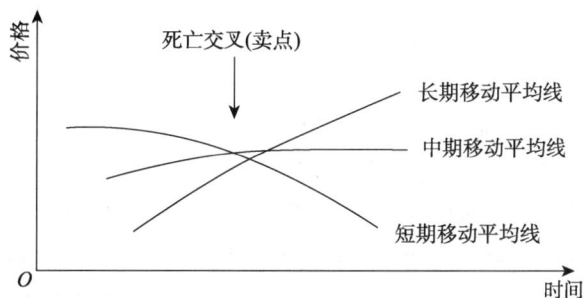

图 8-52　移动平均线——卖出时机

（4）死亡交叉点形成后，空头市场形成。空头市场移动平均线的排列特征是短期移动平均线位于中期移动平均线之下，中期移动平均线位于长期移动平均线之下，仍为做空时机（图 8-53）。

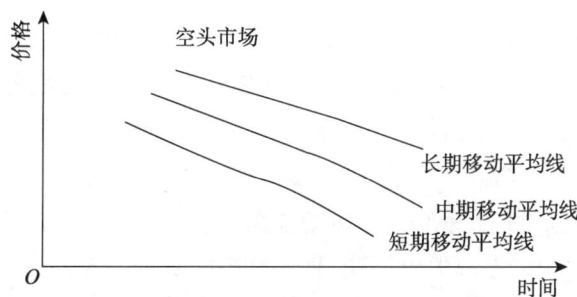

图 8-53　空头排列

5. 运用移动平均线指标应注意的问题

（1）要使用均线系统，而不是一条均线。在使用均线系统时，尽管在参数的选择上有些差别，但都包括长期、中期和短期三类。常用的移动平均线参数是 5、10、30、60、120、250 日均线，其中 250 日长期移动平均线被作为牛市与熊市的分界线。此外，5、10、22、66、135、270；5、13、21、34、55、89、144 等也常见到。

（2）MA 与 MACD（指数平滑异同移动平均线）配合使用，可提高研判行情的准确度。

（3）均线系统多头排列，适宜做多；均线系统空头排列，适宜做空；均线系统相互缠绕，应参照 BOLL（布林线）或其他指标交易，并要注意高位或低位缠绕后经常出现诱多、诱空行情。

（二）指数平滑异同移动平均线

MACD 是 moving average convergence divergence 的缩写，译为指数平滑异同移动平均线。MACD 是指根据短期移动平均线和长期移动平均线之间的离差绘制而成的，用于反映价格变动趋势的曲线，是另一个重要的趋势型指标。

MACD 称为异同移动平均线，是从双指数移动平均线发展而来的，由快的指数移动平均线（EMA12）减去慢的指数移动平均线（EMA26）得到快线 DIF（差离值），再用 2×（快线 DIF-DIF 的 9 日加权移动均线 DEA）得到 MACD 柱。MACD 的意义和双移动平均线基本相同，即由快、慢均线的离散、聚合表征当前的多空状态和股价可能的发展变化趋势，但阅读起来更方便。MACD 的变化代表着市场趋势的变化，不同 K 线级别的 MACD 代表当前级别周期中的买卖趋势。

MACD 在应用时需要计算出快速（一般选 12 日）移动平均值与慢速（一般选 26 日）移动平均值。以这两个数值作为测量两者（快速与慢速线）间的"差离值"依据，"差离值"用 DIF 表示。为了使趋势的信号更明显，并且不受股价过分波动的影响，对 DIF 进行再次移动平均，一般选 9 日移动平均。该值称为差离平均，用 DEA 表示。用 2 倍的 DIF 减去 DEA 可得到 MACD 的柱线。

1. MACD 的计算方法

$$DIF = EMA（CLOSE，12）- EMA（CLOSE，26）$$
$$DEA = EMA（DIF，9）$$
$$MACD = （DIF - DEA）\times 2$$

在计算机软件显示的交易行情中，通常，DIF 显示为白色曲线，DEA 显示为黄色曲线，两者简称为黄白线；MACD 显示为红绿柱线，正值为红色柱线，负值为绿色柱线。

2. MACD 的运用原则

在持续的涨势中，12 日 EMA 在 26 日 EMA 之上。其间的正差离值（+DIF）会越来越大。反之在跌势中，差离值可能变负（-DIF），此时是绝对值越来越大。至于行情开始回转，正或负差离值要缩小到一定的程度，才真正是行情反转的信号。具体应用如下。

（1）MACD 金叉：DIF 由下向上突破 DEA，为买入信号。

（2）MACD 死叉：DIF 由上向下突破 DEA，为卖出信号。

（3）MACD 绿转红：MACD 值由负变正，市场由空头转为多头。

（4）MACD 红转绿：MACD 值由正变负，市场由多头转为空头。

（5）DIF 与 DEA 均为正值，即都在零轴线以上时，大势属多头市场，DIF 向上突破 DEA，可作为买入信号。

（6）DIF 与 DEA 均为负值，即都在零轴线以下时，大势属空头市场，DIF 向下跌破 DEA，可作为卖出信号。

（7）当 DEA 线与 K 线趋势发生背离时为反转信号。

（8）DEA 在盘整局面时失误率较高，可以配合 RSI（相对强弱指标）及 KDJ（随机指标）适当弥补缺点。

（三）BOLL 指标

BOLL 指标又叫布林线指标，是美国股市分析家约翰·布林根据统计学中的标准差原理设计出来的一种简单实用的技术分析指标。BOLL 指标是根据股价的标准差及其信赖区间，来确定股价的波动范围及未来走势，利用波带显示股价的安全高低价位，因而也被称为布林带。

BOLL 由 4 条线构成，分别是中轨线（MB）、上轨线（UP）、下轨线（DN）和股价，由这 4 条线构成价格通道，价格的运动总是围绕价值中枢变动。市场价格通道的宽窄随着价格波动幅度的大小而变化，而且价格通道又具有变异性，它会随着市场价格的变化而自动调整。

1. BOLL 的计算方法

布林线中轨：$MB = MA（CLOSE，n）$

布林线上轨：$UP = MB + P·STD（CLOSE，n）$

布林线下轨：$DN = MB - P·STD（CLOSE，n）$

其中 $STD（CLOSE，n）$ 表示 n 日收盘价的标准差，n、P 为计算参数，默认值为 26、2。

在众多技术分析指标中，BOLL 指标属于比较特殊的一类指标。绝大多数技术分析指标都是通过数量的方法构造出来的，它们本身不依赖趋势分析和形态分析，而 BOLL 指标却与股价的形态和趋势有着密不可分的联系。在 BOLL 指标中，价格通道的上轨是显示价格安全运行的最高价位和最低价位。上轨线、中轨线和下轨线都可以对价格的运行起到支撑作用，而上轨线和中轨线有时会对价格的运行起到压力作用。

另外根据布林线指标开口的大小的变化是根据 BOLL 指标研判的重要手段。这个开口称为布林线"喇叭口"，是指在股价运行的过程中，布林线的上轨线和下轨线分别从两个相反的方向与中轨线大幅扩张或靠拢而形成的类似于喇叭口的特殊形状。根据布林线上轨线和下轨线运行方向和所处的位置的不同，我们又可以将"喇叭口"分为开口型喇叭口、收口型喇叭口和紧口型喇叭口三种类型。开口型喇叭口形态常出现在股票短期内暴涨行情的初期，收口型喇叭口形态常出现在股票暴跌行情的初期，紧口型喇叭口形态则常出现在股价大幅下跌的末期。

2. BOLL 运用原则

（1）当布林线的上、中、下轨线同时向上运行时，表明股价强势特征非常明显，股价短期内将继续上涨，投资者应坚决持股待涨或逢低买入。

（2）当布林线的上、中、下轨线同时向下运行时，表明股价的弱势特征非常明显，股价短期内将继续下跌，投资者应坚决持币观望或逢高卖出。

（3）当布林线的上轨线向下运行，而中轨线和下轨线却还在向上运行时，表明股价处于整理态势之中。如果股价处于长期上升趋势，则表明股价是上涨途中的强势整理，投资者可以持股观望或逢低短线买入；如果股价处于长期下跌趋势，则表明股价是下跌途中的弱势整理，投资者应以持股观望或逢高减仓为主。

（4）布林线的上轨线向上运行，而中轨线和下轨线同时向下运行，表明股价将经历一轮下跌，下跌的幅度将由开口的大小决定；相反，布林线的下轨线向下运行，而中轨线和上轨线同时向上运行，表明股价将经历一轮上涨，上涨的幅度将由开口的大小决定。这里不做展开讨论。

（5）当布林线的上、中、下轨线几乎同时处于水平方向横向运行时，则要看股价目前的走势处于什么样的情况来判断。

（6）当价格在中轨附近震荡，布林通道的呈缩口状态，上下轨逐渐缩口，此是大行情来临的预兆，应空仓观望，等待时机。

（7）通道缩口后的突然扩张状态，意味着一波爆发性行情来临，此后，行情很可能走单边，可以积极调整建仓，顺势而为。

（8）当布林通道缩口后，在一波大行情来临之前，往往会出现假突破行情，这是主力的陷阱，应提高警惕，可以通过调整仓位化解。

（9）当布林线开口向上后，只要股价 K 线始终运行在布林线的中轨上方，说明股价一直处在一个中长期上升轨道之中，这是 BOLL 指标发出的持股待涨信号。如果TRIX（三重指数平滑平均线）指标也是发出持股信号，这种信号更加准确。此时，投资者应坚决持股待涨。

（10）当布林线开口向下后，只要股价 K 线始终运行在布林线的中轨下方，说明股价一直处在一个中长期下降轨道之中，这是 BOLL 指标发出的持币观望信号。如果TRIX（三重指数平滑平均线）指标也是发出持币信号，这种信号更加准确。此时，投资者应坚决持币观望。

（四）KDJ

KDJ 指标中文名叫随机指标，它综合了动量观念、强弱指标及移动平均线的优点，用来度量价格脱离价格正常范围的变异程度，是一种短期趋势分析，是股票市场上最常用的技术分析工具。

KDJ 是通过一个特定的周期（常为 9 日、9 周等）内出现过的最高价、最低价及最后一个计算周期的收盘价及这三者之间的比例关系，来计算最后一个计算周期的 RSV（未成熟随机值），然后根据平滑移动平均线的方法来计算 K 值、D 值与 J 值，并绘成曲线图来研判股票走势。

1. KDJ 的计算方法

（1）计算 RSV：

$$RSV = \frac{C - L_n}{H_n - L_n} \times 100$$

式中，C 为当天的收盘价；L_n 为之前 n 日内的最低价；H_n 为之前 n 日内的最高价。

（2）计算 K 值：

$$K_i = \frac{2}{3} K_{i-1} + \frac{1}{3} RSV_i$$

（3）计算 D 值：

$$D_i = \frac{2}{3} D_{i-1} + \frac{1}{3} K_i$$

（4）计算 J 值：

$$J_i = 3 K_i - 2 D_i$$

2. KDJ 的应用原则

随机指标在图形上是三条曲线，即 K 线、D 线、J 线。KDJ 就是利用这三条曲线之间的关系来研究股票价格的趋势。在使用时，可分为超买超卖现象、走势背驰现象以及 K 线与 D 线的交叉突破现象，从而对短期走势到顶和见底进行预判。

（1）超买超卖：K 值与 D 值永远介于 0 和 100 之间。K 值在 80 以上、D 值在 70 以上、J 值大于 90 时为超买。K 值在 20 以下、D 值在 30 以下为超卖区。K、D 值处于 50 左右为徘徊区，分三种情况：如在多头市场，50 是回挡支撑线；如是空头市场，50 是反弹压力线；如果在 50 左右徘徊，说明行情还在整理，应以观望为主，不宜匆忙决定买卖。

（2）背离：当价格走势一峰比一峰高，随机指标的 D 线却一峰比一峰低，或价格走势一波谷比一波谷低时，D 线却一波谷比一波谷高，这种现象称为背离。随机指标与价格走势产生背驰时，一般为市场转势的信号，表明中期或短期走势已经到顶或已经见底。此时是买卖股票的时机。背离分析具体见图 8-54。

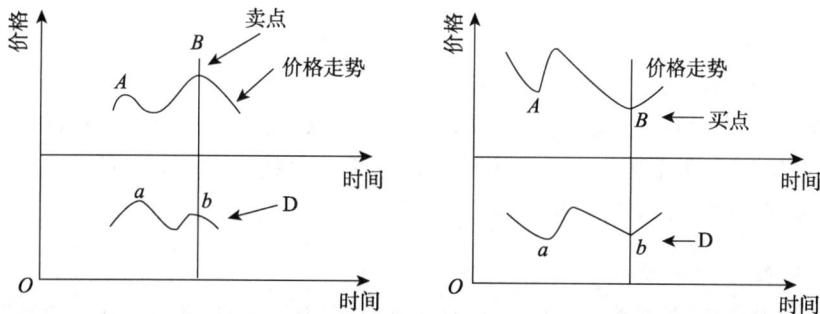

图 8-54 背离
(a) 顶背离；(b) 底背离

（3）K 线与 D 线的交叉突破：当 K 值大于 D 值时，表明价格当前正处于上升趋势之中，当 K 线从下向上交叉突破 D 线时，是买进股票的时机，具体见图 8-55（a）；相反，当 K 值小于 D 值时，表明股市当前处于下降趋势。当 K 线从上向下交叉突破 D 线时，是卖出股票的时机，具体见图 8-55（b）。

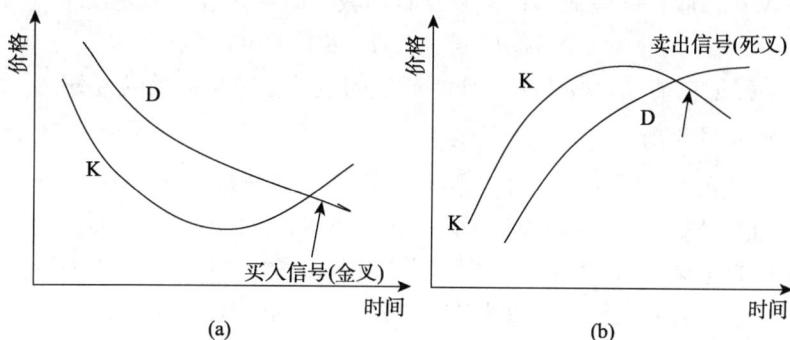

图 8-55 交叉突破
(a) 金叉；(b) 死叉

3. 运用随机指标应该注意的问题

（1）价格短期波动剧烈或者瞬间行情振幅太大时，KDJ 信号经常会出现偏差，K、D 值容易高位钝化或低位钝化。尤其是受到基本面、政策面及市场活跃程度影响时，超买、超卖状态都可能存在相当长的一段时期，即 K 值在 80 以上时，价格还有可能进一步上升；K 值在 20 以下时，价格还有可能进一步下跌。

（2）J 值可以为负值，也可以超过 100，出现这种情况主要由于 J 线比 K、D 线更为灵敏一些。

（3）随机指标对于交易量太小的个股不是很适用，但对于绩优股，准确率却是很高。

（4）随机指标提供的买卖信号比较频繁，在使用 K、D 线时，要配合价格趋势图来进行判断。当价格交叉突破支撑压力线时，若此时 K、D 线又在超买区或超卖区相交，K、D 线提供的股票买卖信号就更为有效。而且，在此位上，K、D 线来回交叉越多越好。

（5）当 K 值和 D 值上升或下跌的速度减弱，倾斜度趋于平缓，则是短期转势的预警信号。

（6）KDJ 准确率较高，且有明确的买、卖点出现，但 K、D 线交叉时须注意"骗线"的出现，这主要是因为 KDJ 过于敏感且此指标群众基础较好，所以经常被主力操纵。

（7）K 线与 D 线的交叉突破在 80 以上或 20 以下时较为准确。当这种交叉突破在 50 左右发生时，表明市场走势陷入盘整局面，正在寻找突破方向。此时，K 线与 D 线的交叉突破所提供的买卖信号是无效的。

（五）RSI

RSI 又叫作相对强弱指标，是与 KDJ 齐名的常用技术指标。RSI 以一特定时期内股价的变动情况推测价格未来的变动方向，并根据股价涨跌幅度显示市场的强弱。

1. RSI 的计算公式

RSI 采用某一时期（N 天）内收盘价作为计算对象，将 N 日内每日收盘价涨数（即当日收盘价高于前日收盘价）的总和作为买方总力量 A，而 N 日内每日收盘价或收盘指数跌数（即当日收盘价或指数低于前日收盘价或指数）的总和作为卖方总力量 B。

$$N \text{日 RS} = （A \div B）\times 100\%$$

式中，A 为 N 日内收盘涨幅之和；B 为 N 日内收盘跌幅之和（取正值）

$$N \text{日 RSI} = A/（A+B）\times 100$$

RSI 实际就是在某一阶段价格上涨所产生的波动占整个波动的百分比。

2. RSI 的应用原则

（1）RSI 的变动范围在 0～100，强弱指标值一般分布在 20～80，80～100 极强卖出，50～80 强买入，20～50 弱观望，0～20 极弱买入。

但要注意的是这里的"极强""强""弱"和"极弱"只是一个相对的分析概念，是一个相对的区域。它们取值也可以为 30、70 或 15、85，没有绝对性。

（2）强弱指标保持高于 50 表示为强势市场，低于 50 表示为弱势市场。

（3）从 RSI 与股价的背离方面判断行情。RSI 处于高位，并形成一峰比一峰低的两个峰，而此时，股价却对应的是一峰比一峰高，为顶背离，是比较强烈的卖出信号。与此相反的是底背离：RSI 在低位形成两个底部抬高的谷底，而股价还在下降，是买入的信号。

3. RSI 应用时注意的问题

（1）当发生单边行情时，RSI 在高档或低档时会有钝化的现象，因此会发生过早卖出或买进。

（2）RSI 没有明显规则性的买进或卖出信号，当指针在高位时，仅能说明行情反转的可能性增高，但并没有办法进一步明确地指出时点。

（3）一般而言，RSI 的背离信号通常是事后验证，事前很难看出，RSI 与股价的"背离"走势常常会发生滞后现象。

（4）由于 RSI 是一种比率的指标，因此在趋势分析的能力上会较弱。

（5）超买、超卖出现后导致的指标钝化现象容易发出错误的操作信号。

（6）当 RSI 值在 50 附近波动时该指标往往失去参考价值。

（六）BIAS 指标

BIAS 指标称为乖离率指标。BIAS 是测算股价与移动平均线偏离程度的指标，其基本原理是：如果股价偏离移动平均线太远，不管是在移动平均线上方或下方，都有向平均线回归的要求。

1. BIAS 的计算公式

$$BIAS = [（当日收盘价 - N 日平均价）/N 日平均价] \times 100\%$$

其中，N 可取值 5、6、10、12、24、30 和 72。在实际运用中，短线使用 6 日乖离率较为有效，中线则放大为 10 日或 12 日。

2. BIAS 的应用法则

BIAS 指标是依据葛兰威尔移动均线八大法则而派生出来的技术分析指标。

（1）BIAS 的取值分正乖离和负乖离。当股价在移动平均线之上时，其乖离率为正，反之则为负，当股价与移动平均线一致时，乖离率为 0。随着股价走势的强弱和升跌，正乖离率涨至某一百分比时，表示短期间多头获利回吐可能性也越大，呈卖出信号；负乖离率降到某一百分比时，表示空头回补的可能性也越大，呈买入信号。

表 8-1 给出乖离率分界线的参考数字。投资者在应用时可根据具体情况进行适当的调整。

表 8-1　BIAS 参考买卖数字

N	买入信号	卖出信号
5 日	−3	3.5
10 日	−4	5
20 日	−7	8
60 日	−10	10

从表 8-1 中数字可以看出，正数和负数的选择不是对称的，正数的绝对值偏大，这

也是 BIAS 分界线的一般规律。

当市场上遇到突发的利多或利空消息而引起股价暴涨暴跌的情况时，可以参考如下的数据分界线：

对于综合指数：BIAS（10）> 30%为抛出时机，BIAS（10）< –10%为买入时机；

对于个股：BIAS（10）> 35%为抛出时机，BIAS（10）< –15%为买入时机。

（2）从两条 BIAS 线来看，当短期 BIAS 在高位下穿长期 BIAS 时，是卖出信号；在低位，短期 BIAS 上穿长期 BIAS 时是买入信号。

（3）从 BIAS 形态看，顶背离、底背离也同样适用。当 BIAS 指标出现从上到下的两个或多个下降的峰值，而此时市场价格仍在上升，则这很可能是卖出信号的指示；相反，若 BIAS 指标出现从下到上的两个或多个上升的谷值，而市场价格仍在下跌，则此时很可能是买入信号的指示。

（七）威廉指标

威廉指标（WMS%R 或简称 W%R），是由 Larry Williams 于 1973 年首创的，威廉指标表示的是市场处于超买还是超卖状态。这个指标是一个振荡指标，是依股价的摆动点来度量股票是否处于超买或超卖的现象。它衡量多空双方创出的峰值（最高价）距每天收市价的距离与一定时间内（如 7 天）的股价波动范围的比例，以提供出股市趋势反转的信号。

1. 威廉指标的计算

威廉指标在计算时首先要决定计算参数，此数可以采取一个买卖周期的半数。以日为买卖的周期为例，通常所选用的买卖循环周期为 8 日、16 日、27 日或 56 日等，扣除周六和周日，实际交易日为 6 日、11 日、20 日或 40 日等，取其一半则为 3 日、5 日、10 日或 21 日等。

利用分析周期内的最高价、最低价及周期结束的收盘价三者之间的关系展开的。以日威廉指标为例，其计算公式为

$$W\%R = (H_n - C) \div (H_n - L_n) \times 100$$

式中，C 表示收盘价；H 表示 n 日的最高价；L 表示 n 日的最低价；W%R 的值介于 0 和 100 之间，如果在指定窗口内收盘价越接近最高价的水平，处于超买状态。结果越接近零，收盘价越接近最低价，处于超卖状态。

2. 威廉指标应用原则

（1）当 W%R 高于 80，即处于超卖状态，行情即将见顶，应当考虑卖出。当 W%R 低于 20，即处于超买状态，行情即将见底，应当考虑买入。

（2）背离：在 W%R 进入高位后，一般要回头，如果这时股价还继续上升，这就产生背离，是卖出的信号。在 W%R 进入低位后，一般要反弹，如果这时股价还继续下降，这就产生背离，是买进的信号。W%R 连续几次撞顶（底），是卖出（买入）的信号。

（八）PSY 指标

PSY 指标叫作心理线指标，是研究投资者对股市涨跌产生心理波动的情绪指标，是

从投资者的买卖趋向心理方面，将一定时期内投资者看多或看空的心理事实转化为数值，来研判股价未来走势的技术指标。

1. PSY 的计算公式

$$PSY =（N日内上涨天数/N）\times 100$$
$$PSYMA = PSY 的 M 日简单移动平均$$

式中，参数 N 通常设置为 12 日，参数 M 设置为 6 日。

2. PSY 的应用法则

（1）PSY 的取值在 25～75，说明多空双方基本处于平衡状态。如果 PSY 的取值超出了这个平衡状态，则是超卖或超买。

（2）PSY 的取值过高或过低，都是行动的信号。一般来说，如果 PSY<10 或 PSY>90 这两种极端情况出现，是强烈的买入和卖出信号。

（3）当 PSY 曲线和 PSYMA 曲线同时向上运行时，为买入时机；相反，当 PSY 曲线与 PSYMA 曲线同时向下运行时，为卖出时机。而当 PSY 曲线向上突破 PSYMA 曲线时，为买入时机；相反，当 PSY 曲线向下跌破 PSYMA 曲线后，为卖出时机。

（4）当 PSY 曲线向上突破 PSYMA 曲线后，开始向下回调至 PSYMA 曲线，只要 PSY 曲线未能跌破 PSYMA 曲线，都表明股价属于强势整理。一旦 PSY 曲线再度返身向上时，为买入时机；当 PSY 曲线和 PSYMA 曲线同时向上运行一段时间后，PSY 曲线远离 PSYMA 曲线时，一旦 PSY 曲线掉头向下，说明股价上涨的动能消耗较大，为卖出时机。

（5）PSY 的曲线如果在低位或高位出现大的 W 底或 M 头，也是买入或卖出的行动信号。

（6）PSY 线一般可同股价曲线配合使用，背离原则在 PSY 中也同样适用。

（7）一段下跌（上升）行情展开前，超买（超卖）的最高（低）点通常会出现两次。在出现第二次超买（超卖）的最高（低）点时，一般是卖出（买进）时机。由于 PSY 指标具有这种高点密集出现的特性，可给投资者带来充裕时间进行研判与介入。

心理线所显示的买卖信号一般为事后现象，事前并不能十分确切地预测。同时，投资者的心理偏好又受诸多随机因素影响，随时调整，不可捉摸。特别是在一个投机气氛浓厚、投资者心态不十分稳定的股市中，心理线的运用有其局限性。这在应用的时候是需要特别注意的。

（九）OBV 指标

OBV 指标称为能量潮指标，是将成交量数量化，制成趋势线，配合股价趋势线，从价格的变动及成交量的增减关系，推测市场气氛。

1. OBV 计算公式

以某日为基期，逐日累计每日上市股票总成交量，若隔日指数或股票上涨，则基期 OBV 加上本日成交量为本日 OBV。隔日指数或股票下跌，则基期 OBV 减去本日成交量为本日 OBV。

由于 OBV 的计算方法过于简单化，所以容易受到偶然因素的影响，为了提高 OBV

的准确性，可以采取多空比率净额法对其进行修正。

多空比率净额 = [（收盘价 − 最低价）−（最高价 − 收盘价）] ÷（最高价 − 最低价）× V

该方法根据多空力量比率加权修正成交量，比单纯的 OBV 法具有更高的可信度。

2. OBV 应用原则

（1）OBV 不能单独使用，需要与股价曲线结合使用。

（2）OBV 曲线的变化是对当前股价变化趋势的确认。当股价上升（下降），而 OBV 也相应上升（下降），则可确认当前的上升（下降）趋势。

当股价上升（下降），但 OBV 并未相应上升（下降），出现背离现象，则对目前上升（下降）趋势的认定程度要大打折扣。OBV 可以提前告诉我们趋势的后劲不足，有反转的可能。

（3）形态学和切线理论的内容也同样适用于 OBV 曲线。

（4）在股价进入盘整区后，OBV 曲线会率先显露出脱离盘整的信号，向上或向下突破，且成功率较大。

OBV 线是预测股市短期波动的重要判断指标，能帮助投资者确定股市突破盘局后的发展方向；而且 OBV 的走势，可以局部显示出市场内部主要资金的流向，有利于告示投资者市场内的多空向。

课程思政拓展阅读

郁金香泡沫真相：没人破产、没人跳河、没有经济危机

在电影《华尔街》那容易被人遗忘的结局中，主人公戈登·盖柯（Gordon Gekko）描述了大多数人所认知的郁金香泡沫的基本故事轮廓："早在 17 世纪，荷兰人就有了投机的狂热，以至于你可以用一株郁金香的价格在阿姆斯特丹运河旁买到一栋漂亮的房子。他们称之为'郁金香狂热'。"盖柯的话让我们意识到，郁金香狂热如今被认为是一种群体幻觉。对郁金香的追捧迅速达到狂热的程度，以至于连郁金香球茎的价格都开始飙涨。郁金香球茎在真正转手之前可以被倒卖几十次，因此一些球茎的价格最终与一座豪宅持平。

然后，当泡沫不可避免地破裂时，市场崩盘了：郁金香不再值钱，交易员破产——甚至有人在哈勒姆的运河里自溺身亡。荷兰经济也遭受重创并陷入经济危机。

这是一个富有戏剧性的故事，它被无数次用来警告我们要警惕资产泡沫。

但问题在于，这其中大部分只是传说而已。

"但它给我们带来了一个令人兴奋的故事。"伦敦大学学院（University College London）教授安妮·戈德加（Anne Goldgar）表示。

戈德加是《郁金香狂热：荷兰黄金时代的金钱、荣誉和知识》一书的作者。当她因为写书而去查阅关于郁金香泡沫的原始资料时，她发现了一个截然不同的故事。在《巴伦》关于金融历史的播客的试播节目中，她向《巴伦》的莎拉·格林·卡迈克尔讲述了真实且同样迷人的郁金香泡沫的故事。

郁金香传入欧洲

郁金香泡沫的真实故事开始的地方与传说中的相同：奥斯曼帝国君主位于君士坦丁堡的宫廷之中。人们普遍相信，西方商人在这里遇上了这些花，并把它们带回了欧洲。郁金香来到引领风尚的法国宫廷，随后于 16 世纪进入荷兰精英阶层。

"郁金香之所以盛行，是因为当时兴起了一股科学和自然历史风潮，尤其是在那些受过人文主义教育又相对富裕的群体当中。我发现，收藏郁金香球茎的人往往也收藏绘画作品。"安妮·戈德加说。

17 世纪初，郁金香开始流行，价格也开始飙升。17 世纪 30 年暴发的瘟疫使情况更加复杂。然而，事情并不像很多人所想的那样。

"人们现在通常提出的看法是，当时的人觉得自己快要死去了，所以他们只好把钱浪费在像郁金香这样愚蠢的东西上。这并不是我在档案中看到的。在我看来，尽管瘟疫肆虐，人们还是希望生活能继续向前。"

不过，戈德加说，瘟疫确实以一种特别方式促进了郁金香泡沫的形成。"确实有些人的现金更多了，因为他们从去世的亲人那里获得了一些额外的钱。"

简单说来就是：某些人拥有了一些可支配收入——用来花在郁金香上。

价格飞涨，直到不再上涨

价格持续上涨，直到 1636 年 2 月达到顶峰。但人们那时开始意识到郁金香可能定价过高。这种曾经看起来稀有而奇异的郁金香，实际上很容易栽培和繁殖。

那年冬天出售的郁金香还长在冰冻的土地里。因此所有的销售都只是合约——写在纸上的承诺。

随后，1636 年 2 月 3 日荷兰哈勒姆市的一场拍卖会上，一株郁金香都没有卖出——这次拍卖失败导致郁金香价格暴跌。泡沫结束了。

关于郁金香狂热传说中，许多人都受到了这次郁金香市场崩盘的牵连，但安妮·戈德加说，实际上只有一小部分人参与了交易。即便是那些人也没有损失钱财。

"我只发现 37 个人以超过 300 荷兰盾的单价买进了郁金香球茎。人们常常谈论的一些传说中，球茎价格一度达到 1 200 荷兰盾。我看到过的最高价格是 5 500 荷兰盾。"

来看看这些价格是什么概念：1637 年，一荷兰盾的价值相当于今天的 10 美元。300荷兰盾大约是 3 000 美元，相当于当时相当丰厚的年薪。因此，这 37 个支付了 300 多荷兰盾（或一年工资）的人确实赔钱了。戈德加说，但是没有人因为郁金香破产。

"有些人确实赔钱了，但我们说的是一小部分人，而且其中大多数都有足够的钱，所以不会有太大影响。他们不愿意看到亏损，但他们也能够承担这些损失。"

"至于荷兰经济，它根本就不依赖郁金香产业。据我所知，荷兰经济完全没有受到郁金香狂热的影响。"

关于愚昧的故事

最终，没有人因为郁金香破产，没有人把自己扔进运河，而且只有那些有能力承受巨额损失的人受到了影响。郁金香泡沫并没有让荷兰陷入经济危机。但安妮·戈德加表示，郁金香泡沫以另一种方式撼动了荷兰社会。它带来了这样一种思想：人们可以通过投机提高社会地位，而不是通过努力工作或借助贵族血统。

"这是许多（较富裕的）人对郁金香狂热最主要的担忧——平民可能会突然成为你的邻居和同伴。他们可能获得与你一样的社会地位，因为他们有钱。但实际上他们并不值得拥有这些财富，因为他们不是通过工作获得的这些钱，而且他们缺乏应有的教养。因此，关于社会地位的担忧是确实存在的。"

荷兰当时还在经历其他重大变革。贸易蓬勃发展，移民不断增加。

这是荷兰经济和社会运转方式发生重大转变的开端，但并不是每个人都为此做好了准备。戈德加看到，当郁金香泡沫破裂时，当时流行读物和歌曲中明显出现了一种幸灾乐祸的情绪。在她看来，这种情绪在历次金融危机期间都有重现。

"2019 年，当你听到人们抱怨比特币并发出警告时，你听到的是 1637 年人们说话的声音，就像'你不应该参与这个交易。你不是吃这碗饭的人，你对这些不够了解'。"

"这是我认为非常有趣的道德论调的一部分，只有贪婪的人才会卷入这种事情——而他们需要控制自己。"

戈德加说，郁金香泡沫的故事归根结底是一个关于愚昧和贪婪的故事。这就是为什么它历久弥新。

资料来源：郁金香泡沫真相：没人破产、没人跳河、没有经济危机[EB/OL].（2019-06-01）. http://news.hexun.com/2019-06-01/197391320.html.

即测即练

自学自测　　扫描此码

思考题

1. 道氏理论的要点是什么？它对技术分析有何贡献？
2. 什么是支撑与阻力？如何判断和分析支撑与阻力？
3. 简述技术分析的基本要素。

第九章

证券投资理念与策略

本章学习要点

（1）熟悉证券投资理念，能够树立正确的投资理念，了解股票概念、股票分类及不同的股票价格，掌握普通股与优先股的差异；

（2）熟悉证券投资策略，根据收益和风险，构建投资策略；

（3）掌握基本的证券投资技巧，能够用于指导证券投资实务。

第一节　证券投资理念

一、证券投资理念概述

（一）证券投资理念的含义

证券投资理念就是投资者对进入证券市场所抱的态度和观念，以及对投资收益所抱的期望。其本质是投资者对投资目的的认识和对投资方法的认知，包含投资者在进入证券市场后对风险的认知程度、对风险的承受能力和对盈亏的态度。证券市场是一个复杂的市场，实现盈利存在很大的难度。正确的证券投资理念能够帮助投资者理性地面对证券市场、获得良好的投资收益。

证券投资理念包含三个层面。

（1）投资的目标，包含收益目标和风险目标，即在风险一定的条件下对收益的要求，和在收益一定的条件下对风险的要求。

（2）证券投资者的投资约束，投资者在证券投资的过程中受到流动性需求、投资期限、规则限制、税收偏好、个体需要等诸多因素的限制，这些因素对投资目标的确定、投资策略和投资风格的选择、投资心理和投资行为都会产生决定性的影响。

（3）证券投资的方法和策略，包括资产配置、分散化水平、风险匹配、税收匹配和收益产生。

投资理念会直接决定投资策略，投资者对风险的偏好、投资品种的选择、资金的配置和投资风格的抉择都直接影响投资策略。

（二）正确的投资理念

1. 对风险和收益有正确的认识，具备风险意识

证券市场是一个收益大、风险也大的市场，风险和收益是相伴的，但并不意味着承受了较高的风险，就一定能获得较高的收益。投资者应认识到，在证券市场中获利的是

少数，赔钱或套牢的投资者总是多数。尤其是在新兴市场，投机性更强，更加剧了证券市场的风险。在证券市场中，有赔有赚是非常正常的现象，出现亏损后，投资者应该顺势而为，及时纠正错误，不能错上加错，要认输而不服输，先求保本，等待机会，再图获利。投资者应树立"市场永远是正确的，而错误的永远是自己"这一指导思想，从错误中吸取教训，避免重蹈覆辙。

2. 正确认识投资和投机

证券市场是投资和投机共存的。在证券市场，要正确地认识投资和投机，才能建立正确的投资理念。

投资是寻找市场上的好公司，在公司的价值被低估时买入，并能够长期持有获得公司成长和盈利带来的收益。

投机是寻找市场机会，通过交易获得回报。由于证券市场的波动性大，交易的机会很多，有的投资者不愿意放弃每一次"交易机会"、过于频繁地交易而导致亏损。投资者要避免过度交易。

3. 定位准确、思路清晰、准备充分、纪律严明

定位准确是要制订投资的目标、操作策略和操作方法，并且要和自身的特点相适应。根据自身的交易特点和风险承受能力，对操作有明确的定位。短线投资者要有投资纪律和交易系统，并严格执行。长线投资者要对行业、公司有深入的分析，寻找有投资价值的上市公司。切忌把短线做成长线、把长线做成短线。

思路清晰、准备充分是投资者对投资的品种、多空、止损、止盈、资金管理都有清晰的思路和充分的准备，所谓兵家不打无准备之仗，做好充分准备，而不能盲目买进或卖出。

纪律严明，操作果断。建立合适的操作系统，要有严格的纪律、严格执行，操作时要果断、不拖泥带水。

（三）几种典型的错误投资理念

1. 靠炒股发财，短期暴富

很多人带着短期暴富的心理，想靠炒股发财。实际上，证券市场是一个复杂的系统，涉及资金管理、财务、政治、经济、历史、统计、金融等多方面的知识，想靠股市赚快钱的理念是不对的。有的人看到别人在股市中赚了钱，不顾一切地冲进证券市场，却对股市的风险没有正确的认知，不但不能在股市赚到钱，反而赔了很多：在股市上涨时，过于贪婪，不舍得卖出；在股票被深度套牢时，又看着股票价格一天天下跌，束手无策。

2. 心怀侥幸，凭运气交易

有的投资者进入证券市场，对证券市场方面的知识知之甚少，既不擅长基本分析，又不擅长技术分析，也不做资金管理，全凭运气和感觉操作。有的投资者靠运气和感觉也许能获得短期盈利，但不能获得持续的盈利能力。要想在证券市场中获取预期的收益，必须时时关心证券市场行情的变化、熟练掌握证券基本知识、研判股市的趋势、建立系统的投资策略。

3. 追逐消息，疲于奔波

靠消息炒股，也是证券市场上非常常见的现象。由于消息能给股票带来短期的暴涨暴跌，因此在证券市场上打探消息、炒消息的投资者也比比皆是。投资者希望有一种能促使证券价格暴涨的消息被自己捕捉到，以走上致富的捷径。可市场中常常各种消息满天飞，真伪难辨。当消息传递到普通投资者耳中，大多都落后了很多。要么消息面已经充分反映到股价中，此时入市风险已大；要么消息对市场价格没有影响力。

另外，消息的变化只能引起证券价格短暂的震荡，而不可能改变价格运行的最终趋势，最终决定股市走势的仍是宏观经济背景和供求关系以及上市公司的经营业绩。期望通过消息来获得收益的想法是不现实的。投资者应该将精力放在对公司业绩的研究上，而不是追逐市场消息、被消息左右。

4. 追涨杀跌，频繁交易

有的投资者频繁地追涨杀跌，股票涨了就追、跌了就卖，对公司的基本面和趋势都不关心。频繁地追涨杀跌，导致屡屡出现亏损。当市场上涨时，投资者纷至沓来；而市场下跌、股价低廉时，投资者却受到情绪的影响，急于杀跌。

作为一个成熟的投资者，不会因为股市冷清、人气低沉而盲目杀跌，也不会在股市高涨时盲目追进。相反，成熟的投资者会在股市低迷时，收集廉价筹码，耐心等待时机的到来；而在市场情绪高涨时，及时派发，从而做到全身而退。

追涨杀跌、买涨不买跌、频繁交易最终都会成为股市的输家。

5. 缺乏独立判断能力，盲从他人

证券市场上永远存在多空对立的双方，有人看多，有人看空；有买入的，有卖出的。投资需要具备独立思考的能力。但有的投资缺乏独立思考的能力，容易受到他人的影响：当市场大涨时，见别人买就买；而市场大跌时，又跟着卖出。这种从众的心理在散户中极为普遍。缺乏独立判断能力，就缺乏对股票的深度分析和操作纪律，见别人买就买，见别人卖就卖，其结果往往是一跟进就搭上了"末班车"被套或一卖出证券价格就上涨，甚至有的投资者听信专家的评论，跟着股评走。须知，股市无专家，只有输家和赢家。钱是自己的，不是别人的，自己应对自己的投资负责，不应将决策权交给别人。

6. 喜欢低价股，惧怕高价股

很多投资者喜欢低价股，惧怕高价股，因为在投资者潜意识里：低价股的上升空间大，而高价股上涨很困难；而且在股票市场下跌的时候，低价股跌得会很少。事实上，价格和上涨下跌的空间没有直接关系。一只100元的股票跌到1元和一只1元的股票跌到0.01元没有本质的区别。须知，企业股票价格的高与低与它发行的股本数量有着直接的联系。

同样一个100亿元市值、5亿元净利润的公司，如果A公司总股本有1亿股，那么它的每股价格即是100元，每股盈利5元；如果B公司的总股本是100亿股，那么它的每股价格是1元钱，每股盈利5分钱，但是这两个公司的总市值和利润是一样的，从此角度说，股价没有高低之分。股价涨跌背后的根本在于企业业绩的变化。对于连续亏损，甚至资不抵债的公司，股价跌到1元也是贵的，而持续盈利，并能高速发展或者稳定增长的公司，股价1000元也不贵。

以上列举的仅仅是错误的投资理念的一部分,在实际操作中还有很多。错误的投资理念,往往导致错误的结果,甚至血本无归。因此,投资者必须首先树立正确的投资理念,再加上有效的市场分析方法和操作技巧,才能在股市中立于不败之地。

二、证券投资的原则

(一)收益与风险最佳组合

在证券投资中,收益与风险形影相随、相伴而生。要想获得收益,一定承受相应的风险。投资者在投资时,应慎重选择投资品种,衡量投资中的收益和风险的关系。每个人对待风险的态度和承受能力是不同的。因此,在投资时,需要根据自己对风险的态度和承受能力选择合适的投资对象或投资组合。

(二)分散投资

分散投资就是"不要把鸡蛋放在一个篮子里"。证券市场存在系统性风险和非系统性风险。系统性风险是很难规避的。非系统性风险可以通过投资组合来分散,即把资金投入多种证券或多个不同的领域,即使其中的一种或几种证券得不到收益,只要其他的证券收益好,也可以得到补偿。此外,要把鸡蛋放在最结实的篮子里,也就是在投资时,要把握好投资的方向,以安全为首位,控制好在高风险投资品种上的资金投入比例。

(三)理智投资

证券市场由于受到各方面因素的影响而处在不断变化之中,对证券价格短期的预测是非常困难的。这就要求投资者在投资时,冷静而慎重,善于控制自己的情绪,理性对待投资,不被情绪左右。例如,有些缺乏经验的投资者,看到自己要买的股票价格略有上涨,就急不可耐,唯恐买不到这只股票便匆忙高价委托买进,结果很可能是高位套牢。有时股市在一片叫好声中,往往已处于暴跌的前夜;而在股市最萧条的时候,正是黎明前的黑暗,股市复苏的曙光就在眼前。因此,投资者应该随时保持冷静和理智的头脑。

(四)独立思考,责任自负

在进行证券投资时不要依赖别人,必须坚持独立思考、自主判断的原则。这是因为投资的结果是要自己承担的,无论赔赚。投资无论成败,都是自己的责任,不具备这一认识的人,是不具备投资的资格的。

(五)剩余资金投资

投资的资金来源应该是短期不用的剩余资金。这是因为证券投资是一种风险较大的经济活动,意味着赚钱和亏本的机会同时存在,如果把全部资金都投入证券,一旦发生亏损,就会危及家庭收支计划,从而给正常的生活带来极大的困难,进而也会影响投资者的投资心态。更不能用加杠杆或者借来的资金投资,一旦加杠杆,就有本金全部损失的风险。投资者应该在估计全部资产和风险承受能力的基础上,决定是否进行投资和用多少资金进行证券投资。

（六）知行一致

知行一致是投资者对投资的认知、方法和投资目标、行动保持一致。思维和行动应保持一致。证券投资必须进行理性操作，而人们往往长期徘徊在本能、经验和习惯的层次而无法超越。科学的投资策略应该是在自己的认知范围和投资思维下，建立和形成一套投资系统并能够执行交易系统。不要因外部环境的变动影响到自己的操作行为，尤其不要轻易"调仓换股"、频繁变换投资标的，增加或减少某类证券产品的投资比例。

证券投资是一项非常复杂的活动。要想成为一个成功的投资者，除上述证券投资的基本特征及基本原则外，还应该选择适合自己风险容忍度的投资组合，掌握一些成功有效、随机应变的投资方法和策略。

第二节　证券投资策略

证券投资策略是基于对市场规律和人性的理解认识，利用这种认识，根据投资目标制定的指导投资的规则体系和行动计划方案。

一、证券投资策略的分类

按照投资理念基础，证券投资策略可分为消极型投资策略、积极型投资策略和混合型投资策略。

（一）消极型投资策略

消极型投资策略又称非时机抉择型投资策略，可分为简单型长期持有策略和科学组合型长期持有策略两种。

简单型长期持有策略以买入并长期持有战略为主，一旦确定投资组合，就不再发生积极的股票买入或卖出行为。

科学组合型长期持有策略是指通过构造复杂的股票投资组合来拟合基准指数的表现，并通过跟踪误差来衡量拟合程度的策略。

（二）积极型投资策略

积极型投资策略又称时机抉择型投资策略，可分为概念判断型投资策略、价格判断型投资策略和心理判断型投资策略三种。

概念判断型投资策略是指以基本分析为基础的投资策略，分为价值投资策略与成长投资策略。价值投资策略是指投资价格低于其内在价值的企业，以追求较为固定的投资回报为目标的策略，按照是否介入被投资企业的管理，又分为消极价值投资和积极价值投资两类。消极价值投资是指不介入企业的管理的策略；积极价值投资是指透过持有的股份影响企业的改造重组以提升企业价值的策略。成长投资策略以投资成长股为主要对象，以获取企业成长时的股价增长为主要目标。

价格判断型投资策略是以技术分析为基础的投资策略，按照操作与趋势的关系分为顺势策略和反转策略两种。

心理判断型投资策略以投资者的悲观与乐观程度作为时机抉择的主要依据。

（三）混合型投资策略

混合型投资策略是博采众长、采取多种策略的混合策略，包含以下种类。

（1）心理判断与概念判断复合型投资策略，是指以独立的投资概念为品种选择依据基础，以心理判断为进出时机抉择依据的投资策略。

（2）心理判断与价格判断复合型投资策略，是指将技术分析与心理分析相结合的时机抉择投资策略。

（3）概念判断与价格判断复合型投资策略，是指以独立的投资概念为品种选择依据基础，以技术分析为进出时机抉择依据的投资策略。

二、证券投资策略的要素特征

（一）证券投资策略的组成要素

证券投资策略的要素包含投资目标、投资策略适用条件、投资策略所依据的理念、投资策略历史验证有效程度、投资行动指导原则（资产组合原则、品种选择规则、介入规则、推出规则、休息规则等）、计划方案（含风险控制计划、意外情况应变计划）、策略缺陷、策略实施保障措施、纪律与方法。

（二）投资策略的理念

投资理念是策略的根基。投资理念决定了制定投资策略的方向，也直接影响投资的风格，价值投资的理念和价格投资的理念要求采取不同的投资策略。

（三）投资策略的有效性

从长期来看，一个有效的投资策略其整体收益应超出大盘的业绩。如果投资者获得和大盘一样的业绩就很满足，则可选择指数型基金作为投资对象。

（四）投资策略的可操作性

投资策略的可操作性是买卖决策完全根据此系统策略，完全不依赖主观判断。根据策略操作易于实现目标，策略要简单而明确。

（五）策略的个人适用性

策略需满足个人条件的制约：投资目标、耐心、情绪控制力、兴趣、刺激感、性格、精力、财力、能接受的风险水平。

（六）策略的调整及完善

在策略的应用中可以进行调整和完善，但不提倡随时调整，过度的调整会破坏执行纪律，随时调整的策略严格意义上不是策略。应该在一个操作周期完成（如一段大行情结束和一个新年度开始等）后系统地检测策略的功过是非，判断是否需要调整完善、调整完善有几个方案、各个调整方案会带来哪些影响（包括有利的方面和不利的方面）。

三、几种典型的证券投资策略

（一）价值投资策略

价值投资策略是按照自上而下的逻辑，筛选出具有投资价值的股票的策略。

1. 从宏观角度对经济趋势进行预测

价值投资关注的是上市公司未来的成长性，因此需要对 GDP、行业未来的市场状况以及公司的销售收入、收益、成本和费用等作出尽可能准确的预测，需关注宏观经济发展、宏观经济政策。

2. 筛选具有发展潜力的行业

通过宏观经济预测和行业经济分析，判断当前经济所处的阶段和未来几年内的发展趋势，这样，可以进一步判断未来几年内有较好发展前景的行业。

3. 估算股票的内在价值

在确定欲投资的行业之后，需要对所选行业内的个股进行内在价值分析。可用于判断股票价值的标准有以下几个。

1）低市盈率标准

市盈率是将股票的价格除以其每股收益所得的值。市盈率越高，投资者对相等的盈利所支付的价格也越高，那么对相应公司未来盈利增长的期望越。偏好低市盈率的投资者相信，过高的期望是不现实的，最终将会随着股价的暴跌而被粉碎；而低市盈率股票往往价格被低估，一旦盈利水平上升，必然有良好回报。

2）低市净率标准

市净率是将股票的价格除以每股账面价值所得的值。账面价值也即股票的净资产值。本质上看，买入低市净比的股票也就是以接近公司净资产值的价格获得公司的资产，其获得良好回报的可能性较高。

3）低价现比标准

价现比（P/C）是股票的价格同当期每股现金流的比值。该标准类似于低市盈率标准，只是一些审慎的投资者认为，现金流数字通常比盈利数字更加难以操纵，所以该标准可能更为可靠。

4）低市销率标准

市销率（P/S）是股票价格与每股销售额的比值。该标准认为，每股销售收入反映了公司产品的市场接受状况，具备良好的销售收入并且价格较低的股票，未来获得高回报的可能性较大。

5）高股息率标准

高股息率是股息占股票总收益的比例。通常在国外成熟市场，股息率的比例能达到50%以上。直接投资该类股票不仅既得收益可观，并且通常股息被人为操纵的可能性较小，所以该标准属于典型的审慎的价值投资。

4. 筛选具有投资价值的股票

按照从宏观到行业到微观的策略，结合股票的估值分析，选择股票的价格被低估的公司，也就是当股票的内在价值超过其市场价格时，便会出现价值低估的现象，其市场价格在未来必然会修正其内在价值。由于证券市场存在信息不对称现象，内在价值和市场价格的偏离又是常见的现象，因此，通过上面的分析，投资者可以找出那些内在价值大于市场价格的股票，这类股票也就是价值投资策略所要寻求的个股。

价值投资策略分析股票价值时主要侧重其内在价值，其主要分析数据具体包括公司权益、负债、收益等财务指标，主要来源于过去和现在；在实际购买时机方面，由于选择公司经营处于相对低迷的时期，所以买入价格往往接近公司市场价格的最低水平。

（二）成长投资策略

成长投资策略与价值投资策略类似，也是按照宏观、行业、估值的逻辑去选择投资对象，并且在投资中往往很难明确区分价值股和成长股，因为选择价值投资策略的同时就必须考虑到公司的成长性，否则原有价值也就不再具有价值；选择成长投资策略的同时要权衡其价格的合理性，否则也可能招致失败。

成长投资策略在分析股票时更加侧重分析公司的前景，诸如公司所处的行业前景、竞争优势、管理水平以及产品的开发能力、市场占有率等；在购买时机方面，由于公司当前已经展示出一定的收益上升迹象，所以在买入价格方面往往处于中低或中高水平。

（三）价格判断型投资策略

价格判断型投资策略是以技术分析为基础的，由于技术分析常常会失效，因此价格判断型投资策略要做好资金管理、止损、止盈。

1. 趋势交易策略

趋势交易策略，也被称为趋势跟随策略，是在现有趋势下，进行趋势跟踪和交易，从而获得收益的策略。

趋势交易策略最重要的是判断趋势，以下是几种常用的判断趋势的方法。

1）根据趋势线判断趋势

通过连接多个较低低点和较低高点或多个较高高点和较高低点来判断是看跌的趋势或看涨的趋势，具体见图9-1。

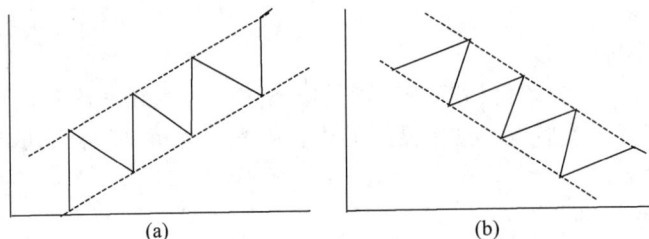

图 9-1　看涨趋势和看跌趋势
(a) 看涨趋势；(b) 看跌趋势

实际的价格走势中，趋势线的绘制是很令人头疼的，这是因为，市场的噪声很多，对趋势的判断并不容易，趋势线也并不是固定的，它会随着市场的变化而变化，趋势线应根据市场行情的展开进行调整。

趋势线的绘制可以分为三个阶段。

第一阶段：直接连接波动高点。这一般是一开始画趋势线的方法，具体见图9-2。

第二阶段：价格突破原来的阻力位，但是并未在下方收盘，正是适合做空的机会，再调整趋势线来顺应新的变化，具体见图9-3。

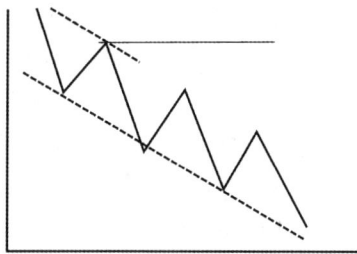

图 9-2　趋势线的绘制（1）

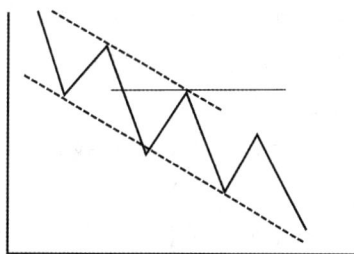

图 9-3　趋势线的绘制（2）

第三阶段：只要价格仍在调整后趋势线的下方收盘，就重复上面的流程，直到价格最终在调整后趋势线上方收盘，意味着当前趋势可能快要接近终点，具体见图 9-4。

2）利用通道来判断趋势

完美的通道其实很少出现在市场行情中。不过通道的形态特点在不同的市场中都能保持下来，具体见图 9-5。

在通道形成时，在下降通道中做空或者持币，在上升通道中做多。

也可以利用布林带判断趋势。在图 9-6 中，可在 1 点和 2 点买入。

3）利用移动平均线判断趋势

移动平均线（MA）是判断趋势的一种重要方法，投资者可以通过移动平均线了解市场状态。

200 日均线被看作最重要的移动均线。大于 200 日的均线逐渐趋于水平，失去价值。交易周期越长，它作为支撑/阻力位的作用越强。

在利用均线判断趋势时，可结合 50 日均线和 200 日均线的趋势来进行判断，两者结合可以告诉你市场的趋势变化。50 日均线和 200 日均线均向上是多头的市场，趋势向上；相反，均线向下，是空头市场，趋势向下。在此基础上，如果结合更多的均线，对趋势的判断更有意义。多条均线都呈现多头或者空头排列时，对趋势的走向判断更明确。例如，可使用三条移动平均线，10 日、20 日、50 日移动平均线，当 50 日、20 日、10 日移动平均线都向上时，判断为多头市场；反之，则为空头市场。

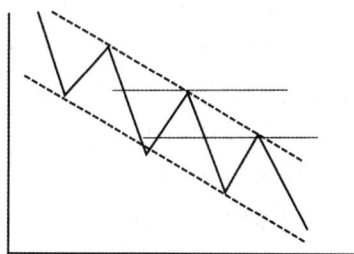

图 9-4　趋势线的绘制（3）

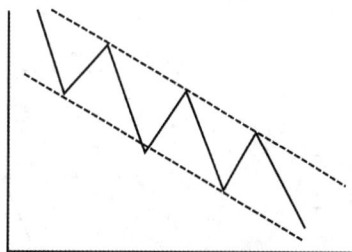

图 9-5　下降通道

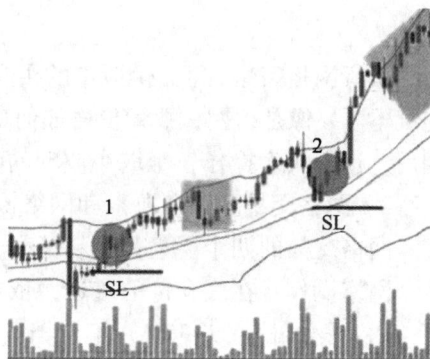

图 9-6　BOLL 线通道

4）利用 MACD 判断趋势

MACD 也是判断趋势的一个重要指标。它结合了趋势跟随和震荡指标，基于零线来判断市场趋势：零线以上为多头市场，零线以下为空头市场。但使用 MACD 进行判断时，指标差离值的正负带有误导性，因此，在使用 MACD 进行趋势判断时，应同时结合其他指标。

当证券价格在 200 日均线之上时，寻找看涨的机会，MACD 线从下方穿过上方，可做多。当 MACD 线跌破信号线时，可以离开市场，表示趋势即将逆转。止损位可设置在最近的支撑位。相反，当价格低于 200 日均线时，均线死叉，应该看空。

2. 网格交易策略

网格交易策略又被称为欲望策略，是在熊市震荡期，将投资资金分成 n 份，分批分次不断低买高卖的策略。这是在熊市震荡期获利的一种方法。

因为市场行情总是难以预测的，很多投资者会因为追涨杀跌而产生巨大的损失。网格交易有效地避免了追涨杀跌，真正做到低买高卖。

1）网格策略的定义

网格策略是指在股市波动的时候，将用于投资的资金，分成相等的若干部分，在交易之前就设定好每份的买入卖出价格，执行严格获取收益的策略投资法。网格交易图见图 9-7。

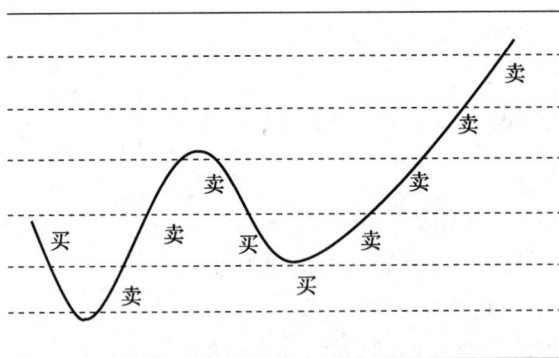

图 9-7　网格交易图

执行网格策略，每一份股市的买入价格，都是上一份资金的卖出价格。一环接一环，连续不断，像是织网，不管价格如何变动，赚取网格之间的利润。当价格达到我们的预期后，进行买卖操作，赚取小波动的收益。

2）网格交易的四个要素和网络操作

网格交易的四个要素是交易区间、网格格数、网格步长、持仓量。

网格操作：在底仓价的左近，依据网格的大小，如每跌 3% 按仓位买入（第一档：买 40%，第二档：买 30%，第三档：买 20%，第四档：买 10%）。

第三节　证券投资操作方法与技巧

证券投资是一个复杂的过程，证券的价格受到各方面因素的影响，既有宏观因素、行业因素的影响，也有微观因素、投资者心理因素的影响；既有长期因素的影响，也有短期因素的影响。投资中，没有绝对的把握能保证投资行为一定获得成功。良好的投资方法和技巧可以弥补投资的不确定性，帮助投资者减少不必要的错误和决策，从而帮助投资者提高投资获得成功的概率。

在制定证券投资操作策略时，应综合考虑资金分配、时间安排、投资对象的选择、进入时机的选择以及投资方式的选择等几个方面，资金分配、投资对象的选择、进入时机的选择以及投资方式的选择这几个环节都要采取科学的投资方法与之配合。

一、资金管理方法

（一）分散投资法

分散投资法是指为降低投资风险而将资金分别用于购买不同企业、不同种类和不同性质的有价证券的投资方式，可以考虑在投资对象、投资市场和投资时间三个方面进行分散。下面是两种常用的资金分散法。

1. 因素分散法

因素分散法是指投资者将其投资资金分散在不同时间、不同地点、不同行业等不同因素上以实现收益与风险的投资组合的方法。其具体是指：分散到不同的证券种类，如根据风险偏好，将资金分散于债券、基金、股票等不同风险的证券；投资地区的分散；投资行业的分散：将资金分散到不同的行业以降低行业的系统性风险。

2. 期限分散法

期限分散法是指按照证券期限长短来进行分散的方法。一般来说，期限长的证券投资风险较大，短期投资的风险相对较小，中期投资则介于两者之间。由于经济状况的好坏和股市行情的变化总是随着时间的推移而呈现出周期性波动，某一段时间好些，某一段时间又差些，因此在投资期限上采取分散投资法，可以减少经济不景气引起的股市大波动给投资者带来的损失。在具体操作中，应形成长期投资、中期投资、短期投资相结合的投资组合，以规避风险。

（二）金字塔资金配置

在买进股票时，首先介入少量的资金，进行试探性的买入，若股价继续下跌，就逐步加大资金，形成一个金字塔形状，称为金字塔资金配置。而卖出也是一样，在上涨中先卖出少量，股价若继续就逐步加大卖出数量，同样形成一个金字塔形状。

（三）矩形资金配置

将资金分为几份相等的份额，每次增加一定比例的仓位，持仓成本逐步抬高，对风险进行平均分摊，平均化管理，称为矩形资金配置。在持仓可以控制、后市方向和预期一致的情况下，会获得丰厚的收益。

二、投资对象的选择

（一）符合自身期望投资目标和风险偏好

投资者应根据自己的风险偏好确定投资品种。按照风险大小进行排序，依次是债券、基金、股票和衍生品。投资者在投资工具的选择中，可在这几种风险不同的品种中进行配置。低风险偏好者选择债券或在资金配置上债券占的比重更高。高风险偏好者，可将更高的仓位配置在股票或衍生品中。

（二）发行主体的业绩优良且成长可期

优良的经营业绩既可以通过高额利润分配使投资者享受到高报酬，也为推动市场价格上扬、使投资者获得可观的差价利润提供了内在基础。选择这类证券就等于选择了高收益低风险。

（三）流动性较强

流动性较强的证券是指那些交易活跃、流通渠道顺畅，因而变现方便的证券。较强的流动性便于及时了结、控制风险、减少损失；也便于及时调换证券投资品种，修正自己的操作。而且流动性较强的证券，虽然短期波动幅度较大，不一定上涨，但是这类证券多为大机构关注的对象，长期来看，大多会表现出逐级上行态势。

（四）有主力资金大举介入

基本面相似的同类证券，市场价格表现却存在很大差异，一个很重要的原因是有无大规模的、集中的投资资金介入。如果大规模资金长期持有该证券，当该证券市场表现不佳时，由于证券市场价格直接左右主力资金投资的盈利水平，主力资金会努力维持其价格，证券价格通常表现出较强的抗跌性从而降低了投资风险；埋伏已久的主力资金借助某些题材在一定时期开始大规模炒作证券，这类证券一旦进入主力拉升阶段，就会有惊人的涨升幅度。投资者适时跟进将获得非常可观的收益。即使短期内没有出现大幅拉升，主力资金一般也不会没有获得收益就轻易撤资，所以，从长期趋势来看，其价格也会逐步攀升，耐心持有将收获不菲。投资这类证券，短线和中线操作皆宜。要注意的是：一旦主力资金结束炒作撤出资金，这类证券的价格会大幅下跌。所以，投资者要把握好资金操作节奏，一定要先于主力机构撤出资金。

（五）价格波动有较强规律性

不同证券的价格差异很大。有的证券因为行业景气循环特点、主力操作方式等方面的原因，价格运行相对较有规律性，涨跌周期较为明确，涨跌的大致幅度和高低点位具有循环特征。这类证券自然比较容易判断高低点，选择这类证券较为稳妥、风险较小。选择这类证券操作策略与进退时机较易确定，既适合长线操作，也适合反复进行波段操作。

（六）价格被明显低估

价格被明显低估的证券，其市场价格相对其内在价值严重偏低。出现这种情况的原因多种多样：可能是证券市场整体处于不景气状态，人气涣散，而导致内在价值优良的证券暂时无人问津；也可能是主力机构有意打压价格，以便为将来炒作吸取廉价筹码等。但是，从长期来看，任何有投资价值的证券最终都将在证券市场上体现出其内在价值，调整的时间越长，将来的上升潜在空间越大，对于这样的证券，投资者应该积极吸纳。

三、进入时机的选择方法

（一）从经济周期看入市时机

当经济进入低谷前 3 个月至半年可以买入，当经济接近高峰前 3 个月至半年可以卖出。这是因为，证券的价格受到经济周期的影响，但与经济周期又不同步，证券价格波动的周期领先于经济周期 3～6 个月的时间。当经济过热时，政府很有可能出台抑制经济过度膨胀的各种政策，使经济逐步回落；当经济持续衰退时，政府又会想尽办法使经济逐步复苏。经济的发展方向直接影响上市公司的盈利预期，最终影响证券市场价格。

（二）扩容看证券市场入市时机

当处于扩容真空期时可以买进，当处于扩容高峰期时应当卖出。市场扩容必然会分流证券市场的投资资金，资金是推动价格不断上涨的原动力，资金不足，必然无法长期支撑股价上涨，就将带来一定的投资风险。

（三）从财政政策和货币政策看入市时机

当财政政策和货币政策从紧缩性政策变为扩张性政策、利率有下调迹象之前，应当买入证券；反之，应当卖出证券。宏观经济政策指导经济运行方向，宏观经济政策的改变会产生经济的拐点，同时伴随证券市场拐点的出现。

（四）从社会心理看入市时机

当股价持续上涨使此时的外部情绪高涨、达到最乐观，而投资者内心却动荡不安、矛盾重重时，股价往往要下跌，应当卖出股票；反之，当市场情绪比较悲观、行情比较低迷，投资者对持续的下跌感到恐惧、持币投资者感到很紧张时，应当买进股票。可以通过成分指数与综合指数之间价格不协调的异常波动进行预测。

（五）从公司利润看入市时机

当公司利润将持续增长时，应买入该公司股票。当公司利润增长率下降时，应卖出该公司股票。

（六）从技术分析看入市时机

当股指不断下跌、跌幅已深、成交清淡、市场一片悲观，下跌趋势减缓有做底迹象时买入。当证券市场极度沸腾、股指连创新高、有做头迹象时卖出。在技术上，为了稳健，可以将 K 线、均线与成交量作为参照，当有多个指标出现背离、对行情迷惑不解时，停止操作，进行观望。

（七）从周边的经济和国际金融环境看入市时机

随着全球经济一体化的不断深化，国内的经济状况会受到国际经济环境的影响，不同国家的金融活动互相影响，国内证券价格也会受到周边金融环境的影响。例如，美国股市的走势、大宗商品的价格、美元指数的变化都会对我国的证券市场产生影响，因此，研究周边的经济和国际金融环境也是投资者入市之前的必修课程。

四、投资方法的选择

（一）计划投资法

计划投资法又称公式投资法，是指证券投资者按照某种公式来制订投资计划的方法，它根据证券价格波动幅度来作出证券买卖的决定。

1. 哈奇计划法

哈奇计划法又称 10%转化法，属于趋势投资计划，适用于短期股价趋势。

哈奇计划法的操作：

在中长期上升趋势中，审慎地选择和买入一组股票。每周末及月末计算持股的平均市值，若本月的平均数比最近一次的最高市值价下降了10%，则卖出全部股票。密切关注并计算已卖出股票平均市值的变化，当所抛出的股票平均市值完成了阶段性下跌过程，并由最低点反转回升 10%时，再行买进。该方法是以市场变动趋势的 10%作为投资变动的依据的。

其操作的核心含义包含两点。

（1）涨则跟进，以赚差价，在上涨行情中，任何一点买入都是正确的，除了最高点；跌则撤出，以减免损失，在下跌行情中，任何一点卖出都是正确的，除了最低点。

（2）追涨杀跌只适用于变化幅度较大的趋势，而不适用于日常的震荡，因此，以10%的变动幅度来滤除日常震荡引导投资地位的改变。10%只是一个经验数值，它应当由市场实际及投资人选择的趋势的长短来调整。

美国人哈奇在 1882 年到 1935 年间，使用哈奇计划法，共 44 次改变投资地位，所保持股票的期限，短者 3 个月，长者达 6 年，投资资金由 1 万美元增加到 1 440 万美元。然而 1993 年 2 月 22 日在深圳股市价值 1 万元的股票，按照哈奇计划法操作，到 5 月将五次变换角色，共损失 83 点指数（按收盘指数计算），折算成股票价值，1 万元只剩下 7 600 元；如果从起点一路持有，直到第五次变换角色的同一时点才卖出，1 万元尚可保存 8 495 元。因此在使用哈奇计划法时，要注意的是，机械的操作策略必须在关于市场性质的基本分析和认识的基础上，并由大趋势决定策略的方案与取舍。

哈奇计划法的优点是判断简单，且注意了股价的长期运动趋势，可供投资者进行长线投资选用。在采用这种方法时，投资者还可根据股票种类的不同，改变转换的幅度，使这种具有机械性的投资方法增加其灵活性。

案例分析：

李木选择股票 A，确定实施买卖的等级标准为 2 元，而每次买卖数量为 100 股。李木在每股 24 元时买入 500 股后，操作如表 9-1 所示。

表 9-1　股票操作明细

时间	价格	操作	时间	价格	操作
1	22 元	买 100	5	22 元	买 100
2	24 元	卖 100	6	24 元	卖 100
3	26 元	卖 100	7	26 元	卖 100
4	24 元	买 100	8	28 元	卖 100

李木的盈亏情况如下：

$$平均买入成本 = \frac{500 \times 24 + 100 \times 22 + 100 \times 24 + 100 \times 22}{500 + 100 + 100 + 100} = 23.5$$

$$平均卖出价格 = \frac{100 \times 24 + 100 \times 26 + 100 \times 24 + 100 \times 26 + 100 \times 28}{100 + 100 + 100 + 100 + 100} = 25.6$$

由于投资者总是在价格上升时卖出、在价格下跌时买入，因此，经过若干次操作后，平均买入成本会相对较低，而平均卖出价格则相对较高。

该方法简单易操作，有利于控制风险，适合新手，但不适用于持续的上升或下跌状态。

2. 逐期定额投资计划法

逐期定额投资计划法也称金额平均法、平均资金投资计划法。其操作方法是：选定某种具有长期投资价值且价格波动较大的股票，在一定的投资期间，坚持定期以相同的资金购入该种股票。

案例分析：

李丁每月投入 2 000 元购买股票 B，8 个月中持股变化如表 9-2 所示。

表 9-2　持仓变化情况

购买时间	市价/元	购入股数	累计持股	投资总额/元	所购股票总市值/元
1	20	100	100	2 000	2 000
2	25	80	180	4 000	4 500
3	30	60	240	5 800	7 200
4	25	80	320	7 800	8 000
5	30	60	380	9 600	11 400
6	35	50	430	11 350	15 050
7	40	50	480	13 350	19 200
8	40	50	530	15 350	21 200

根据该表，李丁的平均持股成本为

投资总额/累计持股 = 15 350/530 = 28.96（元）

相当于每股盈利 11.04 元。

该操作方法的特点是：

当价格上升时，可买股数减少，而当价格下跌时，可买股数增加，结果在总股数中低价购入股票所占比例较大，而高价购入股票所占比例较小，所以，平均持股成本较低。

该方法适用于：有定期、定额资金来源的投资者。

该方法的优点是：简便易行；既可避免在高价时买进过多股票的风险，又可在股票跌价时购进更多的股票；少量资金便可进行连续投入，并可享受股票长期增值的利益。

但要注意的是，在投资对象的选择上，要选择经营稳健、利润逐步上升的公司股票；投资期限要较长；要选择价格波动幅度较大且呈上升趋势的股票。

3. 等额投资成本法

·等额投资成本法是指投资者在一定的时间内，不论股价如何变动，都定期以相同金额购入某种股票的方法。当股价较高时，买进股数就减少；而当股价较低时，买进股数就增多，这样就使投资者在整体水平上购买股票的平均成本低于股票的平均市场价格，从而使投资者用固定的资金买到较多的股票。

4. 固定金额投资计划法

固定金额投资计划法是指投资者在投资资金中计划一个股票投资金额的固数，其余资金用于购买债券或保留现金，不论股价上升或下跌，都要保证股票总额保持在这一固定金额的水平上的方法。

5. 固定比率投资计划法

固定比率投资计划法是由固定金额投资计划法改进而来的。其具体操作是将投资资金分成两部分：一部分是保护性的，主要由价格波动不大、收益比较稳定的债券构成；另一部分是风险性的，主要由价格波动频繁、收益相差较大的普通股票构成，两者维持固定的比率。

（二）灵活投资法

1. 渔翁撒网法

股票投资者在对股票行情波动短期的涨跌把握不定时，可以购买一揽子股票，通过将股票分散到不同的行业中来分散风险，即同时买进多种股票，哪种股票价格上涨能够获利，就出售哪种股票。它的目的是期望当有的股票投资遇上风险、遭受损失时，会被别的股票得到的收益所抵消，以收到相互补偿的效应，使投资者比较稳定地得到一定的收益。

采用这一方法应注意以下问题：第一，此法是一种在难以准确选择股票的情况下所采取的消极或被动的方法。第二，此法与其他投资方法结合使用，才能更为有效。第三，必须注意经济前景。第四，采用此法，需有耐心，不轻易为各种消息所左右。第五，仍需有选择地购买一揽子股票，其中，表现较好的绩优股、成长股应占较大的比例，以保持合理的种类结构；此外，要选购不相关或负相关的股票，否则便起不到一揽子股票的作用。

2. 股债平衡法

将资金分成两部分，一部分买股票或者股票型基金，一部分买债券。其中，股票代表收益率，债券代表防守性。如果承受风险能力高、喜欢进攻，可以多买股票、少买债券，如股债 8∶2；如果偏好防守，可以少买股票、多买债券，如股债 4∶6。

根据估值调整股债比，当股市整体估值水平高时，降低股票仓位，提高债券仓位；当估值水平低时，提高股票仓位，降低债券仓位。

五、证券投资基本操作技巧

投资证券市场至少要做好两手准备：一是不要轻易改变你认为对的操作方式，二是要关注这种方式是否符合市场主流运行趋势。

以下几种证券投资技巧仅供参考。

（一）看准和把握市场主要趋势

证券市场的走势可分为主要走势和次要走势，关键在于看准和把握主要趋势。市场的主要趋势分为上升和下降两种大趋势，平台震荡和震荡回调可看作中继形态。操作时，把握市场趋势的转折点，形成上升趋势并得到确实时，可积极做多。当上升趋势被跌破时，做空。趋势的判断，可通过趋势理论、均线理论、形态理论，再配以技术指标进行分析，明确判断市场的真正拐点，敢于坚持，不要轻易改变。

（二）关注龙头股和主流板块

行业龙头在市场上占有重要地位，行业龙头对市场信心和大盘指数的影响很大。投资者还要根据市场反应，关注与主流龙头股关系密切的板块及其资金动向，适时参与操作。

（三）合理配置资金与证券比例

在股票市场上，资金的管理比投资对象的选择更重要，通过对资金和仓位的合理配置，可以有效降低决策失误造成的损失。通过资金的管理来平滑股票的涨跌。

（四）学会和敢于止盈、止损

止盈、止损可以避免与市场逆行所造成的重大损失，虽然每一次止损和止盈的决定并不都是无懈可击的正确，但是其中更大的意义是它代表着原则和纪律。很难想象一个对原则肆意践踏、没有纪律约束的人，能够成为一名真正成功和理性的投资者。

（五）学会空仓，保住胜利果实

除了设立止盈位和止损位之外，对大势的准确把握和适时空仓观望也很重要。在感觉股票很难操作、热点难以把握、大多数股票大幅下跌、涨幅榜上的股票涨幅很小而跌幅榜上股票跌幅很大时，就需要考虑空仓了。

（六）要有耐心

股票市场一定是周期性起伏的，任何人都不可能准确预测高点和低点。要跟着自己的入场标准，等待入场或加仓的时机。

（七）顺势而为

投资股票前，首先看大势，其次选股票。如果国家的总体经济形势好，而股市处于相对低点，可以考虑增加投入或提高股票投资比例；如果股市处于相对高点或屡创新高，需要考虑降低风险、分散投资，如卖出股票，增持债券、基金。任何时候都不要与市场作对。如果市场的趋势是在下跌，千万不要相信自己有能力抄到底部，即使抄到也只是运气好，记住一定要顺势而为。

（八）避免频繁交易

频繁交易不仅会因为交易费用吞噬大部分的利润，而且容易追涨杀跌、错失大的趋势。投资是一个长期的事情，是依赖国家经济的发展和企业的发展而带来的持续回报。多个国家的证券市场表明，买入并持有的策略要远优于积极交易的方法。

六、经典的投资策略

（一）海龟交易法

海龟交易法是一个著名的公开交易系统，因在 1983 年由商品投机家理查德·丹尼斯在一个交易员培训班上推广而闻名于世，它涵盖了交易系统的各个方面，具备一个完整的交易系统的所有成分。

海龟交易实验成为交易史上最著名的实验，4年中，海龟们取得了年均复利80%的收益。丹尼斯证明，用一套简单的系统和法则，可以使仅有很少交易经验或根本没有交易经验的人成为优秀的交易员。

1. 海龟交易法的核心

1）掌握优势

找到一个期望值为正的交易策略，因为从长期看，它能创造正的回报。

2）管理风险

控制风险，守住阵地，否则你可能等不到创造成果的一天。

3）坚定不移

唯有坚定不移地执行你的策略，才能真正获得系统的成效。

4）简单明了

从长久看，简单的系统比复杂的系统更有生命力。

2. 海龟交易法的内容

一个完整的交易系统包含：

（1）市场——买卖什么。

（2）头寸规模——买卖多少。

（3）入市——何时买卖。何时买卖的决策通常称为入市决策。自动运行的系统产生入市信号，这些信号说明了进入市场买卖的明确价位和市场条件。

（4）止损——何时退出亏损的头寸。长期来看，不会止住亏损的交易员不会取得成功。关于止损，最重要的是在建立头寸之前预先设定退出的点位。

（5）离市——何时退出赢利的头寸。许多当作完整的交易系统出售的"交易系统"并没有明确说明赢利头寸的离市。但是，何时退出赢利头寸的问题对于系统的收益性是至关重要的。任何不说明赢利头寸的离市的交易系统都不是一个完整的交易系统。

（6）策略——如何买卖。一旦信号产生，关于执行的机械化方面的策略考虑就变得重要起来。这对于规模较大的账户尤其是个实际问题，因为其头寸的进退可能会导致显著的反向价格波动或市场影响。

3. 海龟交易系统

1）头寸规模

海龟交易法采用基于波动性的头寸管理策略。

波动性（用N来表示）指的是：实际波动幅度的20日指数移动平均，也就是我们常用行情软件中的ATR（平均真实范围）指标。

价值量波动性NV：波动性代表的货币价值，通俗地讲这个波动性值多少钱。对于A股股票波动性是直接以货币计量的，最小交易单位是100股，所以$NV = N \times 100$。

账户规模C：能交易价值多少的商品。$C =$ 投入的资本×杠杆。

头寸单位U：在建立头寸时每次买多少。$U = （C \times 1\%）/NV$。

例如，假设账户规模为 10 万人民币，A 股市场的股票 001 在某一天出现买入信号，日线上这天的 ATR 指标为 0.55，应该买入多少呢？

$$U = （100\ 000 \times 0.01）/（0.55 \times 100）= 18 \text{ 手}$$

注意：N 值是每天变化的，海龟交易系统只采用每周一的 N 值计算。

最大规模限制：

（1）单一品种最大 4 个头寸单位，称为满仓。

（2）高度相关的品种在投资时，最大为 6 个头寸单位。

（3）低度相关的品种在投资时，最大为 10 个头寸单位。

（4）单一方向（做多或做空）时最大为 12 个单位。

2）建仓（第一次买入）

建仓规则 1：以 20 日突破（也就是创 20 日新高或新低）为基础的短线系统。

建仓规则 2：以 55 日突破为基础的长线系统（或以 60 日突破）。

注意：以即时价格有效，不用等到当天收盘。

加仓规则：价格在上次买入价格的基础上往盈利的方向变化 0.5N（系数在 0.5~1），即可再增加 1 个单位，直到满仓。

4. 止损

海龟交易系统有两种止损规则。

（1）统一止损：任何一笔交易都不能出现账户规模 2%以上的风险。价格波动 1N 表示 1%的账户规模，容许风险为 2%的最大止损就是价格反向波动 2N。分批买进但按统一价格止损，按 0.5N 的波动加仓之后，之前的头寸止损价也增加 0.5N。

（2）双重止损：止损设在价格反向波动 0.5N 处，即只承受 0.5%的账户风险。各单位头寸保持各自的止损价不变，某一单位触发止损后，如果市场价格恢复到原来的买入价，该单位就被重新建立。其缺点是会造成更多的亏损，优点是 4 个单位头寸的累加风险也不超过 2%。

5. 离市（除止损外之外的另一种卖出）

海龟交易系统有两种离市规则，一旦触发，头寸中的所有单位都要退出。

离市规则 1：最近 10 日反向突破（多头是创 10 日最低价，空头是创 10 日最高价）。

离市规则 2：最近 20 日反向突破（多头是创 20 日最低价，空头是创 20 日最高价）。

（二）巴菲特价值投资法

1. 巴菲特投资理念

1）只做自己能力圈之内的事

巴菲特认为："投资人真正需要具备的是对所选择的企业进行正确评估的能力，你并不需要成为一个通晓每一家或者许多家公司的专家。你只需要能够评估在你能力圈范围之内的几家公司就足够了。能力圈范围的大小并不重要，重要的是你要很清楚自己的能力圈范围。"

之所以强调只投资自己能力圈之内的股票，是因为在能力圈之外，风险和收益是极不对等的，在自己的能力圈之内进行投资，就会有充足的把握对抗风险。

2）坚守"安全边际"原则

巴菲特认为："安全边际意味着不要试图在一座限重 10 000 磅的桥上驾驶一辆 9 800 磅的卡车。取而代之应是再往前走一走，寻找一座限重 15 000 磅的桥去驶过。"

当巴菲特分析潜在的投资时，他希望他的入市价格会比他对公司目前的估值低得多。这两个数字的差距就是他的"安全边际"，即在他的业务分析或假设中出现错误时可以限制损失的大小。

3）坚守"护城河"

"护城河"是一个伟大企业的首要标准。资本主义的经济机制本身注定了，那些能够赚取很高投资回报的企业"城堡"必定会一再受到竞争对手的攻击，因此，企业要想取得持久的成功，至关重要的是要拥有令竞争对手望而生畏的竞争壁垒。

2. 巴菲特的选股方法

1）挑选价值股

企业的内在价值是股票价格的基础，如果一家企业具有良好的前景和较高的成长性，那么随着企业内在价值的提升，其股票价格最终能反映它的价值。巴菲特曾说："我们的投资将以实质价值而不是热门股作为投资的选择标准。"

巴菲特挑选价值股的几个重要指标：

（1）把重心放在股权收益率上，而不是每股盈余。每股盈余是企业盈利的重要指标，但如果企业靠保留上年度盈余的一部分来不断增加公司的资本，盈余的增长（自动增和的每股盈余）就显得毫无意义。衡量每年度绩效的一个比较真实的方法是：股权收益率——营运收益与股东权益之比，因为它已考虑公司逐渐增加的资本额。

（2）股东盈余。在决定一家企业的价值时，很重要的一点是，并非所有的盈余都是在平等的基础下所创造出来的。有高固定资产的公司相对于固定资产较低的公司，将需要更多的保留盈余，因为盈余的一部分必须被划拨出来，以维持和提升那些资产的价值，所以，会计盈余需要被调整以反映一些产生现金的能力。

企业产生现金的能力才决定它的价值，也就是企业产生现金流的能力。巴菲特找出那些产生超过营运所需现金的公司，而将不断消耗现金的公司排除在外。"股东盈余"是将折旧、耗损和分期摊销的费用加上净利，然后减去那些公司用以维持其经济状况和销售量的资本支出。

（3）高毛利率。高毛利率不只是反映一家企业的壮大，同时也反映经营者控制成本的能力。

（4）对于保留的每一元钱盈余，可以确定公司至少已经创造了一元钱的市场价值。这是一个便捷迅速的财务检测手段，它不只会告诉你企业的优势，同时也让你知道经营者如何理性地分配公司的资源。用公司的净收入减去所有支付给股东的股利，所剩余的就是公司的保留盈余。现在，再加上 10 年来这家公司的保留盈余。下一步，找出公司目前的市价和它 10 年前市价的差价。如果企业在这 10 年之间的保留盈余转投资毫无生产力，市场最后将会把这个企业定为低价。如果市场价值的改变小于保留盈余的总和，这家公司便走上衰退的道路了。但是如果企业已经能够赚得较平均水准更高的保留盈余报酬,企业市场价值的上涨利润应该会超过公司保留盈余的总和,因此每一元钱都创造出超过一元钱的市场价值。

2)选择最安全的股票

巴菲特选择股票的重要原则是:"投资的第一条准则是不要赔钱,第二条准则是永远不要忘记第一条。"因此巴菲特所选择的股票一般都有很大的安全边际。

安全边际的作用:主要是减少风险的同时增加投资回报。安全边际是对股票市场波动巨大的不确定性和不可预测性的一种预防与保险。有了较大的安全边际,即使市场价格在较长的时期内低于价值,我们仍可通过公司净利润和股东权益的增长,来保证我们投资资本的安全性以及取得满意的报酬率。如果公司股票市场价格进一步下跌,我们反而能够以更大的安全边际买入公司更多的股票。

巴菲特指出:"我们的股票投资策略持续有效的前提是,我们可以用具有吸引力的价格买到有吸引力的股票。对投资人来说,买入一家优秀公司的股票时支付过高的价格,将抵消这家绩优企业未来 10 年所创造的价值。"这就是说,忽视安全边际,即使买入优秀企业的股票,也会因买价过高而难以盈利。这一点,对于当今的中国股市,尤具警醒作用。

3)选择自己熟悉的股票

巴菲特从来都是选择自己熟悉的股票,对于不熟悉的股票从来不选。对于那些财务状况、经营状况、管理人员的基本情况等都不了解、不熟悉的公司,即便是被人说得天花乱坠,巴菲特也从不感兴趣,更不会去投资它们,买它们的股票。巴菲特常说:"投资必须坚持理性的原则,如果你不了解它,就不要行动。"

4)选股重视企业而不重视股价

重视企业内在本质而看轻股价是巴菲特选股的重要习惯之一。当巴菲特从事投资的时候,他观察一家公司的全貌,而大多数的投资人只是观察其股价而已。他们花费了太多的时间和精力来观察、预测和盼望股价改变,却很少花时间去了解他们手中持股公司的经营状况。

这种基本态度的不同,造成一般投资人与巴菲特根本上的差异。巴菲特拥有股权,并管理过各式各样的公司,这种凡事都要插手的经验,将巴菲特和其他专业投资人区别开来。巴菲特认为,投资人和企业家应该以同样的方法来观察一家公司,因为他们实际上想要的东西是相同的。企业家希望买下整个公司,而投资人希望购买公司的部分股票。

课程思政拓展阅读

A 股"逆风"彰显韧性,有望成为"关键先生"

2022 年 6 月 13 日至 6 月 19 日,国际金融市场度过了不平静的一周,主要股市剧烈波动,汇市债市联动,投资者信心受到打击。受美国通胀创 40 年来新高和美联储一次性加息 75 个基点的影响,美股三大指数均创下了 2021 年底开始调整以来的新低,下跌幅度达 5% 左右,为两年多来最大单周跌幅。欧洲股市受债务危机担忧影响普遍下跌。日本股市受日元汇率创 24 年新低的拖累而走低。国际金融市场近期动荡不安的走势,反映了地缘政治恶化和对经济周期性衰退的担忧。

与之形成鲜明反差的是，受一系列积极因素提振，A股各大股指延续了前期反弹走势，以成长股为主的创业板指数全周上涨了4%左右。面对全球金融市场的逆风，前期调整充分的A股表现出较强的抗压能力和韧性，令人刮目相看。

上海等长三角城市复工复产，防疫政策适时适度调整，稳经济大盘综合施策，减负、支撑消费和投资政策组合拳陆续出台并逐渐产生效果，投资者对中国经济复苏的预期在增强，对A股的信心在逐步恢复。公布的2022年5月经济数据整体好于市场预期，工业增加值增速转正，基建投资实现单月7.9%的高速增长，发电量等数据显示经济在改善，出口也超出预期。前期对市场信心冲击较大的金融数据在5月份改善显著，当月贷款同比多增3 920亿元，社会融资规模同比多增8 399亿元，广义货币同比增长11.1%。种种迹象显示，当前中国经济基本面恢复态势较好。乐观者相信，从三季度开始，中国经济有望进入更加良性的发展轨道。

与此同时，内地股票市场经过过去一年多的调整，不论是从纵向看还是从横向看，估值优势都很突出。A股市场一些主要指数估值水平均显著低于成熟市场，是名副其实的估值"洼地"。

中国与世界其他主要经济体经济周期的错位，A股低估值水平，吸引了境外投资者的关注。在国际投资者眼中，当前中国资产是一个很好的多元化投资渠道，A股具有避风港效应，增配中国资产可以降低组合的风险、提高总体投资回报。摩根大通、高盛、花旗等国际投行近来发声看多A股，认为虽然不确定性犹存，但中国经济增长的长期前景没有改变。与此同时，外资加大对A股上市公司的调研力度，调研次数明显增多。

从资金动向看，2022年5月20日至6月15日，北向资金累计净流入706亿元，仅2022年6月13日至6月19日通过沪股通和深股通就累计净买入174亿元。

2022年以来，中国经济遭遇了前所未有的复杂局面。应对如此复杂局面，需要股市、楼市、债市、汇市等大类资产市场稳住阵脚，这对国内经济稳定乃至社会稳定都具有重要意义。A股在全球金融市场动荡的大环境中，彰显韧性，实属不易。各方要共同努力，进一步固本培元，稳住经济大盘，夯实股市运行的基础，为市场中长期繁荣积蓄能量。

要按照党中央提出的"疫情要防住，经济要稳住、发展要安全"的总要求、高效统筹疫情防控和社会经济发展，不断优化疫情防控举措，坚决清理一些地方层层加码、严重妨碍人员流动和经济正常运行的土政策，稳定社会预期，进一步恢复市场信心。支持经济复苏的财政货币政策和产业政策要动态评估效果、不断优化，以达到最佳的效果。要落实中央支持民营经济发展的政策精神，激活民间经济活力，推动创业、就业和消费。资本市场制度建设也要继续完善，巩固注册制成果，鼓励上市公司在创造更大价值的同时，利用低估值时机积极回购股份，拿出更多实际行动证明自身价值。

我们相信，韧性不断增强的A股，活力也将迸发，有望成为稳定金融市场、稳住经济大盘的"关键先生"。

资料来源：A股"逆风"彰显韧性，有望成为"关键先生"[N]. 证券时报，2022-06-20。

即测即练

自
学
自
测

扫
描
此
码

思考题

1. 积极的股票投资策略有哪些？
2. 什么是证券的投资理念？
3. 证券投资的典型投资策略有哪些？

第十章

证券投资实务与实训

第一节 证券投资操盘基本知识

一、证券投资操作基本术语

多头：是指对股票后市看好，先行买进股票，等股价涨至某个价位，卖出股票赚取差价的投资者。

空头：是指认为股价已上涨到最高点，很快便会下跌，或当股票已开始下跌时，认为还会继续下跌，趁高价时卖出的投资者。

多头市场：也称牛市，就是股价呈长期上升趋势的市场。多头市场中，股票市场上买入者多于卖出者，股市行情看涨。

空头市场：也称熊市，就是股价呈长期下降趋势的市场。空头市场中，股票市场上卖出者多于买入者，股市行情看跌。

多头排列：就是短期线在最上面，以下依次为中期线、长期线。这说明我们过去买进的成本很低，做短线的、中线的、长线的都在获利，市场一片向上，这便是典型的牛市了。

空头排列：参数较小的短期均线在参数较大的长期均线的下方，并且均线向下发散，这种排列就是我们常说的空头排列。它意味着长期持有者已经亏损。这种亏损效应将会影响没有进入的投资者，从而形成看空的氛围。

多翻空：原本看好行情的多头，看法改变，卖出手中的股票，有时还借股票卖出，这种行为也称为翻空。

空翻多：原本做空头者，改变看法，把卖出的股票买回，有时还买进更多的股票。

买空：是指预计股价将上涨，因而买入股票，在实际交割前，再将买入的股票卖掉，实际交割时收取差价或补足差价的一种投机行为。

卖空：是指预计股价将下跌，因而卖出股票，在实际交割前，将卖出股票如数补进，交割时，只结清差价的投机行为。

利空：是指促使股价下跌、对空头有利的因素和消息。

利多：是指刺激股价上涨、对多头有利的因素和消息。

$T+1$：在交易日买入的股票、卖出股票所得现金要到第二天，即 $T+1$ 日（T：交易日）之后才能完成结算，股票和现金才能划到投资者账上，即交割完毕，也即投资者当天买入的股票不能在当天卖出，第二天才可卖出股票。我国上海证券交易所和深圳证券交易所对股票和基金交易实行 $T+1$ 的交易方式。

$T+0$：当天买入股票可当天卖出，当天卖出股票又可当天买入。

涨（跌）停板：交易所规定的股价一天中涨跌最大幅度为前一日收盘价的百分数，涨跌幅度不能超过此限，否则自动停止交易。

集合竞价：是将数笔委托报价或一段时间内的全部委托报价集中在一起，根据不高于申买价和不低于申卖价的原则产生一个成交价格，且在这个价格下成交的股票数量最大，并将这个价格作为全部成交委托的交易价格。在这段时间输入计算机主机的所有价格都是平等的，不需要按照时间优先和价格优先的原则交易，而是按最大成交量的原则来定出股票的价位，这个价位就被称为集合竞价的价位，这个过程被称为集合竞价。

委比：是衡量某一时段买卖盘相对强度的指标。它的计算公式为

委比 = （委买手数 – 委卖手数）/ （委买手数 + 委卖手数）×100%

量比：是一个衡量相对成交量的指标，它是开市后每分钟的平均成交量与过去 5 个交易日每分钟平均成交量之比。其公式为

量比 = 现成交总手数/（过去 5 日平均每分钟成交量×当日累计开市时间）

外盘和内盘：委托以卖方价格成交的纳入外盘；委托以买方价格成交的纳入内盘。外盘和内盘相加成为成交量。外盘很大，意味着多数卖的价位都有人来接，显示买势强劲；如内盘过大，则意味着大多数的买入价都有人愿意卖，显示卖方力量较大。

除权：是指由于公司股本增加，每股股票所代表的企业实际价值（每股净资产）有所减少，需要在发生该事实之后从股票市场价格中剔除这部分因素，而形成的剔除行为。

派息：股票前一日收盘价减去上市公司发放的股息。

股票登记日：是在上市公司分派股利或进行配股时规定一个日期，在此日期收盘前的股票为"含权股票"或"含息股票"，在该日收盘后持有该股票的投资者享受分红配股的权利，通常该日称为登记日或 R 日。

除权日（除息日）：股权登记日后的第一天就是除权日或除息日，这一天或以后购入该公司股票的股东，不享有该公司此次分红配股的权利。如果除权日转增或者配送股以后市场可流通总股数增加，那么原来的市场价格必须进行除权。

配股：是指上市公司根据公司发展的需要，依据有关规定和相应程序，旨在向原股东进一步发行新股、筹集资金的行为。按照惯例，公司配股时新股的认购权按照原有股权比例以特价（低于市价）在原股东之间分配，即原股东拥有优先认购权。

送股：是上市公司的股东分配公司利润的一种形式，是指股份公司对原有股东采取无偿派发股票的行为。

摊薄：由于增发新股等使得分摊到每一股的利润相应减少。

除权报价的计算：

配股除权报价 = （除权前日收盘价 + 配股价格×配股率）/ （1 + 配股率）

送配股除权报价 = （除权前日收盘价 + 配股价格×配股率）/ （1 + 送股率 + 配股率）

含权：是指上市公司送赠红股或配股，但尚未实施，这种含有送赠红股或配股权利的股票。

填权：除权后股价上升，将除权差价补回。

停牌：股票由于某种消息或进行某种活动引起股价的连续上涨或下跌，由证券交易所暂停其在股票市场上进行交易。待情况澄清或企业恢复正常后，再复牌在交易所挂牌交易。

摘牌：证券上市期届满或依法不再具备上市条件的，证券交易所要终止其上市交易，也就是证券交易所停止该股票的交易，以后就不能再在证券公司买卖该股票了。

换手率：也称周转率，是指在一定时间内市场中股票转手买卖的频率，是反映股票流通性强弱的指标之一。其计算公式为

周转率（换手率）=某一段时期内的成交量／发行总股数×100%

市盈率：是某种股票每股市价与每股盈利的比率。市盈率是估计普通股价值的最基本、最重要的指标之一。其计算公式为

市盈率=普通股每股市场价格/普通股每年每股盈利

背离：又称背驰，是指当股票或指数在下跌或上涨过程中，不断创新低（高），而一些技术指标不跟随创新低（高）的现象（在背离过程中，升势或跌势会放缓，股价的走势将会逆转）。

整理：股价经过一段急剧上涨或下跌后，开始小幅度波动，进入稳定变动阶段的现象。整理是下一次大变动的准备阶段。

跳空：是指受强烈利多或利空消息刺激，股价开始大幅度跳动的现象。跳空通常在股价大变动的开始或结束前出现。

回档：是指股价上升过程中，因上涨过速而暂时回跌的现象。

反弹：是指在下跌的行情中，股价有时由于下跌速度太快，受到买方支撑暂时回升的现象。反弹幅度较下跌幅度小，反弹后恢复下跌趋势。

抢短线：预期股价上涨，先低价买进后再在短期内以高价卖出；预期股价下跌，先高价卖出再伺机在短期内以低价回购。

仓位：是指投资人实有投资资金的比例。

补仓：所持有的证券价格出现下跌以后，看到股价有可能回升而又买入该股票。

割肉：高价买进股票后，大势下跌，为避免继续损失，低价赔本卖出股票。

止损：是割肉的一种，是指提前设立好止损价位，防止更大的损失，是短线投资者应灵活运用的方法，新股民使用可防止深度套牢。

抬拉：用非常方法，将股价大幅度抬起。通常大户在抬拉之后便大量抛出以牟取暴利。

打压：用非常方法，将股价大幅度压低。通常大户在打压之后便大量买进以牟取暴利。

骗线：大户利用股民们迷信技术分析数据、图表的心理，故意抬拉、打压股指，致使技术图表形成一定线型，引诱股民大量买进或卖出，从而达到他们大发其财的目的。这种欺骗性造成的技术图表线型称为骗线。

洗盘：是指庄家为达到炒作目的，于途中让低价买进、意志不坚的散户抛出股票，以减轻上档压力，同时让持股者的平均价位升高，以利于施行坐庄的手段。

变盘：就是股价向相反方向走牛或走熊，或者说空头市场与多头市场的转变。

套牢：预期股价上涨，不料买进后，股价一路下跌；或是预期股价下跌，卖出股票后，股价却一路上涨。前者称为多头套牢，后者称为空头套牢。

绩优股：是指那些业绩优良但增长速度较慢的公司的股票。

热门股：是指交易量大、流通性强、股价变动幅度较大的股票。

成长股：是指这样一些公司所发行的股票，它们的销售额和利润额持续增长，并且其速度快于整个国家和本行业的增长。

黑马股：是指股价在一定时间内上涨一倍或数倍的股票。

白马股：是指股价已形成慢慢上涨的上升通道，还有一定的上涨空间。

股指期货：全称是股价指数期货，也可称为期指，是以股价指数为标的物的标准化期货合约，是指双方约定在未来的某个特定日期，可以按照事先确定的股价指数的大小，进行标的指数的买卖。

认股权证：是股票发行公司增发新股票时，发给公司原股东的以优惠价格购买一定数量股票的证书。认股权证通常都有时间限制，过时无效。在有效期内，持有人可以将其卖出或转让。

融资融券：又称证券信用交易，是指投资者向具有深圳证券交易所和上海证券交易所会员资格的证券公司提供担保物，借入资金买入交易所上市证券或借入交易所上市证券并卖出的行为。

融资：是指借钱买证券的行为，通俗地说是买股票，即证券公司借款给客户购买证券，客户到期偿还本息。客户向证券公司融资买进证券称为"买空"。

融券：是借证券来卖，然后以证券归还，即证券公司出借证券给客户出售，客户到期返还相同种类和数量的证券并支付利息。客户向证券公司融券卖出称为"卖空"。

二、股票看盘基本知识

（一）盘面语言

盘面语言是指通过数字信息传达的、与上一交易日在时间和空间上有一定联系的、描述市场两股力量进行较量的、在某一时间反映一切基本面信息和主力意图的语言。其包括以下内容。

1.开盘价

它是多空双方在开盘前 5 分钟撮合而成的，它已经反映主力的一部分意图，尤其是在其他相关市场价格发生突变的情况下，开盘价更能反映出交战双方的态度和决心。

2.收盘价

收盘价是对全天价格走势的一个总结，也是对当天多空较量谁胜谁败的一种评价，收盘价还是与下一交易日进行衔接的桥梁。一般来讲，在盘整行情中，主力并不愿意过多流露其意图时，收盘价与当天的结算价都比较接近。

3.盘中最高价、最低价

这些价格反映了多空在续盘阶段较量的情况，特点是在最高价或最低价附近经常伴随着较大的成交量，这一点可以从分时线中看得非常清楚。在盘整行情中，这两个价格成为全天交易的价格区间定位尺，投资者将在该区间内完成日内的交易。

4.成交量

当日成交量的大小反映了市场投资者在当日的价格区间中进行交易的偏好程度，它还体现出投资者目前的心理状态——积极介入、出场观望或持币等待。更深一层来看，它反映出价格向某个方向变动的能量在集聚或被释放，当成交有效放大时，或是行情的开始，或是行情阶段性结束，当然，要联系持仓量、价格等因素综合判断。

5.持仓量

持仓的变化在价格运行中占有重要地位，代表了主力的持仓意愿和意图，它分为主动增（减）仓和被动增（减）仓，通过持仓的变化可以估计主力的持仓成本，为投资者在操作中提供一定的买卖依据。一般来讲，如果当日某合约上出现持仓变化幅度超过 20%，可能会诱发行情原趋势的逆转。

上述五个方面的内容是盘面给市场中所有投资者最基础的信息，这些信息未经过任何的刻意加工和处理，它们真实地反映出市场的现状，为投资者的入场提供了最好的依据。

（二）盘面的时间段

1.开盘阶段

开盘阶段是指上午的第一小节或是开盘后第一个小时的时间。其最主要的时间应该是开盘最初的30分钟。在开盘阶段的影响因素包括昨日美盘走势及日本东京、新加坡等国外市场和国内市场的最新消息。

利用外盘走势的影响，并配合国内走势的特点，市场主力会打出一个合理的开盘价格，并展开缜密的操作，之后，随着主力行动的逐步淡化到采取观望的态度，市场转而进入自我消化的阶段，会达成一种初步的共识。

2.续盘阶段

续盘阶段包括从上午10：30一直到下午2：30的大部分时间。续盘阶段的走势完全是由市场主力操作风格和操作思路所决定的。在没有极端变故产生的情况下，这种走势很难出现变化。

续盘阶段的走势可以分为两种情况：一种是有趋势，另一种是无趋势。有趋势是指当天走出自己独立走势的情况，无趋势是指当天没有自己独立走势的情况。

（1）有趋势。有趋势又可以分成两种情况：一种是单边市，另一种是震荡市。

单边市是指市场走势出现"一边倒"的情况。在单边市场中，趋势的节奏基本上由一方所决定，其在续盘阶段一直掌握市场脉搏的运动，在哪开仓、在哪打压、在哪出仓，市场的运动显得井井有条，另一方完全处于被动挨打的局面，没有任何还手之力。

单边市中的成交量会比平时大得多，这是由于市场价格幅度的扩大引来短线资金的积极参与。这种情况出现时，对主力从操作手法到资金的运作会是一个全面的检验。

震荡市也属于有趋势，是指在市场中没有哪一方能掌握盘面的主动，多空双方你来我往、互不相让，没有哪一方能明显地处于绝对的上风，而价格在争夺下呈现区间震荡的格局。

（2）无趋势。无趋势是指在续盘阶段市场上主力资金几乎没有活动，而成交几乎都是由中小资金的成交构成的。在这种情况下，由于没有主力资金的参与，市场的成交量急剧萎缩，价格变动极为低迷，市场没有明确的行情走势。

3.终盘阶段

终盘阶段是指交易的最后30分钟，又可以分成两个各15分钟的走势。在第一个15分钟内，市场仍是会受续盘阶段趋势的影响，可以算作续盘阶段的延续。如果续盘阶段是有趋势，这一阶段的价格波动和成交量的变化会更加剧烈，并可能形成全天最活跃的交投区间。如果续盘阶段是无趋势，这段时间行情也会从低迷中苏醒过来，转为逐渐活跃的情景。

这三个阶段的走势基本上概括了日内走势的全部，形成了完整的日内价格走势图。由于市场是变化的，对于三个阶段不应该以僵化的眼光来看待。有时，主力会采取非常规的手法进行操作，但通过三个阶段的辨认，也能做到对这种变化了然于胸。总的来说，如果在分析盘面时，都能从以上三个阶段的特征进行考虑，盘面的一切变化就会变得越来越简单。

（三）开盘定性

1.开盘，如果是先涨后跌再涨

（1）开盘在前一日收盘价的基础上上涨，回档时却未能低于开盘价，再涨时创出新高。

这显示多头主力的攻击力量很大，收阳的机会也就基本上已成定局。

（2）开盘在前一日收盘价的基础上上涨，回档时却未能低于开盘价，再涨时并没有创出新的高点。这说明多头主力的力量不足，只是稍占优势，一旦出现有力的下挫，收阴的可能性较大。

（3）开盘在前一日收盘价的基础上上涨，回档时低于开盘价，再涨时创出新的高点。这显示多、空双方主力的分歧比较大，当天所出现的震荡幅度也就会相对较大，但是，最终仍然可能会以阳线报收。

（4）开盘在前一日收盘价的基础上上涨，回档时低于开盘价，再涨时无法创出新高。这显示空头主力的势力过大，当天所面临的调整压力较重，一旦出现冲高无力的情形，马上就会出现急挫的现象；只有在底部得到了足够的支撑，才可能有较强力度的反弹出现。当天所出现的震荡幅度也就会相对较大。

2.开盘，如果是先跌后涨再跌

（1）开盘在前一日收盘价的基础上下跌，反弹时也未能高于开盘价，之后再次下跌，创出新低。这显示空头主力的攻击力量很大，收阴的机会也就基本上已成定局。

（2）开盘在前一日收盘价的基础上下跌，反弹时未能高于开盘价，再跌时却没有创出新低。这说明空头主力的力量不足，只是稍占优势，一旦出现有力的上扬，收阳的可能性较大。

（3）开盘在前一日收盘价的基础上下跌，反弹时却高于开盘价，再跌时又创出新低。这显示多、空双方主力之间的分歧比较大，当天所出现的震荡幅度也就会相对较大。但是，尾盘最终仍然可能会收在较低位置，并以阴线报收。

（4）开盘在前一日收盘价的基础上下跌，反弹时却高于开盘价，再跌时无法创出新的低点。这显示多头主力的势力过大，当天所面临的下档支撑较大，一旦出现下探无力的情形，马上就会出现急升的现象；只有底部得到了足够的支撑，才可能有极强力度的冲高机会出现。

3.开盘，如果是先涨后涨再跌

（1）开盘在前一日收盘价的基础上上涨，下跌时却未能低于开盘价。这显示此日相当乐观，多头主力的攻击力量很大，收阳的机会也就基本上已成定局。

（2）开盘在前一日收盘价的基础上上涨，下跌时创出了低于开盘价的新低点。这显示空头主力的攻击力量极大，当天所出现的震荡幅度也就会相对较大，其下探的幅度也就较大。

4.开盘，如果是先跌后跌再涨

（1）开盘在前一日收盘价的基础上下跌，反弹时却未能高于开盘价。这显示空头主力的攻击力量很大，收阴的机会也就基本上已成定局。

（2）开盘在前一日收盘价的基础上下跌，反弹时却创出高于开盘价的新高点。这显示此日的发展可以谨慎地乐观，多头主力的攻击力量相对较大，当天所出现的震荡幅度也就会相对很大。但是，如果它出现在相对较高的位置盘整之后，则有可能会是空头主力故意误导投资者，进行拉高出局的行为，后市则会出现急跌。

5.开盘，如果是先涨后跌再跌

开盘在前一日收盘价的基础上上涨；下跌时创出低于开盘价的新低点。这显示此日的发展不容乐观，空头主力的攻击力量极大，当天所出现的震荡幅度相对很大。如果它出现在相对较高的位置盘整之后，则极有可能会是空头主力为了误导投资者，故意制造的多头陷阱，后市有可能出现急跌。

6.开盘，如果是先跌后涨再涨

开盘在前一日收盘的基础上下跌，上涨时却创出高于开盘价的新高点。这显示此日的发展十分乐观，多头主力的攻击力量极大，当天所出现的震荡幅度相对很大。如果它出现在相对较低的位置盘整之后，则极有可能会是多头主力为了误导投资者，故意制造的空头陷阱。

第二节　证券投资行情软件

一、证券投资软件

技术分析软件常用功能快捷键：

F1 分时成交明细（在分时图中使用）

F2 分价表（在分时图中使用）

F3 上证领先指数图

F4 深证领先指数图

F5 类型切换（分时图、历史 K 线图）

F8 切换时间周期（在历史 K 线图中使用）

F10 个股资料

61 沪 A 涨幅排名

63 深 A 涨幅排名

81 沪 A 综合排名

83 深 A 综合排名

Ctrl + E 个股技术交易系统提示

Ctrl + R 个股所属板块

Ctrl + O 叠加品种选择

Ctrl + D 系统设置，包括颜色、图形设置

Ctrl + J 主力监控，可以看到那个个股主力买卖情况

Ctrl + Z 把个股加入自选

二、软件画线功能

在画线工具中单击"百分比线"图标，移动鼠标到所选择的一个高点（或低点），按下鼠标左键不放，拖动鼠标到另一个低点（或高点），再松开鼠标左键即可。

注意：在上升趋势中的调整行情中画百分比线，先选高点，再选低点；在下跌趋势中的反弹行情中画百分比线，先选低点，再选高点。

在画线工具中单击"黄金分割线"图标，移动鼠标到所选择的一个高点（或低点），按下鼠标左键不放，拖动鼠标到另一个低点（或高点），再松开鼠标左键即可。

三、金融数据资料网络资源

国际：

世界银行：www.worldbank.org

亚洲开发银行：www.adb.org

OECD：www.oecd.org

美联储：www.federalreserve.gov

SEC：www.sec.gov

NYSE：www.nyse.com

CBOT：www.cbot.com

LSE：www.londonstockexchange.com

美国金融学会（AFA）：www.afajof.org

国内：

中国人民银行：www.pbc.gov.cn

国家统计局：www.stats.gov.cn

国家外汇管理局：www.safe.gov.cn

中国证监会：www.csrc.gov.cn

银保监会：www.cbirc.gov.cn

上海证券交易所：www.sse.com.cn

深圳证券交易所：www.szse.cn

上海期货交易所：www.shfe.com.cn

大连商品交易商所：www.dce.com.cn

郑州商品交易所：www.czce.com.cn

中国债券信息网：www.chinabond.com.cn

参 考 文 献

[1] 王朝晖. 证券投资学[M]. 北京：人民邮电出版社，2016.

[2] 刘元春. 证券投资学——理论·实验一体化教程[M]. 上海：上海财经大学出版社，2017.

[3] 王增孝. 证券投资学[M]. 北京：中国财富出版社，2016.

[4] 闫怀艳，等. 证券投资学[M]. 广州：华南理工大学出版社，2016.

[5] 贺学会. 证券投资学[M]. 大连：东北财经大学出版社，2018.

[6] 李存金，刘建昌. 证券投资学教程[M]. 北京：北京理工大学出版社，2016.

[7] 丁忠明，黄华继. 证券投资学[M]. 北京：中国金融出版社，2006.

[8] 中国证券业协会. 证券投资分析[M]. 北京：中国金融出版社，2012.

[9] 李朝贤，等. 证券投资学[M]. 上海：上海财经大学出版社，2014.

[10] 刘彦文，王敬. 证券投资学[M]. 北京：清华大学出版社，2016.

[11] 魏建国，等. 证券投资学[M]. 3 版. 北京：高等教育出版社，2020.

[12] 喻晓平，等. 证券投资学[M]. 北京：清华大学出版社，2018.

[13] 刘少波，等. 证券投资学[M]. 广州：暨南大学出版社，2017.

[14] 赵春雷，等. 证券与投资[M]. 北京：科学出版社，2004.

[15] 付红. 证券投资理论与实践[M]. 成都：西南交通大学出版社，2009.

[16] 赵庆国，等. 证券投资学[M]. 南京：东南大学出版社，2005.

[17] 李义龙，等. 证券投资分析[M]. 北京：清华大学出版社，2018.

[18] 吴晓求. 证券投资学[M]. 5 版. 北京：中国人民大学出版社，2020.

[19] 黄贞贞，臧真博. 证券投资学[M]. 重庆：重庆大学出版社，2017.

[20] 张效梅，等. 证券投资学[M]. 长春：吉林大学出版社，2006.

[21] 胡昌生，等. 证券投资学[M]. 3 版. 武汉：武汉大学出版社，2018.

[22] 陈广志，尚文秀. 证券投资学[M]. 北京：经济科学出版社，2012.

[23] 中国证券业协会. 证券市场基础知识[M]. 北京：中国金融出版社，2012.

[24] 李国强，田月秋. 证券投资实务[M]. 4 版. 北京：中国财政经济出版社，2016.

教师服务

感谢您选用清华大学出版社的教材！为了更好地服务教学，我们为授课教师提供本书的教学辅助资源，以及本学科重点教材信息。请您扫码获取。

》 教辅获取

本书教辅资源，授课教师扫码获取

》 样书赠送

财政与金融类重点教材，教师扫码获取样书

清华大学出版社

E-mail: tupfuwu@163.com
电话：010-83470332 / 83470142
地址：北京市海淀区双清路学研大厦 B 座 509

网址：http://www.tup.com.cn/
传真：8610-83470107
邮编：100084